悬索桥隧道锚岩石力学关键技术及应用

邬爱清　周火明　张奇华　张宜虎　王　帅　等著

科学出版社

北　京

版权所有,侵权必究

举报电话:010-64030229,010-64034315,13501151303

内 容 简 介

本书结合重庆鹅公岩大桥、湖北四渡河大桥、湖南矮寨大桥等十余座悬索桥隧道锚岩石力学研究实践,系统总结悬索桥隧道锚岩石力学关键技术及其应用效果,提出以勘探平(斜)洞综合测试与试验为基础的隧道锚围岩工程特性精细评价方法,研发隧道锚大比尺现场缩尺模型试验成套技术,揭示隧道锚围岩"夹持效应"力学机制和变形破坏机制。基于隧道锚承载特性的综合研究,获得隧道锚在数万吨级荷载下变形为毫米级,流变效应不明显的重要结论,并为工程实践所证实。

本书内容是岩体锚固技术在现代土木工程应用中的新发展,内容详实、实例丰富,可供土木建筑工程或交通运输工程学科科研、设计等工程技术人员和大专院校师生参考。

图书在版编目(CIP)数据

悬索桥隧道锚岩石力学关键技术及应用/邬爱清等.著—北京:科学出版社,2019.8
ISBN 978-7-03-061804-7

Ⅰ.①悬… Ⅱ.①邬… Ⅲ.①悬索桥-隧道工程-锚固-岩土工程-岩石力学-研究 Ⅳ.①U448.25

中国版本图书馆CIP数据核字(2019)第138929号

责任编辑:李建峰 何 念 / 责任校对:高 嵘
责任印制:彭 超 / 封面设计:耕者设计工作室

科学出版社 出版

北京东黄城根北街16号
邮政编码:100717
http://www.sciencep.com

武汉精一佳印刷有限公司印刷
科学出版社发行 各地新华书店经销

*

开本:787×1092 1/16
2019年8月第 一 版 印张:11 3/4
2019年8月第一次印刷 字数:276 000

定价:**139.00元**
(如有印装质量问题,我社负责调换)

作 者 简 介

邬爱清，男，1963年2月生，湖北安陆人，教授级高级工程师（二级教授），工学博士，博士生导师，享受国务院政府特殊津贴专家（2004年）。1984年毕业于武汉水利电力学院（现武汉大学）水利水电工程建筑专业。现任长江水利委员会长江科学院副总工程师，水利部岩土力学与工程重点实验室主任；兼任国际岩石力学学会非连续变形分析委员会委员，中国岩石力学与工程学会常务理事，中国岩石力学与工程学会岩石力学测试专业委员会主任委员，长江水利委员会科技委委员，以及《岩石力学与工程学报》（第8届副主编）、《岩土力学》、《地下空间与工程学报》和《长江科学院院报》编委会编委。

长期从事水工岩石力学理论及工程应用研究，负责与承担了三峡、水布垭、锦屏等三十余个国家重点工程中的相关岩石力学试验、测试及稳定性评价等研究工作。主持国家重点研发计划项目"堤防险情演化机制与隐患快速探测及应急抢险技术装备"一项，国家自然科学基金重点项目"深部岩体工程特性的理论与实验研究"一项，国家自然科学基金面上项目"基于岩体结构-强度-高应力控制的洞室围岩变形与破坏演化机制研究"等三项，省部级科研项目"滑坡灾害评价、预测及防治关键技术研究"等多项。此外，还负责了重庆鹅公岩大桥、四渡河大桥等悬索桥隧道锚承载特性的试验与综合分析论证工作。

主持编写国家标准《工程岩体分级标准》（GB/T 50218—2014）、水利部行业标准《水利水电工程岩石试验规程》(代替SL 264—2001)、《水工设计手册》（第2版）基础理论卷岩石力学章。出版《水工岩石力学》（副主编）及《三峡工程中的岩石力学理论与实践》（主编）等专著。发表论文一百四十余篇。曾获国家科学技术进步奖二等奖三项，其中作为第一完成人完成的项目"水工岩体特性评价与工程利用关键技术"获2015年国家科学技术进步奖二等奖。

前　言

　　隧道锚是悬索桥主要锚固形式之一，依靠在山体中开挖建造的倒楔形混凝土塞形体，带动大范围岩体共同承担悬索桥主缆数万吨级荷载。相比主要靠重量提供抗力的重力锚，隧道锚在性价比、保护环境等方面有显著优势。隧道锚设计思想最早应用于1932年的美国乔治·华盛顿大桥，随后在美国、英国、瑞典及日本等国家有若干桥梁建设选用此项技术。但文献检索表明，国外基于综合试验条件下的隧道锚承载能力研究成果鲜有报道。

　　国内大型隧道锚始于1998年鹅公岩大桥的建设。隧道锚围岩力学特性、隧道锚承载机制及在数万吨荷载下的安全裕度、变形量、长期稳定是悬索桥隧道锚建设时迫切需要解决的关键科学问题，国内外无系统研究思路与成熟手段可供借鉴。长江水利委员会长江科学院承担了"重庆长江鹅公岩大桥工程隧道锚碇设计、施工及工艺研究"课题中的隧道锚承载特性试验专项研究内容，首次在现场开展大比尺（1:12.5）内外观同步测试的隧道锚缩尺模型试验，研究隧道锚安全性。以鹅公岩大桥隧道锚岩石力学问题研究为开端，结合四渡河大桥、矮寨大桥等14座已建或在建悬索桥隧道锚应用需求，针对硬岩、软岩、复杂岩体结构、岩溶等岩体类型，将水工岩石力学思想应用于悬索桥隧道锚承载特性的研究，历时二十年，长江水利委员会长江科学院围绕锚址区岩体特性、隧道锚承载机制、隧道锚超载特性及隧道锚长期安全性等问题开展了系统研究，提出了千米级大跨度悬索桥隧道锚安全评价综合研究方法，解决了悬索桥隧道锚承载特性评价难题。在隧道锚围岩特性精细评价、大比尺现场缩尺模型试验、隧道锚承载特性多尺度模拟等方面形成了隧道锚岩石力学关键技术。

　　本书内容是对上述隧道锚岩石力学关键技术及工程应用等方面研究工作的总结。本书第1章概述国内外相关成果及作者团队针对隧道锚岩石力学问题的研究历程和思路，由邬爱清、张宜虎、张奇华、罗荣、吴相超撰写。第2章介绍考虑岩体结构、流变、尺度效应等综合特征的隧道锚围岩质量和岩体力学参数精细评价方法，由邬爱清、张宜虎、周火明、范雷、李维树、唐爱松、王中豪撰写。第3章详细描述为揭示隧道锚承载、超载、流变特性而研发的隧道锚大比尺现场缩尺模型试验成套技术，包括模型尺度选择、大吨位加载与控制、内外部变形与应力测试、不同路径试验方法、基于模型试验的承载力评价等，由邬爱清、周火明、张宜虎、李维树、庞正江、郭喜峰、王帅、王中豪、吴相超撰写。第4章介绍室内大比尺地质力学模型试验技术及其在隧道锚专题研究中的应用，由蒋昱州、胡伟、尹红梅撰写。第5章基于现场缩尺模型对比试验、连续及非连续隧道锚数值模拟分析等成果论述隧道锚围岩"夹持效应"力学机制和变形破坏机制，由张奇华、余美万、李玉婕、罗荣、王帅、郭喜峰、范雷、谭新撰写。第6章介绍集大比尺现场缩尺模型试验、多尺度数值模拟、极限平衡分析、工程类比于一体的隧道锚承载能力综合研究方法及实际应用成果，由邬爱清、张宜虎、周火明、张奇华、王帅、王中豪、李玉婕、吴相超撰写。第 7 章介绍基于多点位移计的锚塞体与围岩变形测试方法及其对隧道锚承载、流变特性评价成果的验证情况，由邬爱清、赵伟、章铁军撰写。每章介绍方法和技术时均配以工程实际案例进行讲解。

  本书得到了交通部西部交通建设科技项目"四渡河深切峡谷悬索桥关键技术研究"（200431800024）、云南省交通运输厅科技计划项目"高山峡谷地区悬索桥隧道锚设计施工关键技术研究"[云交科 2011（LH）12-a 号]、国家自然科学基金青年科学基金项目"隧道式锚碇系统的承载特性及破坏机理研究"（51409013）、国家自然科学基金面上项目"高地应力洞室围岩应力释放时滞性及其工程效益控制研究"（51579016）等的支持。

  全书由邬爱清、张宜虎统稿，王帅绘制了全书图件并对公式、符号、量纲进行了复核。由于作者水平有限，书中不当之处在所难免，敬请读者不吝赐教。

作 者
2019 年 1 月 14 日

目　　录

第1章　概述 ·· 1
1.1　悬索桥隧道锚发展概况 ··· 2
1.2　隧道锚研究现状 ··· 3
1.2.1　隧道锚围岩工程特性研究现状 ·· 3
1.2.2　隧道锚现场模型试验研究现状 ·· 4
1.2.3　隧道锚数值仿真模拟研究现状 ·· 6
1.2.4　隧道锚承载力计算方法研究现状 ·· 7
1.3　作者团队隧道锚研究历程和思路 ··· 9
1.4　本书主要内容 ··· 11

第2章　隧道锚围岩工程特性精细评价方法 ··· 12
2.1　隧道锚围岩特性精细评价方法的提出 ··· 13
2.2　洞室围岩性状探洞勘测 ··· 13
2.2.1　四渡河大桥勘探平洞勘察 ·· 14
2.2.2　云南普立大桥勘探斜洞勘察 ·· 14
2.2.3　宜昌伍家岗长江大桥勘探斜洞勘察 ·· 17
2.3　基于勘探平洞的风化卸荷带划分 ··· 20
2.3.1　勘探平洞布置 ·· 20
2.3.2　茶洞岸勘探平洞地质描述 ·· 21
2.3.3　吉首岸勘探平洞地质描述 ·· 22
2.3.4　平洞波速测试及卸荷带划分 ·· 23
2.3.5　构建三维地质概化模型 ·· 25
2.4　岩体力学特性现场试验 ··· 26
2.4.1　试验布置 ·· 26
2.4.2　岩体变形试验 ·· 27
2.4.3　混凝土与基岩接触面直剪试验 ·· 29
2.4.4　岩体直剪试验 ·· 31
2.4.5　结构面直剪试验 ·· 32
2.4.6　承压板流变试验 ·· 34
2.4.7　直剪流变试验 ·· 35
2.4.8　三轴流变试验 ·· 43

2.5 隧道锚围岩质量分级 ·· 47
　　2.5.1 国标 BQ 分级 ··· 47
　　2.5.2 RMR 岩体分类 ·· 53
　　2.5.3 基于工程岩体质量分级的岩体力学参数 ······················ 54
　　2.5.4 基于霍克-布朗经验强度准则的岩体力学参数 ················ 55

第 3 章 隧道锚大比尺现场缩尺模型试验 ·································· 57
3.1 隧道锚大比尺现场缩尺模型试验思想的提出 ·························· 58
3.2 理论依据 ··· 59
3.3 模型试验建造方法 ··· 60
　　3.3.1 试验洞布置 ·· 60
　　3.3.2 模型尺度选择 ·· 63
　　3.3.3 试验洞成洞方法 ·· 65
3.4 模型试验加载方法 ··· 67
　　3.4.1 反力梁加载法 ·· 67
　　3.4.2 千斤顶自平衡加载法 ·· 67
　　3.4.3 伺服加载系统 ·· 69
3.5 模型试验监控技术 ··· 70
　　3.5.1 表面变形监测 ·· 70
　　3.5.2 深部变形监测 ·· 72
　　3.5.3 锚碇与围岩接触面变形监测 ································· 74
　　3.5.4 锚碇内部应变特征测试 ······································· 74
　　3.5.5 模型试验破坏过程监测 ······································· 75
3.6 试验流程 ··· 80
　　3.6.1 超张拉试验 ·· 81
　　3.6.2 张拉流变试验 ·· 81
　　3.6.3 极限超张拉试验 ·· 82
3.7 基于模型试验的反演分析方法 ··· 82
　　3.7.1 反演计算方法 ·· 82
　　3.7.2 应用实例 ··· 82

第 4 章 室内地质力学模型试验方法 ······································ 89
4.1 相似比设计 ··· 90
4.2 模型材料 ··· 91

4.3 模型构筑 … 92
4.4 加载与量测 … 94
4.5 试验结果分析 … 96
    4.5.1 设计荷载试验（1P） … 96
    4.5.2 超载试验 … 98

第5章 隧道锚"夹持效应"力学机制和变形破坏机制 … 103
5.1 "夹持效应"现场缩尺模型试验 … 104
    5.1.1 专项模型试验 … 104
    5.1.2 专项模型试验数值重现 … 112
5.2 现场缩尺模型试验变形破坏模式分析 … 118
    5.2.1 伍家岗长江大桥隧道锚模型试验结果 … 118
    5.2.2 太洪长江大桥隧道锚模型试验结果 … 120
    5.2.3 水布垭清江大桥隧道锚模型试验结果 … 123
5.3 基于连续介质数值方法的隧道锚超载破坏分析 … 126
    5.3.1 伍家岗长江大桥隧道锚承载特性数值模拟 … 126
    5.3.2 太洪长江大桥隧道锚承载特性数值模拟 … 131
    5.3.3 水布垭清江大桥隧道锚承载特性数值模拟 … 135
5.4 基于非连续介质分析方法的隧道锚超载破坏分析 … 139
    5.4.1 非连续变形分析数值模型 … 140
    5.4.2 模拟结果 … 140

第6章 隧道锚承载能力综合研究方法 … 143
6.1 模型试验方法 … 144
6.2 多尺度非线性数值分析方法 … 150
    6.2.1 模型尺度 … 150
    6.2.2 原型尺度 … 152
6.3 极限平衡分析方法 … 157
    6.3.1 隧道锚多块体极限平衡分析方法 … 158
    6.3.2 基于"夹持效应"的极限平衡分析方法 … 160
    6.3.3 极限平衡分析方法小结 … 162
6.4 经验类比法 … 162
    6.4.1 方法原理及应用条件 … 162
    6.4.2 应用实例 … 163

6.5 综合方法应用成果···164

第7章 实桥隧道锚承载能力监控验证·······································167
7.1 隧道锚综合监控技术···168
7.2 隧道锚承载能力验证···168
　　7.2.1 四渡河大桥隧道锚变形监测成果及分析·····················168
　　7.2.2 矮寨大桥茶洞岸隧道锚监测成果及分析·····················170

参考文献···173

第1章

概　述

隧道锚是传递和承担大跨度悬索桥荷载的一种新型的锚固结构。20世纪90年代以后，国内大跨度悬索桥相继采用了隧道锚技术，推动了对隧道锚岩石力学问题的深入研究。本章主要介绍国内外相关成果及基于综合试验的隧道锚承载力综合评价方法的研究思路。

1.1 悬索桥隧道锚发展概况

由于悬索桥在充分发挥材料性能和加劲梁高跨比两方面具有显著优势,自布鲁克林桥出现以来,悬索桥显示出了强大的生命力和旺盛的发展势头,特别是20世纪90年代以来,大跨度悬索桥建设呈现"井喷"状态。1998年建成的日本明石海峡大桥主跨1 991 m,为目前已建跨度最大的悬索桥;2009年建成的我国舟山连岛工程西堠门大桥主跨1 650 m,为世界第二大悬索桥;规划建设的意大利墨西拿海峡大桥主跨3 300 m,目前已完成初步设计。

国内大跨度悬索桥建设集中出现在20世纪90年代之后,虽然起步较晚,但是发展迅速,对世界桥梁的发展产生了深远影响。目前,国内已建的主跨超过800 m的大跨度悬索桥超过20座。世界排名前十的大跨度悬索桥中,我国有五座。

锚碇是悬索桥的主要承力结构,是锚固主缆的关键结构。悬索桥锚碇可分自锚式和地锚式两大类,其中地锚式又分重力锚和隧道锚。重力锚通过人工开挖基坑,浇筑大体积混凝土形成锚碇,依靠自身的重量来平衡主缆拉力。隧道锚通过在岩体中开挖锚洞,在其内浇筑混凝土与围岩形成锚碇,借此来承受主缆的拉力。较重力锚而言,隧道锚能较好地利用锚址区的地质条件,工程量相对小,是一种性价比高、对周边环境扰动小的锚碇结构形式。

从布鲁克林桥算起,现代悬索桥的发展已有一百多年的历史,但悬索桥采用隧道锚作为承力结构的历史则要短得多。1932年美国乔治·华盛顿大桥首次采用隧道锚,但直至2000年,世界范围内只有七座悬索桥采用了隧道锚,其中有六座在国外,都建造在性能非常完好的岩体内,国内只有重庆丰都长江大桥采用了隧道锚与岩锚结合的复合锚固形式。20世纪90年代以后,国内开始了对隧道锚的深入研究和应用。表1.1为目前已建悬索桥采用隧道锚的统计表。

表1.1 悬索桥隧道锚工程统计

桥名	主跨/m	建成年份	围岩地质	说明
乔治·华盛顿大桥(美国)	1 066.8	1932	玄武岩	新泽西岸为隧道锚,锚塞体长45.7 m
旧金山-奥克兰海湾大桥(美国)	750	1936	岩体完整性好	奥克兰岸为隧道锚,锚塞体长51.8 m
福斯桥(英国)	1 005.8	1964	南岸页岩及砂岩、北岸玄武岩	南锚碇锚塞体长76.2 m,北锚碇锚塞体长53.8 m
克瓦尔松桥(瑞典)	525	1977	岩体完整性好	锚塞体长37 m

续表

桥名	主跨	建成年份	围岩地质	说明
下津井濑户大桥（日本）	940	1987	岩体完整性好	本州侧为隧道锚，锚塞体长 62 m
高海岸大桥（瑞典）	1 210	1997	岩体完整性好	隧道式预应力岩锚，锚塞体长 37 m
重庆鹅公岩大桥（中国）	600	2000	粉砂质泥岩与长石石英砂岩互层	锚塞体长 42 m，设齿坎、抗滑桩
重庆忠县长江大桥（中国）	560	2001	粉砂质泥岩	锚洞长 36 m，与岩锚结合
重庆万州长江大桥（中国）	580	2004	砂岩	锚塞体长 19 m，与岩锚结合
四川丰都长江大桥（中国）	450	1997	砂岩	锚塞体长 10 m，与岩锚结合
西藏角笼坝大桥（中国）	345	2004	玄武岩	锚塞体长 10 m，预应力岩锚 13 m
四川南溪长江大桥（中国）	820	2008	砂岩	锚塞体长 25 m
贵州坝陵河大桥（中国）	1 088	2009	泥晶灰岩	西岸为隧道锚，锚塞体长 40 m
湖北四渡河大桥（中国）	900	2009	微晶灰岩及夹角砾状灰岩	宜昌岸为隧道锚，锚塞体长 40 m
湖南矮寨大桥（中国）	1 176	2012	泥质白云岩	茶洞岸为隧道锚，锚塞体长 35 m
云南普立大桥（中国）	628	2015	灰岩、白云岩	锚塞体长 30 m
重庆几江长江大桥（中国）	600	2016	泥岩夹砂岩	锚塞体长 60 m
云南金东大桥（中国）	730	2017	碳质千枚岩、夹变质砂岩	会东岸为隧道锚，锚塞体长 40 m
万州驸马长江大桥（中国）	1 050	2017	砂泥岩	南岸为隧道锚，锚塞体长 35 m

1.2 隧道锚研究现状

1.2.1 隧道锚围岩工程特性研究现状

隧道锚需要由锚碇和围岩共同承载，对围岩依赖性强。隧道锚方案的论证与设计，不仅仅是锚碇体本身的结构和材料问题，很大程度上是岩石力学和岩体工程问题。

陈有亮[1]在虎门大桥东锚碇的结构方案比选论证中，对混凝土锚与基岩胶结面的抗剪特性及剪断后的摩擦特性、软弱结构面的抗剪性能、岩体内软弱结构面夹泥的流变特性等开展了现场试验研究，认为岩坡稳定性、岩坡内所含结构面的组数、结构面的产状及产状的组合关系是进行锚碇工程设计和方案比选的关键因素。程鸿鑫等[2]根据虎门大桥东锚碇的具体地质资料进行综合分析，并考虑到软弱结构面所组成的最不利组合，得到了在主缆荷载作用下岩体存在两种失稳可能性：由两组软弱结构面形成的台阶状滑动面和沿缓倾结构面切断岩桥面而形成的反倾平面滑动面。肖本职等[3]、吴相超等[4]针对鹅公岩大桥采用隧道锚的东岸岩体进行了室内岩石力学试验和岩体现场试验,按照工程岩体分级标准对岩体进行分级并提出该工程岩体力学参数建议值及锚碇的可能破坏模式,为鹅公岩大桥东锚碇的建设运营提供合理的技术保障。邬爱清等[5]针对四渡河大桥宜昌岸隧道锚,开展了围岩基本地质特征与岩体质量评价,并且结合室内岩石力学试验和岩体现场试验结果,给出了隧道锚的设计所需的围岩力学参数。李苍松[6]针对坝陵河大桥隧道锚锚址区不同岩溶发育状态的岩体进行质量分级修正,建立锚洞岩溶围岩分级的物理模型和数学模型。周程等[7]基于矮寨大桥,总结了茶洞岸隧道锚区勘察和施工期所揭露的地质条件,通过布置在隧道锚处的勘探洞进行了相关的岩石物理力学试验、现场岩体变形与结构面抗剪试验及岩体卸荷带划分,并在此基础上概化了岩体地质力学模型。张奇华等[8]对矮寨大桥茶洞岸隧道锚的主要地质缺陷和影响基岩稳定的关键问题进行了总结分析,论证了矮寨大桥隧道锚结构的设计合理性。喻正富等[9]以普立大桥为依托,在获得了岩体物理力学参数与岩体基本质量分级情况的基础上,分析了岩体卸荷与岩溶随高程变化和埋深发育的规律;针对岩溶地区建设隧道锚可能存在的工程地质问题,探索了一条采用地表地质调查、地质测绘、钻探、洞探、坑槽探、钻孔弹性波测试、现场试验等多种勘探方法的综合勘探技术与分析方法。李维树等[10]为研究几江长江大桥隧道锚围岩的力学特性,系统开展了基于勘察平硐的地质调查、综合力学试验、声波测试、钻孔摄像和岩体质量评价工作。这些岩体的结构特性和力学特性的合理评价为悬索桥锚碇方案比选与设计优化提供了依据。

1.2.2 隧道锚现场模型试验研究现状

室内岩石力学试验和岩体现场试验结果只能反映出锚址区隧道锚围岩的基本力学特性,并未体现锚碇体与围岩的相互作用特性。因此,大多悬索桥隧道锚工程在岩石力学试验结果基础上建立现场缩尺结构模型进行试验研究,从而获得锚碇张拉荷载作用下的变形情况及极限承载力。

广东虎门大桥隧道锚构筑于威远山山体内,山体内岩体为侏罗系浅薄至中厚层的泥质粉砂岩和石英砂岩互层,地层走向为NW,倾向为ES,倾角为50°~60°。程鸿鑫等[2]、夏才初等[11]在广东虎门大桥东岸进行了几何相似比为1:50的隧道锚现场结构模型试验,缆索荷载逐级增加,结果表明当拉拔荷载为缆索设计荷载的4.8倍时,隧道锚围岩已进入塑性变形阶段。

重庆鹅公岩大桥东锚碇构筑于粉砂质泥岩与长石石英砂岩互层中。肖本职等[3]、吴相超等[4]开展了几何相似比为1:12.5的双洞结构模型试验,逐级施加缆索荷载至4.6倍设计荷载后上游张拉锚索断裂,试验得到的隧道锚的位移量仍较小。最后,结合灰色GM(1,1)模型预测隧道锚极限承载力为设计荷载的6.09~6.15倍。

湖北四渡河大桥隧道锚构筑于灰色薄层致密微晶灰岩及夹角砾状灰岩,岩层近直立状的地质条件中。邬爱清等[5]、朱杰兵等[12]进行了几何相似比为1:12的现场双洞模型长期流变试验和超张拉试验,研究了锚碇周边岩体的时效变形及应变分布特征,得出:布置在锚碇底部的测缝计监测的锚碇底部混凝土与岩体之间张开值的增大趋势基本上与外荷载一致;后锚至前锚面沿拉力方向布置的应变计测值随埋深(埋深起点为锚塞体的前锚面)减小而增加;锚碇周边岩体的变形形态以指向坡外为主,呈现从孔底向孔口递减的特征。并且,他们确定隧道锚极限抗拉拔力大于 7.6 倍设计荷载(考虑现场拉拔试验的安全,在模型锚张拉到 7.6 倍设计荷载后,结束极限超张拉试验),长期稳定安全系数不小于 2.6。

胡波等[13-14]针对坝陵河大桥西岸隧道锚开展了几何相似比为 1∶30 和 1∶20 的单锚结构缩尺模型试验,研究了锚碇结构、围岩在拉拔应力条件下位移和应力的分布规律,得出:锚碇前后锚面横截面上位移呈马鞍形分布;锚塞体轴向位移的变化近梯形分布;隧道锚并不是简单地沿锚塞体和围岩的接触面发生破坏,极有可能发生倒塞体形的整体破坏;相同应力水平下,大尺寸模型的位移较大。

张奇华等[15]针对普立大桥在石炭系灰岩中进行了相似比为 1∶25 的隧道锚抗拔能力现场模型试验,结果表明:8 倍设计荷载作用下,最大变形仅为 61 μm,后锚面应力向前部扩散的范围较小,隧道锚超载稳定系数大于 8。

余美万等[16]在普立大桥隧道锚址区勘探斜洞的两条平行支洞内开展了圆柱形锚塞体和圆台形锚塞体模型试验,两种模型锚塞体的侧面积和高度相同,以定量比较由"夹持效应"引起的隧道锚围岩极限抗拔能力的差别。研究发现,与圆柱形锚塞体模型相比,圆台形锚塞体模型因存在"夹持效应",破坏前的变形量、围岩变形影响范围以及破坏时的极限荷载明显增大。圆柱形锚塞体试验发生锚塞体混凝土与围岩接触面破坏,脆性破坏明显。圆台形锚塞体试验发生沿围岩不利结构面破坏,且破坏前经历了很长的屈服变形阶段,两者破坏模式完全不同。

周火明[17]等基于重庆几江长江大桥隧道锚现场 1∶10 缩尺模型试验,首次获得锚碇缩尺模型极限破坏特征,结果表明锚塞体底部与岩体接触面部位受拉剪破坏形成破坏底边界,锚塞体上方岩体受锚塞体向上挤压形成纵向拉裂缝以及与锚塞体呈约 45°和 176°夹角的剪裂缝。另外,汪海滨[18]对角笼坝大桥带预应力岩锚的隧道锚进行了几何相似比为 1∶33 的现场模型试验,试验论证了预应力岩锚在隧道锚的作用机制,得出锚索预应力大小控制着资源(岩体中能被调动的承载能力)的分配。过大的预应力对岩体产生不利的变形和次生应力,过小则引起加筋作用,无益于系统的应力重分布。岩锚预应力宜控制在(0.75~0.85)×0.75f_{ptk}(f_{ptk} 为预应力锚索强度标准值),锚碇和锚索对外载的贡献相当。

以上模型试验成果对隧道锚稳定分析和结构设计起到了关键的指导作用,也为后期开展类似隧道锚设计和施工提供了借鉴。但从目前试验情况看,受试验条件、环境因素、安全保障等因素的影响,部分模型试验没有做到岩体弹性变形—塑性变形—极限破坏全过程,往往在隧道锚刚进入塑性变形阶段即中止加载。这些试验结果也表明,目前设计建造的隧道锚抗拔能力除承受工程荷载外,尚有一定的富余。

1.2.3 隧道锚数值仿真模拟研究现状

相比于现场模型试验，数值模拟方法可计算更大主缆超载作用下和不同因素条件下围岩的变形受力情况，因此，众多学者结合现场模型试验采用数值模拟方法对隧道锚进行了分析和研究。

隧道锚承载和变形特性是众多工程关注的核心问题。夏才初等[11]结合三维有限元应力分析得出广东虎门大桥锚碇口下部岩体局部处于受拉状态，而上部岩体都处于受压状态。张利洁等[19-20]采用 FLAC 3D 分别对四渡河大桥及重庆鱼嘴长江大桥的隧道锚进行三维弹塑性分析，研究结果表明隧道锚的破坏模式主要为拉或拉剪破坏，隧道锚与围岩的接触面对隧道锚的稳定性具有重要影响。罗莉娅等[21]以四渡河大桥隧道锚围岩岩石材料蠕变试验得到的本构关系为基础，开展隧道锚拉拔加载黏弹性数值模拟分析，以判断隧道锚的长期安全性。胡波等[14]利用 FLAC 3D 借助数值试验考察极限荷载条件下，坝陵河大桥锚碇-围岩系统的应力场及塑性破损区分布规律，得出隧道锚破坏是以剪切破坏为主，辅以拉张破坏的复合型破坏。茅兆祥等[22]运用三维有限差分法软件对某大桥的隧道锚锚碇区岩体（软硬岩互层）的稳定性进行了数值模拟，分析了在主缆荷载、塔基荷载作用下岩体的变形、应力状态及拉应力、塑性区分布，评价了各种工况下岩体稳定性。彭建国等[23]利用 FLAC 3D 计算了矮寨大桥茶洞岸隧道锚在岩体开挖、施加主缆荷载等工况下的稳定性。除了针对单一工程的分析，关于隧道锚承载特性的影响机制研究也取得了进展。江南等[24]通过数值软件 ABAQUS 研究了悬索桥隧道锚横断面形状对其承载性能的影响，认为在断面面积相等的情况下，圆形断面承载性能优于马蹄形断面。曾钱帮等[25]利用数值计算对坝陵河大桥西岸隧道锚塞体的长度方案进行比选论证，得出锚塞体长度的确定与设计主缆力的数值大小有关的结论，还提出应考虑如何充分利用锚塞体围岩的力学性能。汪海滨等[26]利用 ANSYS 软件对四渡河大桥隧道锚承载能力进行系统的敏感性研究，结果表明，锚塞体倾角、长度、放大角、接触界面粗糙度及结合程度均是系统稳定性的重要影响因素，其中：锚塞体倾角对于控制锚碇沿轴向的刚体位移和围岩体内的扰动比较有效；增加锚碇长度对控制位移收效甚微，但对控制围岩应力量值非常有效；粗糙的带齿坎台阶面设计的作用效果明显。

张奇华[27]等对余美万[16]等开展的圆台型与圆柱形锚塞体模型对比试验进行了数值分析，研究结果表明：在主缆荷载作用下，隧道锚后锚面之前的围岩呈现压剪应力状态，而后锚面之后的围岩呈现拉剪应力状态；隧道锚围岩的变形呈倾斜的倒塞体形，后部变形比前部大，相应的破坏面形式呈现出近似圆台状或略向外扩散的圆台状。隧道锚围岩因附加应力扩散而向外挤压，导致较大范围的围岩承受主缆荷载作用，从而使隧道锚的承载能力远大于锚碇混凝土与围岩之间的抗剪能力。

隧道锚作为悬索桥的结构部件并非独立存在，往往与悬索桥塔基、公路隧道等组成结构体系，在施工开挖过程中相互影响，隧道锚与邻近结构物之间的相互作用关系及施工工序也是影响工程整体稳定性的重要因素。因此，部分学者利用数值模拟方法就隧道锚及周边环境开展了相互作用影响分析。焦长洲等[28]对南溪长江大桥泸州岸隧道锚及上覆公路隧道各施工过程进行数值模拟，研究不同工序下各施工阶段支护结构的内力响应及围岩体的应力场与位移场分布规律等力学行为。结果表明：锚碇与隧道的相互作用影响区域集中在锚室前端及上覆隧道洞口段范围内，且影响程度随两者之间距离的增大迅速减小；在设计主缆荷载作用下，上覆隧道洞口段发生向上位移，但量值较小，从岩体塑性区发展及支护结构受力状况来看，先建锚碇后修隧道的工序更加合理。朱玉等[29]利用 ABAQUS 软件对四渡河大桥隧道锚与下方公路隧道的相互作用进行了分析探讨，论证了工程施工开挖工序的合理性。于春[30]对坝陵河大桥公路隧道施工、隧道锚开挖回填等工序进行了数值模拟，为工程设计和施工提供依据。黎高辉等[31]结合矮寨大桥的工程实践，采用 IDAS/GTS 对茶洞岸锚碇和下穿公路隧道之间的相互作用机制进行研究。研究表明，开挖阶段锚碇-隧道相互作用程度具有不对等性，即锚碇-隧道影响大于隧道-锚碇影响。在设计大缆拉力荷载作用下，下穿隧道的存在明显改变了锚碇附近围岩的位移分布，导致锚碇附近围岩节点位移曲线发生整体下沉、旋转。

值得说明的是，由于岩体结构的复杂性和变形破坏的非连续性，基于连续介质力学的数值模拟，难以对破坏面的发展过程进行模拟。超载作用下隧道锚的数值仿真模拟结果，尤其是破坏模式、极限承载能力分析等结果仅能作为概念性的力学分析结果。

1.2.4 隧道锚承载力计算方法研究现状

现行规范中对隧道锚的承载力计算方法没有明确规定。我国《公路悬索桥设计规范》（JTG/T D65-05—2015）[32]中提到"当地质、地形条件较好且适宜成洞时，可采用隧道式锚碇"，对于隧道锚的结构抗拔力计算，仅对锚塞体的抗拔安全系数和围岩稳定安全系数进行要求，建议采用有限元模型进行数值模拟计算分析。其他国家桥梁规范[33-34]中未介绍隧道锚承载力计算方法的相关内容。

朱玉[35]从岩土锚杆的试验实测轴力数据入手，回归得出锚固段轴力分布的函数模型，通过类比和近似，推广应用到隧道锚，然后通过力的平衡建立锚塞体侧壁剪应力分布方程，最后以峰值剪应力为强度控制条件，建立隧道锚锚塞体长度的估算公式：

$$L_{\mathrm{m}} \geqslant \frac{3\sqrt{3}P_{\mathrm{s}}K}{8\sqrt{C}U_{\mathrm{p}}[\tau]} \tag{1.1}$$

式中：L_{m} 为锚塞体的计算长度；P_{s} 为主缆设计荷载；K 为超载安全系数；C 为参数，取值为 0.1～0.12；U_{p} 为锚塞体周长；$[\tau]$ 为岩体与锚塞体界面抗剪强度。

依托四渡河大桥隧道锚专题研究，项目组提出了计算隧道锚承载能力的多块体极限平衡分析方法[36]。该方法根据潜在的滑动面将锚塞体和围岩概化成多个滑块，假设所有块体滑裂面同时达到极限状态，建立单个块体的静力平衡方程，再联立多块体平衡方程求解锚碇-围岩抗滑稳定安全系数。

汪海滨[37]根据现场缩尺模型试验，认为隧道锚的破坏出现在锚塞体-围岩接触面，并将锚塞体-围岩接触面概化处理为 4 种形态，通过不同分项系数的设置，采用极限平衡理论，建立了隧道锚的平衡方程：

$$P_s K = \xi \sum_{i=1}^{3} \eta_i \left(N_{ci} \sin \beta_i + T_{ci} \cos \beta_i \right) + P_a + W \sin \alpha \quad (1.2)$$

式中：P_s 为主缆设计荷载；P_a 为预应力锚索提供的反力；K 为超载安全系数，一般取 1.5～2.5；η_i 为侧压力影响系数；N_{ci} 和 T_{ci} 分别为作用在拱部、底板和边墙上锚塞体-围岩接触面上的等效法向荷载和摩阻力；扩展角 β_i 为拱部、底板和边墙侧表面与锚碇轴向夹角；W 为锚塞体自身重量；α 为锚塞体轴向倾角；ξ 为泊松效应系数。

江南[38]等在室内模型试验基础上，将隧道锚的破坏模式分为两类：一类是锚塞体与围岩接触的侧壁界面破坏（图1.1），另一类是锚塞体周边岩体破坏模式（图1.2）。针对两类不同的破坏模式，根据极限平衡原理提出了两种计算公式。

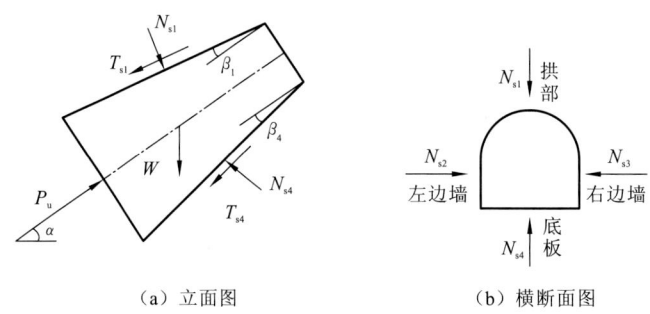

(a) 立面图　　(b) 横断面图

图 1.1　锚塞体侧壁界面破坏模式受力图[38]

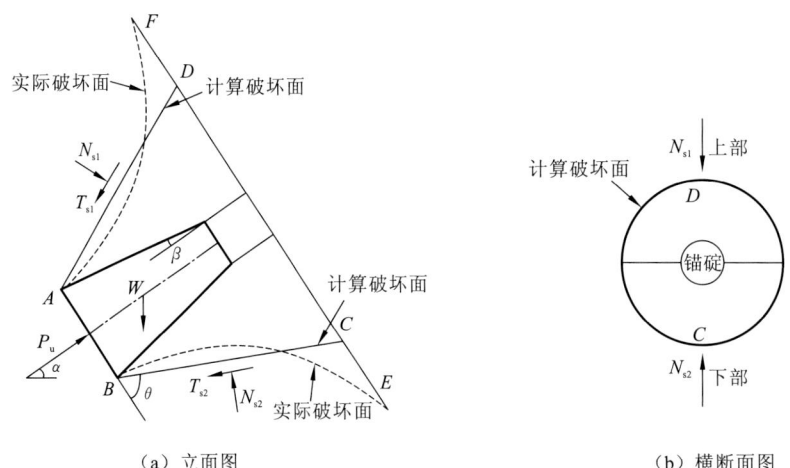

(a) 立面图　　(b) 横断面图

图 1.2　锚塞体周围岩体破坏模式受力图

（1）锚塞体侧壁破坏模式承载力计算公式：

$$P_u = \sum_{i=1}^{4} \left(T_{si} \cos \beta_i + N_{si} \sin \beta_i \right) + W \sin \alpha \quad (1.3)$$

式中：P_u 为隧道锚的极限承载力；β_i（$i=1$，2，3，4）分别为锚塞体拱部、左边墙、右边墙和底板侧面扩展角；W 为锚塞体重量；α 为锚塞体轴向倾角。N_{si} 和 T_{si}（$i=1$，2，3，4）为作用在锚塞体拱部、左边墙、右边墙和底板破裂面上的法向合力和切向合力，破裂面假定为锚塞体-围岩接触面。

（2）岩体破坏模式承载力计算公式：

$$P_u = \frac{W\sin(\theta+\alpha-90°) + W|\cos(\theta+\alpha-90°)|\tan\varphi + cA'}{\sin\theta + \cos\theta\tan\varphi} \tag{1.4}$$

式中：c 为围岩黏聚力；φ 为围岩内摩擦角；A' 为底滑面的有效接触面积；θ 为底滑面与锚塞体后锚面的夹角；其余参数同式（1.3）。

廖明进[39]等人根据隧道锚承载时表现出的"楔形效应"，将隧道锚等效简化为平面的变截面体力学模型，将其与等截面体侧面摩阻力进行对比得到抗拔承载力增大系数，即楔形效应系数，进而推导出隧道锚设计上拔荷载和极限上拔荷载的计算公式：

设计上拔荷载：
$$P_s = \frac{W_{eq} + F_{eq}\Omega_1}{K_1\sin\alpha} \tag{1.5}$$

极限上拔荷载：
$$P_J = \frac{W_{eq} + F_{eq}\Omega_2}{K_2\sin\alpha} \tag{1.6}$$

式中：W_{eq} 为等效后的锚塞体重量；F_{eq} 为等效后的侧摩阻力；Ω_1 为设计荷载楔形系数；Ω_2 为极限荷载楔形系数；K_1 为设计荷载作用下的安全系数；K_2 为极限荷载作用下的安全系数；α 为锚塞体轴向倾角。

张奇华[31]等人在圆台型和圆柱型隧道锚现场缩尺模型试验基础上，利用数值模拟手段揭示隧道锚的围岩变形破坏过程，获得破坏面形态，进而提取破坏面上的应力分布曲线，基于以上成果，在破坏面上建立力的平衡关系。

从上述研究成果来看，针对隧道锚的承载力计算方法主要分为两类：第一类是考虑围岩和锚塞体共同承载，以围岩内部的破坏面建立平衡方程；第二类是破坏面假定为锚塞体-围岩接触面，按照锚固原理进行承载力计算，通过设立相关系数考虑围岩部分的承载能力。以上两类计算方法的推导都以较多的假设为前提，仅适用于对隧道锚承载力的初步估算。

1.3 作者团队隧道锚研究历程和思路

1998 年起，长江科学院承担了"重庆长江鹅公岩大桥工程隧道锚碇设计、施工及工艺研究"课题，通过现场岩体物理力学特性试验、1∶12.5 隧道锚结构现场模型试验、理论计算和监测等手段，对隧道锚的设计、施工及工艺进行了系统研究，研究成果为鹅公岩大桥东锚碇设计与施工提供了支撑，也为后续工程隧道锚方案论证提供了借鉴[3-4]。重庆鹅公岩大桥 2000 年建成，是国内首个将隧道锚作为独立承载结构的大跨度悬索桥。

2003～2008 年，以四渡河大桥工程为依托，承担了西部交通建设科技项目"四渡河深切峡谷悬索桥关键技术研究"中的隧道锚试验及数值分析专题研究,具体包括:隧道锚围岩力学性质试验研究、隧道锚试验及模型数值反演研究、实桥隧道锚与围岩结构体系三维数值模拟、隧道锚施工张拉工作性状原位观测[12, 36]。通过四渡河大桥隧道锚专题研究工作,建立了隧道锚缩尺模型试验技术体系,提出了基于岩石力学的隧道锚系统性研究方法,其系统性体现在三个阶段:以锚址区勘探洞(斜洞/平洞)为研究对象的岩体力学特性研究阶段,基于现场隧洞锚缩尺试验的隧道锚缩尺模型尺度承载特性研究阶段,以原型锚尺度为对象的承载特性研究阶段[5]。相关成果为《公路悬索桥设计规范》(JTG/T D65—05—2015)的编制提供了支撑。

2004～2011年,针对矮寨大桥茶洞岸隧道锚、吉首岸重力锚承载特性问题,开展了系统的专题研究工作。茶洞岸隧道锚专题研究工作内容包括现场工程地质调研、现场平洞勘测及岩体质量评价、室内外岩石力学试验、隧道锚及岸坡稳定性分析、隧道锚施工及运营期全过程监控等[8, 40-43]。其研究成果为矮寨大桥隧道锚方案论证、安全运行提供了重要支撑。湖南矮寨大桥是目前国内已建跨度最大的悬索桥。

2009～2010年,以云南普立大桥隧道锚专题研究为依托,提出沿实体锚轴线方向开挖勘探斜洞的综合勘探方法,直观揭示隧道锚沿线地层岩性条件及隧道锚围岩原位性状特征。在解决工程实际问题的同时,结合云南省交通运输厅科技计划项目"高山峡谷地区悬索桥隧道锚设计施工关键技术研究",重点就隧道锚承载机制开展了理论研究和现场试验验证,揭示了隧道锚围岩承载的"夹持效应",建立了隧道锚承载能力计算方法[15-16, 27, 44]。2010年,依托浙江舟山大陆连岛工程官山大桥隧道锚专题研究工作,研发了隧道锚缩尺模型大吨位千斤顶自平衡加载技术,提升了模型试验加载能力,为通过模型试验直观揭示隧道锚受力、变形、破坏全过程提供了条件,并首次在隧道锚模型试验中采用声发射技术开展了模型试验破坏过程研究[45-46]。

2013～2015年,针对重庆几江长江大桥软岩区涉水隧道锚开展了深入、细致研究。研发了恒温水循环大跨度外部测量支架温控技术,实现了隧道锚模型试验外观变形精细测试;研发了大型野外伺服控制系统及无极变速伺服电机与滚轴丝杆联合运作压力控制技术,实现了压力的精确控制。在现场对比开展了不同比尺、不同含水状态模型试验,获得了软岩隧道锚变形、破坏全过程特征,定量揭示了隧道锚缩尺模型承载特征的尺度效应和遇水软化效应,并通过正交设计和数值模拟试验对隧道锚几何参数进行优化分析,为几江长江大桥隧道锚结构设计提供了依据[17, 47-53]。

2014年,依托水布垭清江大桥隧道锚研究专题,针对卸荷溶蚀等复杂地质条件,研究了不同埋深条件、不同岩体结构特征下隧道锚失稳模式的差异,深入开展了溶蚀区隧道锚加固措施对比研究,并对复杂地质条件隧道锚勘测要求和勘测手段进行了总结[54-55]。

近年来,在前期研究工作基础上,依托重庆太洪长江大桥[56]、宜昌伍家岗长江大桥[57-58]、雅康高速泸定大渡河大桥[59]、虎跳峡金沙江大桥[60]等项目隧道锚专题研究工作,同时结合其他基础科研项目,围绕隧道锚承载机制、超载及变形特性、长期安全性等问题,持续开展隧道锚综合试验、数值模拟、理论分析、工程监测等方面关键技术研究,形成了隧道锚安全评价系统研究方法，推动了大跨度悬索桥工程建设技术的发展[61]。

1.4 本书主要内容

本书总结和提炼了作者团队二十余年来在隧道锚岩石力学研究方法及其工程应用方面取得的成果，主要包括以下四个方面内容：

（1）隧道锚围岩工程特性精细评价方法研究。突破交通领域以室内岩石试验、钻孔勘探为主的常规勘察手段，提出以勘探（斜）洞岩体结构调查、室内外岩石力学试验、物探检测、岩体质量分级与评价等手段的隧道锚围岩工程特性精细评价方法。应用于四渡河大桥、矮寨大桥、云南普立大桥、宜昌伍家岗长江大桥等千米级大跨度悬索桥隧道锚工程，深入揭示了隧道锚围岩结构、变形强度特征等工程特性，解决了隧道锚围岩性状评价关键技术问题，为隧道锚工程设计、施工提供了基础支撑，发展了隧道锚勘测技术方法。

（2）隧道锚大比尺现场缩尺模型试验技术研究。由于隧道锚围岩的复杂性，大比尺现场缩尺模型试验是勘察设计阶段认识隧道锚受力变形特征及承载能力的主要手段。通过研究隧道锚缩尺试验理论，以及模型制备、试验加载、受力变形量测、不同应力路径综合试验等技术，形成了隧道锚大比尺现场缩尺模型试验和室内地质力学模型试验成套技术。成果应用于十余座大跨度悬索桥隧道锚专题研究，构成隧道锚承载能力评价的主要研究手段。

（3）隧道锚承载机制研究。基于现场专项试验，提出了隧道锚围岩的"夹持效应"，研究了"夹持效应"的力学机制。通过对十余个隧道锚模型试验结果及数值分析结果的综合分析，探讨了不同类型隧道锚的变形破坏模式及其主控因素。

（4）隧道锚承载能力综合研究方法及应用。以隧道锚承载机制为基础，研究了隧道锚单块体、多块体极限平衡力学模型，提出了隧道锚承载力计算方法，结合大比尺现场缩尺模型试验、多尺度数值模拟、工程类比，构建了隧道锚承载力研究方法。应用该系统方法对十余个隧道锚的变形特征、承载能力进行分析和总结，对依托工程隧道锚变形特性进行工程监测验证。

第2章

隧道锚围岩工程特性精细评价方法

隧道锚荷载大（数万吨级）、作用力集中、岩体性状不确定性问题突出。如何实现隧道锚锚址区岩体性状的精细评价，是制约悬索桥隧道锚科学设计与建设的瓶颈。传统室内试验、钻探勘察手段只能获得对围岩特性的间接和定性认识。基于勘察洞综合测试与试验为核心的锚址区岩体性状评价方法，考虑岩体结构效应、尺度效应、流变等综合效应，深入揭示了隧道锚围岩力学特性与工程特性，为隧道锚工程设计、施工提供了重要支撑。

第2章 隧道锚围岩工程特性精细评价方法

2.1 隧道锚围岩特性精细评价方法的提出

受行业特点限制，交通工程领域传统的勘测手段以地表测绘、钻孔勘察、室内试验为主。隧洞勘测时，也主要侧重于对不良地质体、岩爆、突水等潜在灾害的勘测，隧洞围岩力学特性通常不是勘测的重点。

一般隧道工程设计建造时研究的重点在于围岩向洞内的变形、破坏及相应衬砌支护措施。但隧道锚不同于一般隧道工程。锚塞体浇筑后，围岩就不会再有向洞内变形、破坏的风险，工程关注的重点转变为围岩作为承载结构的承载能力及在主缆荷载作用下的变形特征。然而，仅依靠交通行业传统的勘测手段，很难获得足够的信息来支撑对隧道锚围岩承载能力及其在主缆荷载作用下受力变形特征的认识。

之前，也正是对隧道锚围岩工程特性认识的不足，导致对隧道锚及其围岩在数万吨级主缆荷载作用下究竟会有多大的变形、会不会有显著的流变、是否具有足够的承载能力等关键问题存在疑虑，从而极大限制了隧道锚方案的采纳和隧道锚综合效益的发挥。所以，发展隧道锚围岩工程特性精细评价方法，深化对隧道锚围岩工程特性的认识，是隧道锚作为一种优化的锚碇形式被广泛采纳和大范围推广的前提。作者团队应用水工岩石力学思想，提出了在隧道锚锚址区开挖勘探平洞或斜洞进行围岩特性评价的综合勘测方法。基于工程地质编录和物探检测划分岩体结构类型、风化卸荷带和掌握地质缺陷分布，通过系统的室内和现场岩石力学试验揭示岩体基本性状，综合岩体质量分级和评价，给出考虑岩体结构、流变、尺度效应等特征的岩体力学参数。

结合四渡河大桥、矮寨大桥、云南普立大桥、宜昌伍家岗长江大桥、重庆几江长江大桥等大跨度悬索桥隧道锚专题研究工程实践，介绍隧道锚围岩工程特性精细评价方法及其应用情况。

2.2 洞室围岩性状探洞勘测

隧道锚锚洞一般长几十至百余米，锚洞轴线与水平面一般呈 30°～40°的中等夹角，所以隧道锚通常都有几十米甚至更大的水平和铅直埋深，隧道锚周边直至地表的大范围岩体，对隧道锚的承载特性都会有不同程度影响。岩体作为天然材料，具有较强的复杂性和不可预见性，仅通过地表测绘和有限的钻孔往往很难客观揭示如此大范围岩体的性状。

从四渡河大桥开始利用平洞或斜洞开展地质编录、现场试验和物探测试，评价隧道锚沿线围岩性状特征。勘探斜洞的施工为后续实体锚洞的开挖提供经验和参考，可以起到模拟开挖的效果。如果能统筹组织，勘探斜洞甚至可以作为后续实体锚洞开挖的先导洞，提升实体锚洞开挖效率。勘探洞勘测方案在四渡河大桥以后的大部分大跨度悬索桥隧道锚勘测中都得到了持续采用，发挥了显著效益。

针对某些不具备在现场开挖勘探平洞或斜洞的隧道锚工程，还可以采用沿隧道锚轴线方向钻斜钻孔，然后通过钻孔岩心编录、岩心室内试验、孔内物探测试等手段，获得对隧道锚沿线地质条件及岩体性状的认识。

本节分别以四渡河大桥、云南普立大桥、宜昌伍家岗长江大桥隧道锚为例，说明勘探洞和斜钻孔在隧道锚勘测中的实施效果。

2.2.1 四渡河大桥勘探平洞勘察

四渡河大桥为沪蓉国道主干线湖北省宜昌市恩施段高速公路建设中的控制性工程，桥址两岸岸坡陡立，河谷深切。大桥采用跨径 900 m 的一跨过谷的悬索桥方案，全桥长 1 169 m。悬索桥两根主缆荷载为 4.2×10^5 kN。为研究四渡河大桥东岸隧道锚岩体力学特性，在锚碇区附近开挖了 50 m 长岩体试验平洞。试验平洞轴线与大桥轴线平行，方位 NE89°，断面尺寸为 2 m×2 m。

试验勘探平洞开挖采用小进尺、多循环的形式，尽可能减小爆破单响药量。对于进行现场试验的洞段，实施光面爆破，并在试验面上预留保护层。平洞开挖完并进行冲洗后，对平洞进行地质描述。开挖平洞的地质展布如图 2.1 所示。

试验勘探平洞揭示的主要地质特征叙述如下：

洞内所揭示的地层主要是三叠系大冶组上段 T_1d^2 薄-中厚层灰岩，岩层产状为 330°∠83°，深灰色，岩性为微晶结构，裂隙较发育，被多组结构面切割。层面及裂隙面一般泥质充填。

洞深 0~24 m 为薄层灰岩，层厚 2~10 cm，较风化；洞深 24~50 m 为中层灰岩，层厚 20 cm 左右，微风化至微新岩体。

软弱夹层 24 条，夹泥，宽 0.5~9 cm，局部厚 20 cm。

洞内出露 2 条顺层面的断层破碎带，宽 20~80 cm，在洞深 2 m、25 m 处，泥夹碎块石，碎石为灰岩，棱角状，多为 2~10 cm，泥质含水量较高，破碎无压裂迹象，为张性。

洞内出露 2 组裂隙，一组为 NE30°∠45°，一组为 NE75°∠65°，充填泥质，部分夹有方解石，宽 0.5~8 cm，部分渗水。

勘探平洞揭示 2 个溶孔，在洞深 41.5 m、45.3 m 处，孔径 30 cm、70 cm，溶孔内泥质充填，有滴水。

图 2.1 中，对各破碎带、断层及泥化夹层等岩体结构出露位置与性状等进行了具体的标注与说明。

2.2.2 云南普立大桥勘探斜洞勘察

云南普立大桥位于云南省宣威市普立乡松山村、普立村，距宣威市约 65 km，桥轴线与普立大沟近于正交。大桥为整体式桥梁，主桥为单跨悬索桥，设计主缆荷载为 2×101 341 kN，桥长 964 m，主跨 628 m，桥面净宽 24.5 m，普立岸主墩塔高 154.3 m，宣威岸主塔高 162.2 m。普立岸为隧道锚，宣威岸为重力锚。大桥纵剖面如图 2.2 所示。

第2章 隧道锚围岩工程特性精细评价方法

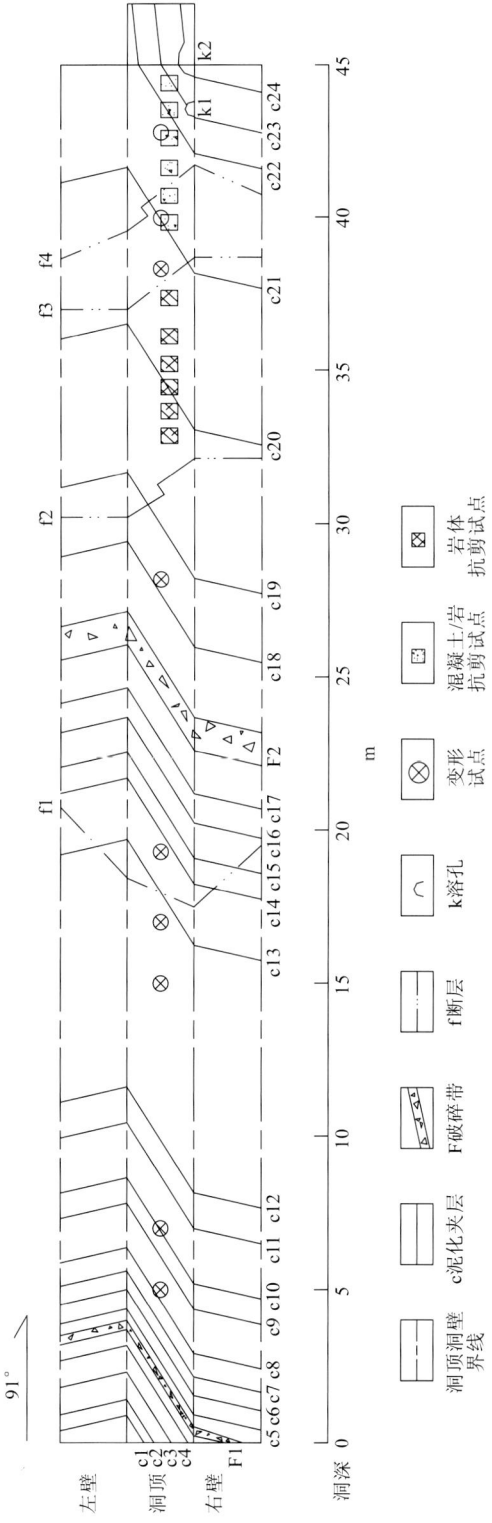

图 2.1 四渡河大桥隧道锚勘探平洞地质描述及试验布置

1. 洞口坐标(389218,442485)。桩号K100+250右15 m,洞轴向91°,地表沿洞轴向坡角约36°。
2. 三叠系大冶组上段T_1d薄-中厚层灰岩夹碎块石。F2: 宽20~40 cm,棕黄色泥夹碎石,上下面泥充填。F2: 宽35~80 cm,薄层、由破碎灰岩、强风化方解石及泥组成,见溶蚀空洞,最大洞径50 cm×80 cm,渗水。岩层产状330°∠83°,0~24 m洞段弱卸荷,24~45 m洞段轻微卸荷。泥化夹层发育,并有顺层溶蚀现象。主要发育顺层、北北西及北西西三组节理。
3. 破碎带2条:
F1: 宽20~40 cm,棕黄色泥夹碎块石。F2: 宽35~80 cm,薄层、由破碎灰岩、强风化方解石及泥组成,见溶蚀空洞,最大洞径50 cm×80 cm,渗水。
断层4条:
f1: 宽0.5~3 cm,夹方解石。c3: 棕黄色泥。c8: 厚5~10 cm,泥夹碎石,见溶孔,孔径130 cm×35 cm。c9: 厚4~10 cm,棕黄色泥。c14: 极薄层破碎灰岩夹泥。c15、c16: 厚1~2 cm。c10: 厚10~13 cm,夹薄层破碎灰岩,小块方。c11: 厚5~12 cm。c12: 厚10~50 cm,夹方解石及钙泥质充填物。c19: 厚1.5~3 cm。c20: 棕黄色泥。c21: 厚0.5~0.8 cm。c17: 厚0.5~2.5 cm。右壁渐厚c4: 厚1~3.5 cm。c5、c6: 厚1~3 cm。c13: 厚0.5~1 cm。左壁钙泥质胶结较好,洞顶左部破碎,右壁宽0.6~2 cm,泥化夹层。c18: 钙泥质,右壁上斜。f3: 左壁钙泥质胶结较好,洞顶左部破碎,右壁宽0.6~2 cm。f4: 由下至上斜宽。
c1: 厚5~9 cm,局部厚20 cm。c2: 厚1~4 cm,夹方解石。c7: 厚5~10 cm,泥夹碎石,见溶孔,孔径130 cm×35 cm。c22: 厚3~5 cm。c23: 厚10 cm,泥夹碎石,见溶孔k1,孔径25 cm,泥充填。c24: 厚1~2 cm,充泥,见泥充填,k2: 渗水,溶孔呈倒喇叭形,最大孔径53 cm。
紫红色泥。

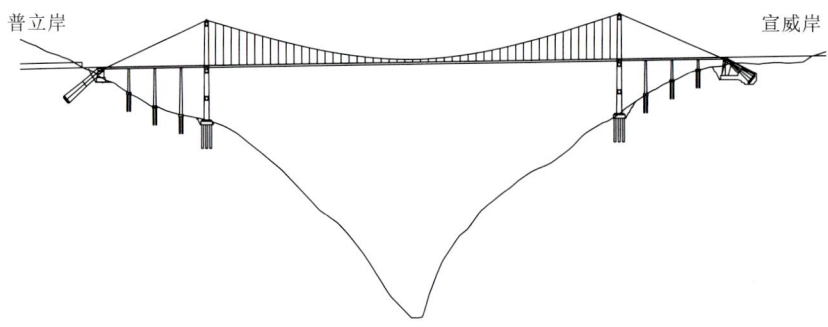

图 2.2 云南普立大桥纵剖面图

隧道锚锚址区地层岩性为石炭系上统马平组白云质灰岩、白云岩。岩层产状230°～260°∠5°～10°，与岸坡坡向基本一致，构成顺层岩质斜坡。地表浅部溶蚀强烈，强溶蚀带厚约10～15 m，垂直岩层走向的陡倾裂隙较发育，岩体破碎-较破碎。为了查明普立岸隧道锚场地岩溶、卸荷裂隙分布规律，在普立岸隧道锚区沿锚碇中心布置了断面尺寸为 2 m×2 m 的探洞。在岩体卸荷带部分开挖平洞，进入锚碇区永久工程部位后开挖斜洞（倾角40°）和试验支洞12个。斜洞长79.2 m，试验支洞长56.2 m，合计135.4 m。探洞剖面布置见图2.3。

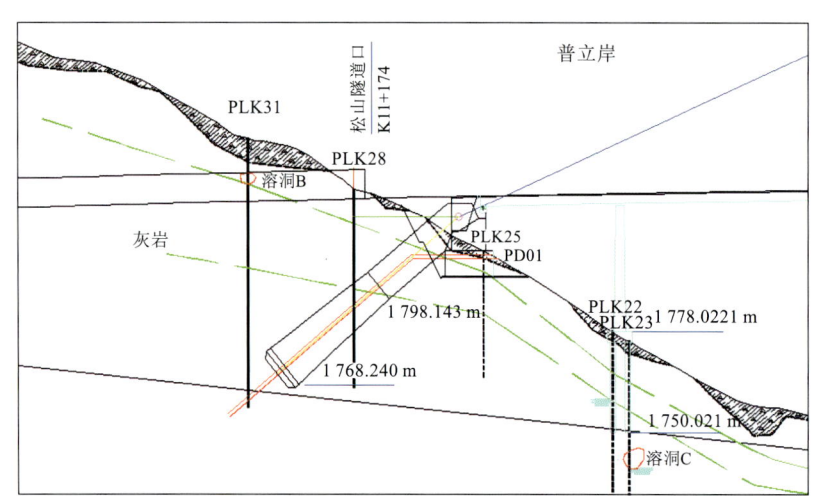

图 2.3 云南普立大桥普立岸隧道锚勘探斜洞剖面布置

PLK22，PLK23，PLK25，PLK28，PLK31 为钻孔；PD01 为平洞，其他数据为高程

斜洞施工完成后对洞壁与洞顶进行详细地质编录，并利用探洞开展了岩体现场试验、风化卸荷带声波测试、地质雷达岩溶探测。图 2.4 为斜洞西侧壁地质编录和声波测试结果。综合测试结果将勘探洞划分为：0～31.1 m 为强溶蚀卸荷带，Ⅴ级；31.1～44.3 m 为弱溶蚀卸荷带，Ⅳ～Ⅲ级；44.3～75.4 m 微风化带，Ⅲ～Ⅱ级；勘探洞洞底溶洞及局部可能出现的溶蚀缺陷为Ⅳ级。

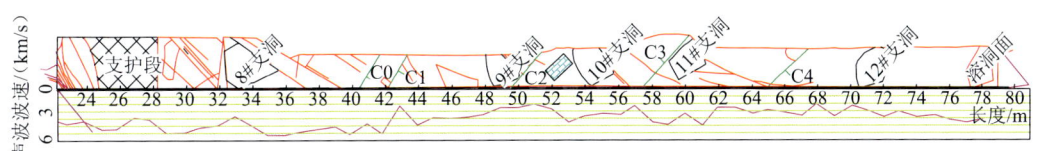

图 2.4　云南普立大桥普立岸隧道锚勘探斜洞编录图

2.2.3　宜昌伍家岗长江大桥勘探斜洞勘察

宜昌伍家岗长江大桥跨长江主桥为主跨 1 160 m 的钢箱梁悬索桥，江南侧引桥 319.4 m，江北引线（路基+桥）1 080.8 m。江南侧采用重力锚，江北侧采用隧道锚方案。江北侧隧道锚将锚塞体锚固于基岩低丘山体内，见图 2.5。

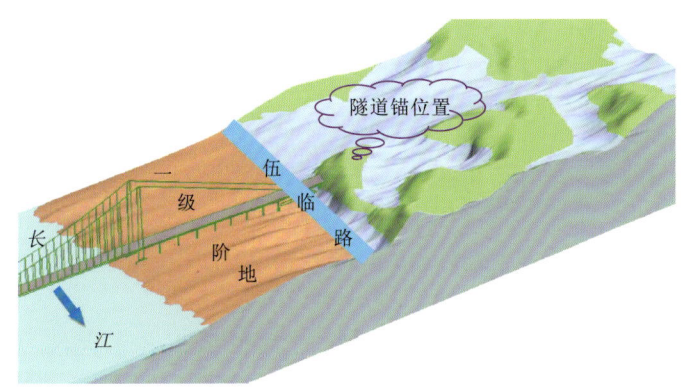

图 2.5　宜昌伍家岗长江大桥江北侧隧道锚场区地形条件

江北侧隧道锚入锚角度为 40°，其中，前锚室段长 45.000 m，锚塞体段长 45.000 m，鞍室入口底高程 54.533 m，锚塞体下锚面底高程-11.906 m；锚塞体开挖洞室呈城门洞形，其中，前锚室段宽 9.04～9.60 m、高 10.49～12.00 m、布置高程 22.012～54.686 m，锚塞体段宽 12.00～16.00 m、高 12.00～20.00 m、布置高程-11.906～31.205 m。单锚荷载 2.2×10^5 kN。隧道锚平面、剖面布置见图 2.6 和图 2.7。

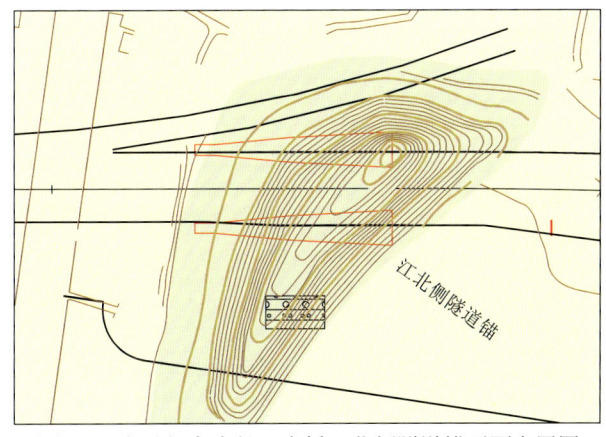

图 2.6　宜昌伍家岗长江大桥江北侧隧道锚平面布置图

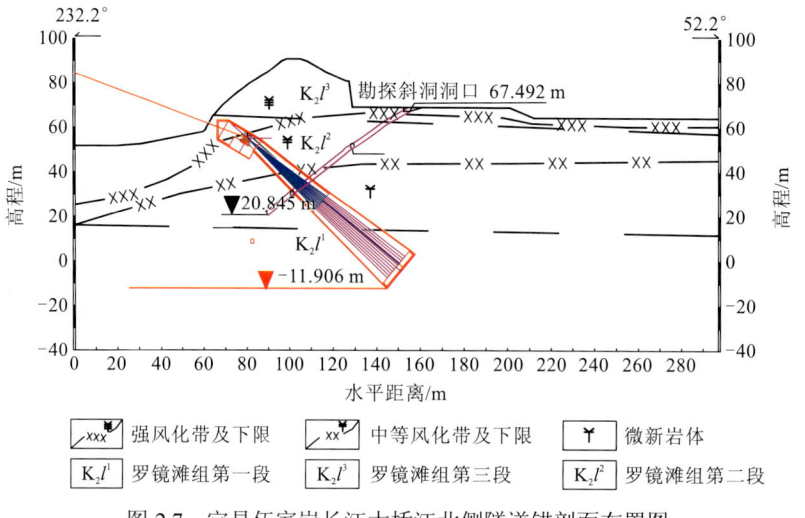

图 2.7　宜昌伍家岗长江大桥江北侧隧道锚剖面布置图

隧道锚场地区地表零星分布第四系残坡积层(Q_4^{edl})，厚度一般小于 1.0 m，主要为灰黄色含砾粉土。基岩为罗镜滩组杂色中厚至巨厚层状砾岩（钙泥质胶结或泥钙质胶结）夹砂砾岩或含砾砂岩及砂岩（粉细砂岩、疏松砂岩、泥质粉砂岩），软弱夹层较多，总体属较软岩，且各层岩体性状存在一定差异。

为了查明隧道锚沿线地层岩性、岩体结构、渗透特征、含水状态，以及沿线的地质构造特征，采用勘探斜洞的勘测方式。但是受现场环境条件的限制，勘探斜洞不能沿设计隧道锚轴线方向开挖，只能在设计隧道锚的背面，距离隧道锚一定水平距离反向开挖斜洞，勘探斜洞在剖面图上的投影位置见图 2.7。

为了弥补勘探斜洞未能沿设计隧道锚轴线方向布置的不足，沿隧道锚轴线方向补充了斜钻孔勘探，钻孔剖面布置如图 2.8 中的 XZK33 所示。

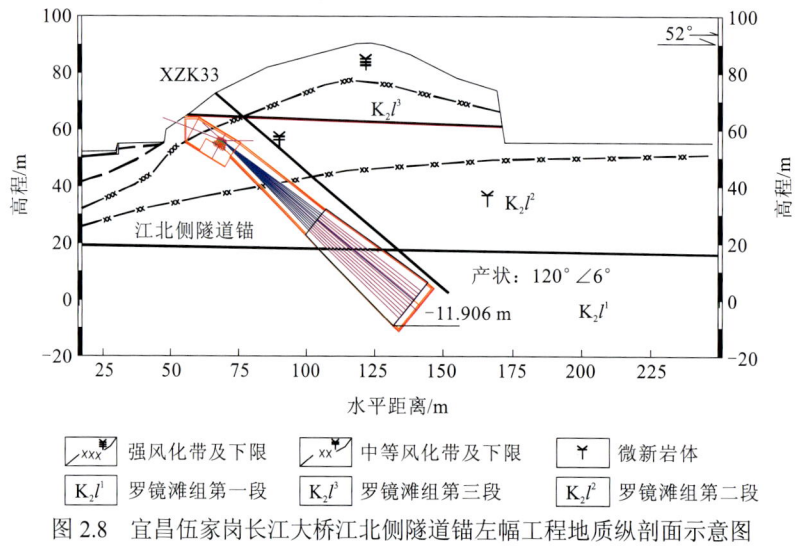

图 2.8　宜昌伍家岗长江大桥江北侧隧道锚左幅工程地质纵剖面示意图

通过勘探斜洞和斜钻孔综合勘测，揭示了隧道锚围岩性状特征（部分成果见图 2.9 和图 2.10），获得了对江北侧隧道锚赋存条件的如下认识：隧道锚区内及周边未见不良地质现象发育，所处山体整体稳定性好；隧道锚主要受力部位——锚塞体深埋地下，上覆山体厚度大；锚塞体锚周泥钙质胶结砾岩虽为较软岩，但岩体新鲜、完整，总体岩体质量以Ⅲ级为主；岩体中基本无地下水。总体而言，江北侧隧道锚部位地形地质条件较好，隧道锚方案与地形、地质条件结合较好。相关结论为后期实际隧道锚洞室开挖揭露情况所验证。

图 2.9　宜昌伍家岗长江大桥江北侧隧道锚部位精细地层柱状图

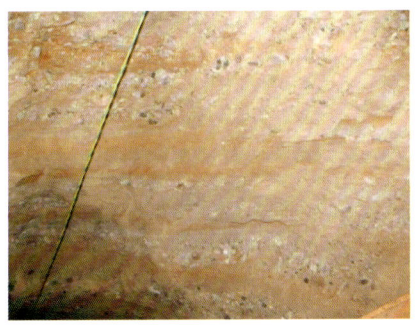

（a）K_2l^2段砂岩夹砂砾岩

（b）K_2l^2段砂岩与砂砾岩互层

(c) K_2l^1段砾岩夹砂岩

(d) K_2l^1段块状砾岩

图 2.10　宜昌伍家岗长江大桥江北侧隧道锚部位典型岩性特征

2.3　基于勘探平洞的风化卸荷带划分

对围岩进行风化卸荷带划分,是建立地质概化模型的基础。利用勘探洞,进行工程地质编录和必要的物探检测,可以为岩体风化卸荷带划分提供依据。以矮寨大桥为例,说明基于工程地质编录和物探检测的风化卸荷带划分方法的应用。

2.3.1　勘探平洞布置

湖南矮寨大桥为吉首至茶洞高速公路的控制性工程。主桥跨径 1 176 m,2 根主缆设计荷载为 5.6×10^5 kN。西北端茶洞岸采用隧道锚,东南端吉首岸采用重力锚。桥址线位置山体陡峭,岩体为寒武系灰岩、白云岩,发育有 2 组陡倾角节理,多处出现深且大的溶蚀卸荷裂缝。为了查明两岸岩体性状,在茶洞岸和吉首岸都布置了勘探平洞。

茶洞岸勘探平洞桩号 K14+069 左 84 m,高程 550.50 m,开挖走向 310°,洞深 45 m 左右;吉首岸勘探平洞布置在塔基部位山体,靠茶洞岸的陡崖边坡开口,平洞桩号 K15+360 右 86 m,高程 665.20 m,开挖走向 135°,洞深 50 m 左右,见图 2.11、图 2.12。

图 2.11　茶洞岸勘探平洞

图 2.12　吉首岸勘探平洞

2.3.2 茶洞岸勘探平洞地质描述

对茶洞岸勘探平洞进行地质描述，揭示如下地质特征：

1）地层岩性

深灰至灰黑色中厚层夹薄层微晶灰岩，局部见泥质条带灰岩和泥灰岩。单层厚度一般为 0.1~0.3 m，局部小于 0.1 m，少量大于 0.5 m。岩层产状较稳定，为 163°∠9°。层面多较平直稍粗，局部可见槽模或波痕等层面构造，导致局部层面呈波状起伏。

2）风化及溶蚀

洞深 0~8 m 为明挖洞段，受溶蚀及风化作用明显，地表可见小型溶沟、溶槽及溶蚀缝；沿部分结构面溶蚀张开，充填红色黏土及碎石等，厚度一般为数厘米，局部近 1 m。

3）断裂构造

洞深 15 m 附近发育一条裂隙性小断层，产状为 86°∠82°，宽 1~5 cm 不等，断面溶蚀张开 5~10 mm，沿面呈串珠状分布溶蚀晶洞，内有方解石及黄色泥质充填，沿断面滴水严重。岩层错动不明显。

全洞共编录裂隙 47 条，平均线密度为 1.2 条/m。按走向可主要分为两组：第一组为走向 357°~14°，即走向近 SN，多倾向 W，倾角陡，部分近直立，该组最发育，占裂隙总数的 51.1%；第二组为走向 77°~84°，即走向近 EW，多倾向 N，倾角陡，部分近直立，该组裂隙占总数的 38.4%。裂隙面一般平直稍粗，绝大多数为钙质（方解石）胶结的硬性结构面，多呈闭合状，延伸长度大多小于 10 m。裂隙统计结果见图 2.13。

4）岩体结构

岩体结构以中厚层夹薄层状结构为主，局部洞段裂隙较发育，将岩体切割成次块状结构。岩体为近水平层状结构，层面清晰。

5）结构面分类

结构面按充填和几何形态情况分为两大类：方解石胶结的硬性结构面，面一般平直稍粗；岩体层面，多平直稍粗和起伏面，多数呈闭合状。充填物主要为方解石，部分上下面附泥膜。起伏面为后期构造形成的波痕状，起伏差一般为 1.5~2 cm，局部 2~3 cm。

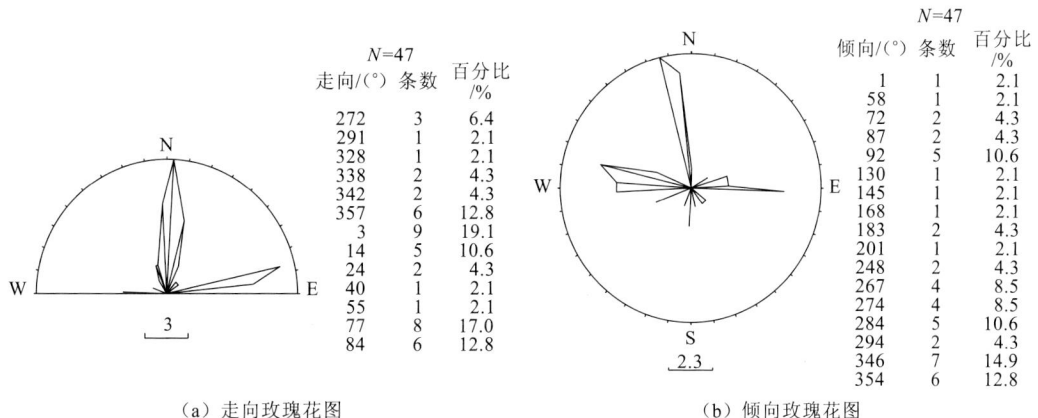

（a）走向玫瑰花图　　　　　（b）倾向玫瑰花图

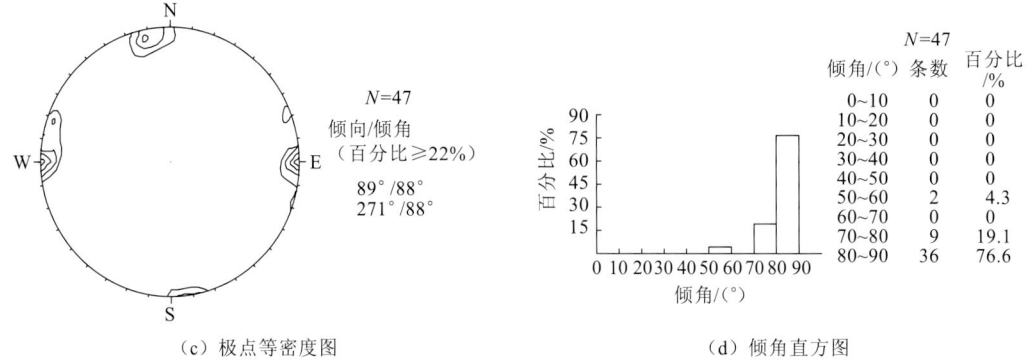

(c) 极点等密度图　　　　　　　　(d) 倾角直方图

图 2.13　矮寨大桥茶洞岸锚碇部位勘探平洞裂隙统计图

6）水文地质

洞深 8~23 m，受岩体卸荷等的影响，洞顶上覆冰雪融化后，洞室滴渗水严重，洞壁潮湿；洞深 23 m 至洞底，洞壁多较干燥。

2.3.3　吉首岸勘探平洞地质描述

吉首岸勘探平洞揭示如下地质特征：

1）地层岩性

深灰色中厚层夹薄层(泥质条带)微晶灰岩和白云岩，局部碳质含量高。单层厚度一般为 0.1~0.3 m，局部小于 0.1 m，少量大于 0.5 m。岩层产状较稳定，为 345°∠8°。层面多较平直稍粗。

2）风化及溶蚀

仅洞深 0~2.0 m 洞段受溶蚀及风化作用较明显，可见较明显的溶蚀缝，缝宽也仅有数毫米。

3）断裂构造

洞深 23 m 附近发育一条裂隙性断层，产状为 297°∠71°，宽 1~3 cm 不等，内有方解石及黄色泥质充填，未见滴水或渗水。岩层错动不明显。

全洞共编录裂隙 47 条，平均线密度为 1.2 条/m。按走向分，主要有两组较发育：第一组为走向 9°~22°，即走向 NNE，多倾向 W，倾角陡，部分近直立，该组最发育，占裂隙总数的 44.7%；第二组为走向 274°~281°，即走向 NWW，多倾向 SW，倾角陡，部分近直立，该组裂隙占总数的 21.3%。裂面一般平直稍粗，绝大多数为钙质(方解石)充填的硬性结构面，多呈闭合状，延伸长度大多小于 10 m。裂隙统计见图 2.14。

4）岩体结构及结构面分类

以中厚层夹薄层状结构为主，局部薄层状结构较多。层面和裂隙面的性质大体与茶洞岸勘探平洞相似。

5）水文地质

洞壁多较干燥，未见较明显的滴水或渗水。

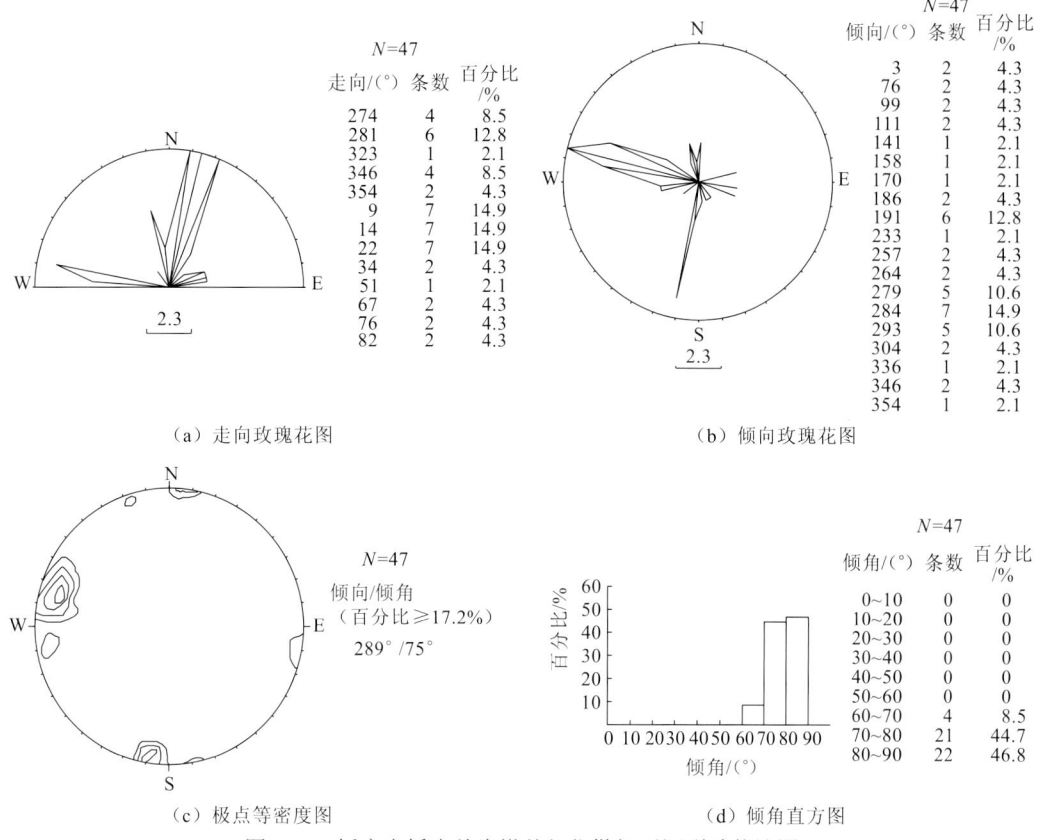

图 2.14 矮寨大桥吉首岸塔基部位勘探平洞裂隙统计图

2.3.4 平洞波速测试及卸荷带划分

分别对茶洞岸锚碇部位和吉首岸塔基高边坡部位试验平洞的左洞壁进行了钻孔超声波法（钻孔法）和一击双收地震波法（锤击法）测试，其波速沿洞深分布曲线见图 2.15 和图 2.16。波速统计结果见表 2.1。

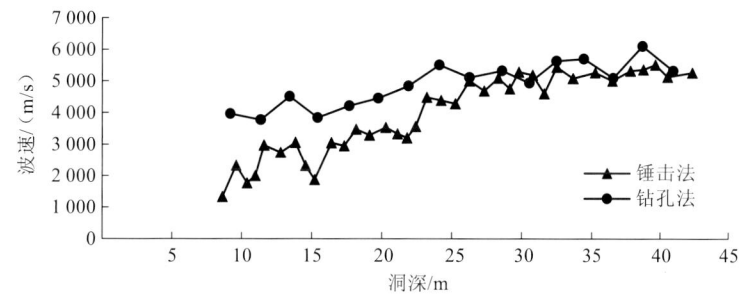

图 2.15 茶洞岸平洞岩体波速沿洞深分布曲线

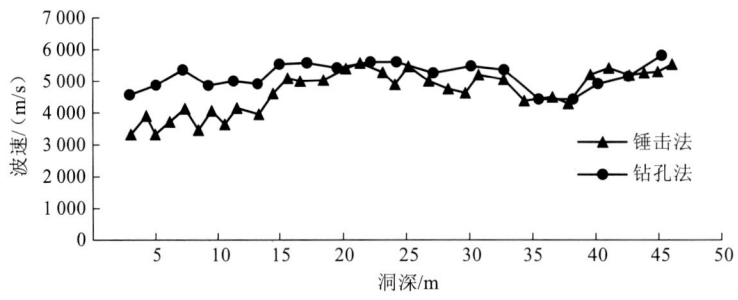

图 2.16 吉首岸平洞岩体波速沿洞深分布曲线

表 2.1 平洞波速测试及卸荷带划分成果

平洞位置	洞深/m	风化卸荷带	钻孔法波速/（m/s）（范围值/平均值）	锤击法波速/（m/s）（范围值/平均值）
茶洞岸锚碇平洞	0~8	严重风化卸荷带（明挖断）	<3 500	<1 500
	8~15	强风化卸荷带	3 770~4 510/4 020	2 000~2 970/2 190
	15~26	弱风化卸荷带	4 220~5 510/4 750	2 950~5 000/3 710
	26~42	微风化带	4 940~6 110/5 400	4 600~5 520/5 130
吉首岸塔基高边坡平洞	0~3	强风化卸荷带	<4 500	<3 300
	3~20	弱风化卸荷带	4 870~5 570/5 200	3 320~5 090/4 160
	20~48	微风化带	4 430~5 810/5 200	4 290~5 580/5 070

岩体的波速沿洞深分布反映了岩体的风化卸荷特征，尤其是锤击法的波速沿洞深的分布更为直观地揭示了卸荷裂隙性状的变化，因此风化卸荷带的初步划分以锤击法的波速分布为主，钻孔法的波速作为参考。

茶洞岸勘探平洞埋较深浅，0~8 m 段为明挖段，岩体破碎，裂隙发育，风化严重；8~15 m 段裂隙多见明显的泥化和溶蚀，层面也可见风化和泥化现象，长大裂隙和层面偶见泥质充填，且下雨后洞顶滴水严重，波速为 2 000~2 970 m/s，平均值为 2 190 m/s，划分为强风化卸荷带；15~26 m 段岩体完整性较差，主要以卸荷为主，产状为 260°~270°∠81°~83°方向的裂隙见明显的错动后褶皱现象，主要为后期多次运动形成的，裂隙局部风化，且下雨后洞顶渗水，波速为 2 950~5 000 m/s，平均值为 3 710 m/s，划分为弱风化卸荷带；26~42 m 段岩体完整新鲜，波速相对稳定，为微新带，裂隙及层面多为无充填或者方解石充填，且裂隙胶结紧密，波速为 4 600~5 520 m/s，平均值为 5 130 m/s。

吉首岸塔基部位平洞洞口位于几十米高的悬崖崖脚，且平洞洞口山体向外凸出。岩石风化不明显，洞口 0~3 m 岩体内泥质条带灰岩局部由深灰色变为浅黄色，主要为风化引起；3~20 m 结构面（层面和裂隙）中的方解石局部有风化现象，波速呈锯齿状分布，说明裂隙性状局部劣化，波速为 3 320~5 090 m/s，平均值为 4 160 m/s，因此 3~20 m

段划定为弱风化卸荷带。20~48 m 段波速基本稳定，波速为 4 290~5 580 m/s，平均值为 5 070 m/s，为微新带。其中在 33~40 m 段岩体波速为 4 290~5 050 m/s，平均值为 4 560 m/s，波速低于相邻段岩体的波速，该段陡倾角裂隙相对密集，主要为方解石充填。

2.3.5 构建三维地质概化模型

开展岩体结构编录、风化、卸荷带划分，其目的是为构建地质概化模型提供依据。图 2.17 和图 2.18 分别为矮寨大桥茶洞岸三维地质概化模型形态及剖面形态。

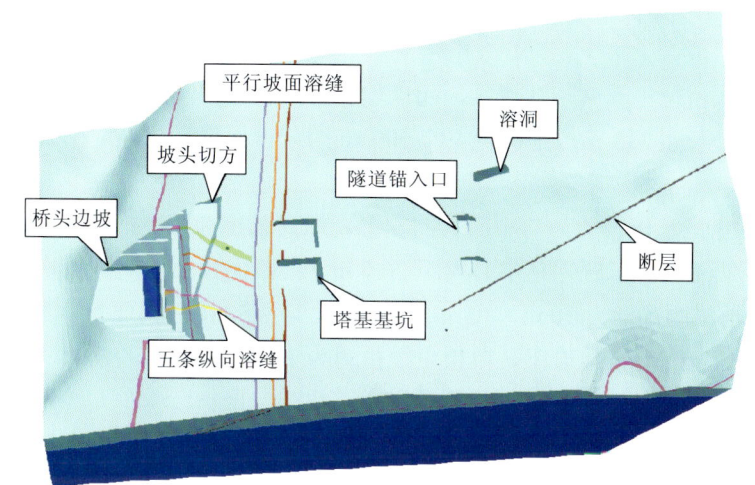

图 2.17 茶洞岸三维地质概化模型形态

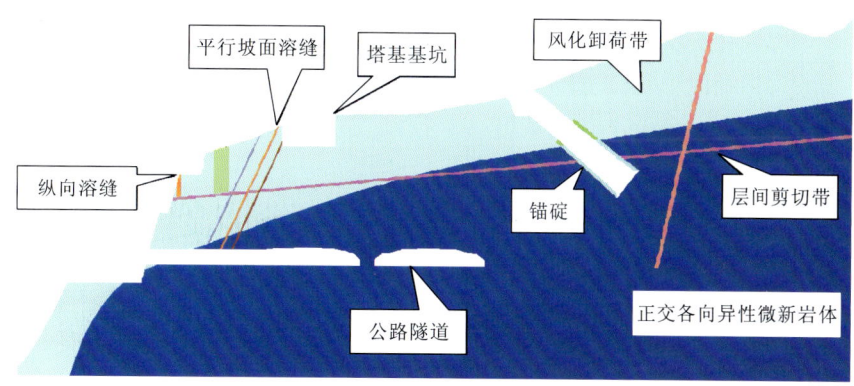

图 2.18 茶洞岸三维地质概化模型剖面形态

隧洞围岩中的断层、软弱层等控制性结构面往往会成为隧道锚承载的薄弱环节，是需要重点研究的对象，所以在勘测和构建概化模型时，需要重视控制性结构面的位置、规模及形态，在模型中需要有所体现。

2.4 岩体力学特性现场试验

利用试验平洞，对隧道锚围岩进行系统的岩体变形、岩体抗剪、混凝土与岩体接触面抗剪试验以及相应的流变试验，是认识隧道锚围岩力学特性与工程特性的基础。从鹅公岩大桥隧道锚专题研究开始，各隧道锚专题研究都将现场岩体力学试验作为必要的勘测手段。以重庆几江长江大桥隧道锚专题研究为例，说明现场岩体试验技术在隧道锚勘测中的应用效果。

2.4.1 试验布置

几江长江大桥位于重庆市江津区，起点位于江津区南岸滨江路附近，终点位于北岸中渡村，桥梁全长 1 738 m，主桥为主跨 600 m 的双索面悬索桥，南岸采用重力锚，北岸采用隧道锚。

北岸隧道锚锚塞体设计为前小后大的楔形，纵向长度为 60 m，与水平线的倾角为 37°，最大埋深约 68 m，锚塞体中心间距 26.7 m。横断面顶部采用圆弧形，侧壁和底部采用直线形，前锚面尺寸为 10 m×10 m，顶部圆弧半径 5 m，后锚面尺寸为 14 m×14 m，顶部圆弧半径 7 m。标准组合下，单根主缆拉力为 $1.08×10^5$ kN。锚碇地区基岩为上侏罗统遂宁组泥岩，局部夹砂岩，中等风化程度。

几江长江大桥是在软岩中修建隧道锚的典型案例。

在现场开挖了 1#、2#试验平洞，用于开展现场岩体力学试验。试验平洞及试验点平面布置见图 2.19 和图 2.20。

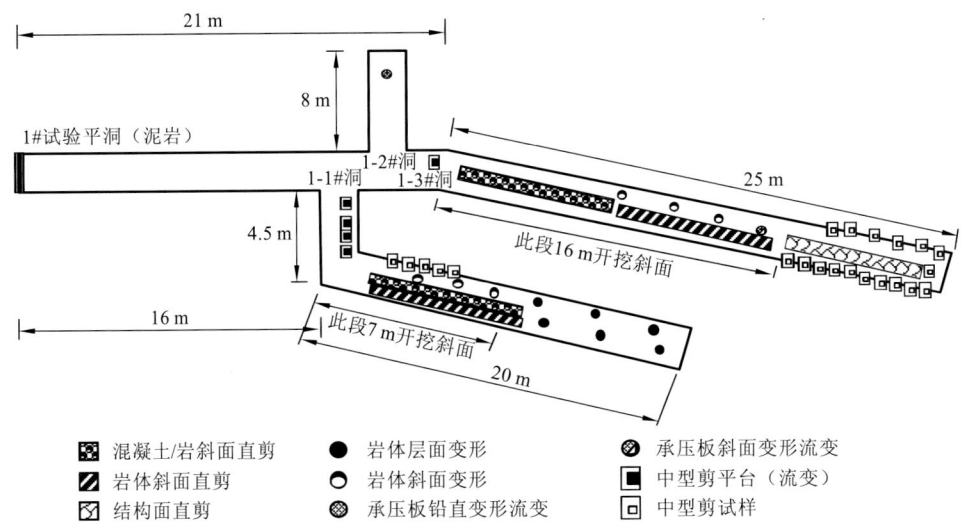

图 2.19 1#试验平洞及试验点平面布置示意图

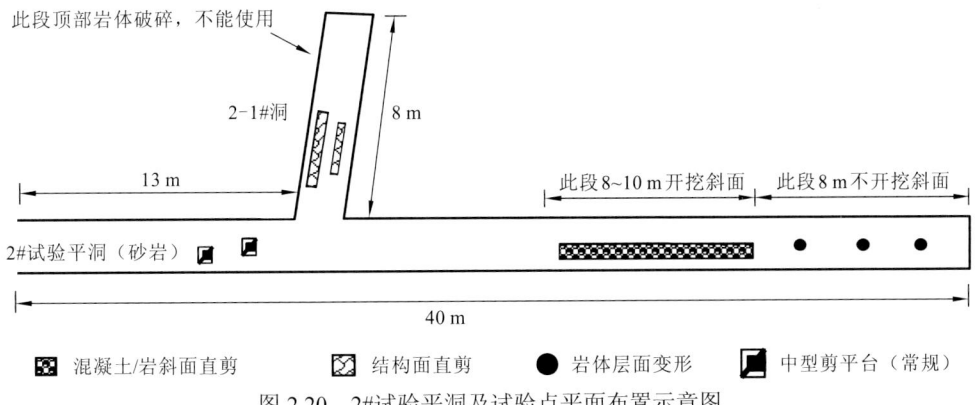

图 2.20 2#试验平洞及试验点平面布置示意图

试验项目及数量见表 2.2。为了研究软岩的流变特性对隧道锚的潜在影响，现场试验中开展了大量的流变试验。

表 2.2 现场岩石力学性质试验完成工作量一览表

序号	项目名称	工作量	简要说明
1	岩体变形试验	5 组 15 点	砂岩天然状态 1 组，泥岩铅直向和斜面各 1 组天然状态与 1 组泡水状态
2	岩体直剪试验	2 组 12 点	泥岩天然状态和泡水状态各 1 组，都为斜面
3	混凝土/基岩接触面直剪试验	3 组 18 点	砂岩天然状态斜面 1 组，泥岩斜面天然状态和泡水状态各 1 组
4-1	结构面大型直剪试验	2 组 13 点	砂岩与泥岩接触面天然状态大剪试验 1 组，泥岩中的夹层天然状态大剪试验 1 组
4-2	结构面中型直剪试验	2 组 15 点	结构面天然状态 1 组，结构面泡水状态 1 组
5	承压板流变试验	2 点	铅直方向和 55° 方向各 1 点
6-1	结构面中型直剪流变试验	1 组 6 点	泥岩中的夹层，天然状态
6-2	混凝土/基岩接触面中型直剪流变试验	1 组 6 点	天然状态
7	三轴流变试验	1 点	饱和状态，尺寸为 30 cm×30 cm×60 cm

2.4.2 岩体变形试验

分别对砂岩和泥岩进行承压板变形试验，同时考虑地下水的软化作用，开展了水对泥岩变形特性影响试验。试验采用刚性承压板，承压板面积为 2 000 cm²，试验照片见图 2.21。试验成果见表 2.3，压力-变形关系典型曲线见图 2.22。

（b）完整泥岩

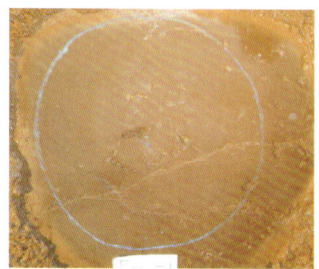

（c）较完整泥岩

（a）试验安装

图 2.21　铅直向承压板变形试验安装及承压面情况照片

表 2.3　几江长江大桥北岸隧道锚岩体变形试验统计结果

岩性	方向	状态	变形模量/GPa	弹性模量/GPa	简要说明
泥岩	铅直向加载	天然	1.02~1.90（1.57）	1.52~2.38（2.07）	较完整-完整，天然状态下有渗水
		泡水 8 d	0.56~1.31（0.89）	1.05~2.29（1.87）	
	55°方向加载	天然	1.23~1.46（1.40）	2.68~2.79（2.72）	
		泡水 8 d	0.87~1.07（0.97）	1.72~2.37（1.97）	
砂岩	铅直向加载	天然	2.31~2.54（2.42）	3.90~4.27（4.08）	较完整

注：表中数据格式为最小值~最大值（平均值）

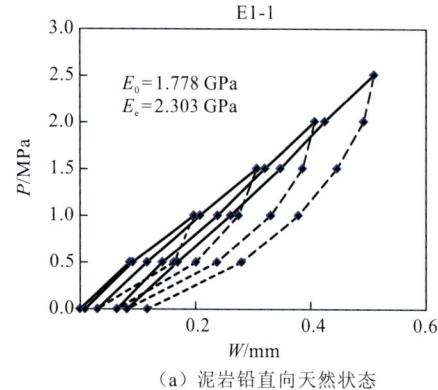

（a）泥岩铅直天然状态

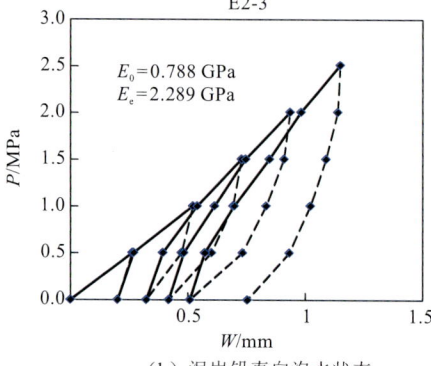

（b）泥岩铅直泡水状态

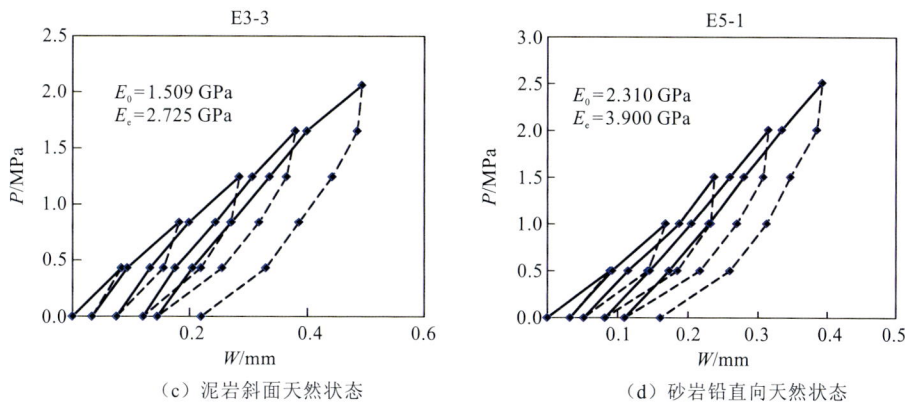

(c)泥岩斜面天然状态　　　　　　(d)砂岩铅直向天然状态

图 2.22 承压板法岩体变形试验压力-变形典型曲线

E_0 为变形模量；E_e 为弹性模量；E1-1，E2-3，E3-3，E5-1 为试样编号

2.4.3 混凝土与基岩接触面直剪试验

分别进行天然和泡水两种含水状态下混凝土与泥岩接触面直剪试验、天然状态下混凝土-砂岩直剪试验，试验安装场景及破坏形态照片见图 2.23，试验成果见表 2.4，剪应力（τ）-正应力（σ）关系曲线见图 2.24。

（a）试验安装场景

（b）破坏形态

图 2.23 混凝土与基岩斜面直剪试验安装场景及破坏形态照片

表 2.4　混凝土与岩体接触面直剪试验成果

试验位置及岩性	组号	最大应力/MPa	抗剪断峰值强度		抗剪峰值强度		抗剪断峰值降低比例/%		简要说明
			f'	c'/MPa	f	c/MPa	Δf	Δc	
1-1#支洞泥岩	τ_{NHT}	1.26	1.20	0.58	0.91	0.22	11.67	5.17	天然状态，剪切方向顺拉力方向
1-3#支洞泥岩	τ_{NHT}	1.51	1.06	0.55	0.85	0.21			泡水 8 d，剪切方向顺拉力方向
2#洞砂岩	τ_{SH}	0.49	1.39	0.55	0.93	0.48	—	—	天然状态，大多数试点沿混凝土/砂岩接触面破坏，个别点沿下部裂隙破坏

注：f 为摩擦系数，c 为黏聚力

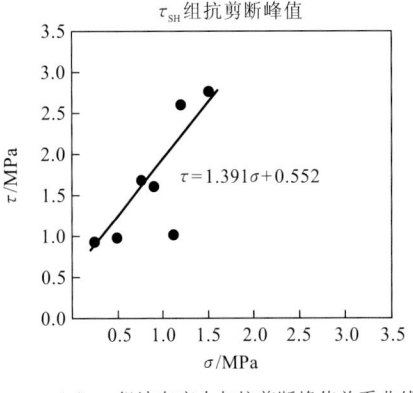

(a) τ_{SH} 组法向应力与抗剪断峰值关系曲线

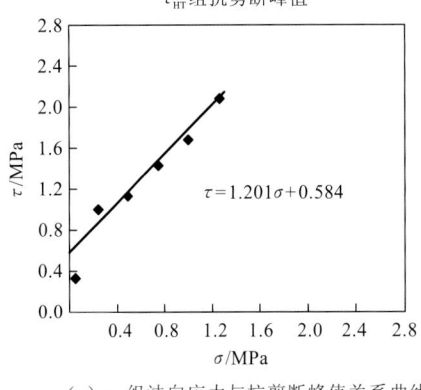

(c) τ_{HT} 组法向应力与抗剪断峰值关系曲线

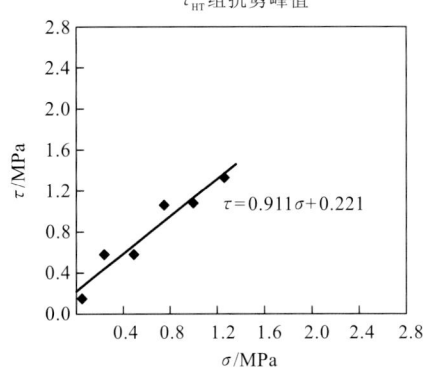

(b) τ_{SH} 组法向应力与抗剪峰值关系曲线

(d) τ_{HT} 组法向应力与抗剪峰值关系曲线

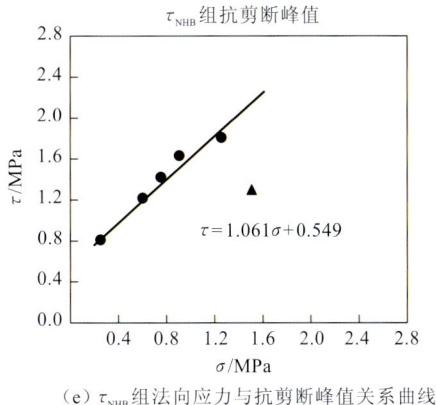 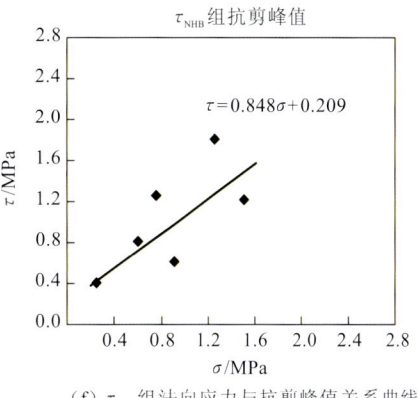

（e）τ_{NHB}组法向应力与抗剪断峰值关系曲线　　（f）τ_{NHB}组法向应力与抗剪峰值关系曲线

图 2.24　混凝土与基岩接触面直剪试验 τ-σ 关系曲线

2.4.4　岩体直剪试验

在选定的部位人工制备 48 cm×48 cm×40 cm 的试体，将 50 cm×50 cm×40 cm 的钢模套在试体上，并用砂浆充填密实。养护 2~3 d 后安装法向和剪切向加荷系统及测量系统，试验后剪切面照片见图 2.25。试验采用平推法，剪应力方向平行于锚塞体受力方向。

图 2.25　泥岩破坏面形态照片

在 1#平洞进行了一组天然状态下的直剪试验，一组泡水 8 d 的岩体直剪试验，剪切方向顺拉力方向，试验成果见表 2.5，τ-σ 关系曲线见图 2.26。

表 2.5 岩体直剪试验成果

试验位置及岩性	组别	最大应力/MPa	抗剪断峰值强度		抗剪峰值强度		抗剪断峰值降低比例（%）		简要说明
			f'	c'/MPa	f	c/MPa	Δf	Δc	
1-3#支洞泥岩	τ_{NTX}	1.2	1.19	0.48	0.88	0.23	15.12	2.08	天然状态，剪切方向顺拉力方向
1-3#支洞泥岩	τ_{NPX}	1.5	1.01	0.47	0.96	0.23			泡水 8 d，剪切方向顺拉力方向

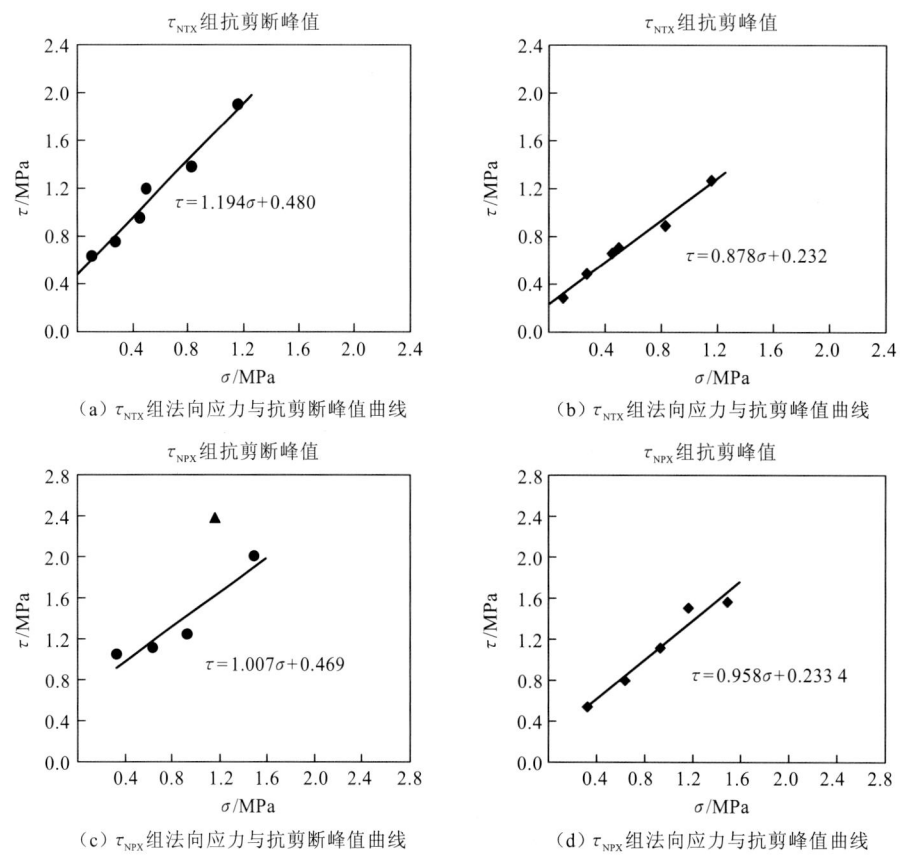

图 2.26 岩体直剪试验 τ-σ 关系曲线

2.4.5 结构面直剪试验

试验采用大剪和移位中剪相结合的方法。在 1#试验洞中泥岩层面中的灰白色夹层进行了 1 组 6 点天然状态下的大剪试验。受场地限制，试验洞中分布的陡倾角裂隙短小且不规则,难于开展试验,因此取样在专门制作的中剪台上进行,试验面积为400~600 cm²,中剪试验场景照片见图 2.27,破坏后照片见图 2.28。

图 2.27 移位中剪试验场景

（a）大剪破坏面　　　　　　　　　　（b）移位中剪破坏面

图 2.28 结构面试验破坏面

试验成果见表 2.6,τ-σ 关系曲线见图 2.29。

表 2.6 结构面直剪试验成果

试验位置及岩性	试验尺寸	试点编号	σ/MPa	抗剪断峰值强度			抗剪（摩擦）峰值强度		
				τ'/MPa	f'	c'/MPa	τ/MPa	f	c/MPa
1-3#支洞泥岩中的夹层	大剪	τ_{NTC}	1.34	0.65	0.47	0.11	0.58	0.39	0.04
2-1#支洞砂岩与泥岩接触面	中剪	τ_{ZT1}	1.19	0.58	0.53	0.10	0.49	0.46	0.06

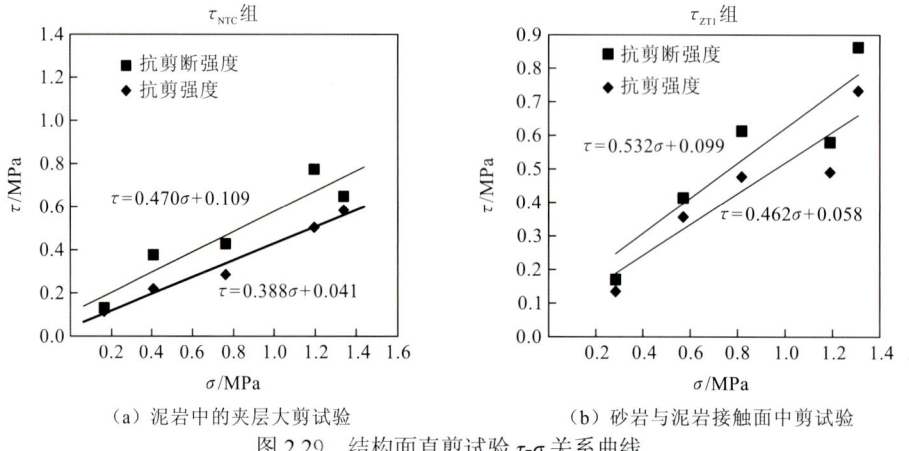

（a）泥岩中的夹层大剪试验　　　　（b）砂岩与泥岩接触面中剪试验

图 2.29　结构面直剪试验 τ-σ 关系曲线

2.4.6　承压板流变试验

在选定的试验段根据地质情况确定试点位置，人工清除松动岩体，使试点处 2 m 范围内大致平整，再将其凿制成 ϕ70 cm 的平面或斜面，用砂轮磨成 ϕ60 cm 的圆面。用水清洗净擦干后，进行地质描述和拍照。用水泥浆贴上承压板，安装传力系统和测量系统，安装照片见图 2.30。

图 2.30　承压板流变试验场景照片

试验采用刚性承压板，承压板面积为 2 000 cm²，用 4 只光栅传感器（1/‰ mm）测量岩体的变形，用精度为 0.5% FS 的压力传感器测量试验压力。试验最大压力为 1.7 MPa。加载系统采用长江科学院自主研发的微机伺服控制与数据采集系统，加载期间采样间隔为 0.1 min，加压完成至 1 d 内为 1 min，1 d 后为 10 min，加载历时不少于 5 d，直至变形基本稳定在 ±3 μm 后终止。

在 1#试验洞内进行了 2 点承压板流变试验，采用优化算法对各点进行反演获得的广义开尔文模型参数见表 2.7，试验及反演曲线见图 2.31。承压板流变试验统计结果见表 2.8。

表 2.7 优化算法的反演结果

编号	弹簧体弹性模量 (E_0)/MPa	开尔文体弹性模量 (E_1)/MPa	开尔文体黏滞系数 (η_1)/MPa·h
E_{NTZ}-1#	631	1 325	45 008
E_{NPX}-1#	741	1 443	22 191
平均	686	1 384	33 560

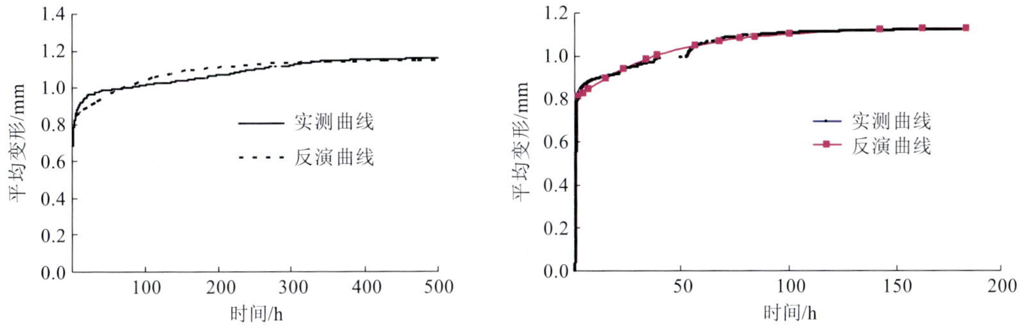

(a) E_{NTZ}-1#

(b) E_{NTX}-1#

图 2.31 承压板流变试验曲线

表 2.8 承压板流变试验统计结果

编号	瞬时变形 (W_r)/mm	长期变形 (W_∞)/mm	瞬时变形模量 (E_r)/GPa	长期变形模量 (E_∞)/GPa	变形模量降低比例/%
E_{NTZ}-1#	0.625	1.160	0.868	0.467	46.21
E_{NPX}-1#	0.736	1.126	0.835	0.545	34.64
平均	0.681	1.143	0.852	0.506	41.42

2.4.7 直剪流变试验

1. 试验方法

利用平洞内具有恒温恒湿特点，在 1#试验洞制作中剪平台开展了混凝土与泥岩接触面和典型结构面中型剪流变试验。每组 5 点，剪切面积为 400~600 cm²。采用电液伺服控制系统或气液稳压系统及数据采集系统辅助试验，试验场景照片见图 2.32。采用光栅传感器测量位移，加载后 1 d 内每间隔 1 min 记录 1 次，以后每间隔 5 min 记录 1 次。当 48 h 位移数据波动≤2 μm 时，认为位移稳定。每级观测不少于 5 d，每个试样剪应力不少于 3 级，直至破坏。通过拟合剪切流变曲线确定流变经验方程，根据等时簇曲线确定长期抗剪强度，进而确定长期抗剪强度参数。

（a）电液伺服控制　　　　　　　　（b）气液稳压控制

图 2.32　中型直剪流变试验场景

2. 混凝土与泥岩接触面直剪流变试验成果

混凝土与泥岩接触面现场中剪流变试验共进行了 5 点，流变特征数据见表 2.9，其中一试点流变试验典型曲线见图 2.33。剪切破坏面规则，且都沿接触面泥岩破坏。

表 2.9　混凝土与泥岩接触面剪切流变特征数据

试点编号	正应力/kPa	剪应力/kPa	瞬时位移/μm	流变位移/μm	总位移/μm	流变时间/h	（流变位移/总位移）/%
L1	1 080	390	51	16	67	242	23.88
		790	350	140	490	118	28.57
		930	490	—	—	—	—
L2	320	200	150	28	178	107	15.73
		400	568	634	1 202	162	52.75
		470	1 378	—	—	—	—
L3	1 680	590	252	144	389	127	37.02
		1 180	897	85	982	181	8.66
		1 380	979	87	1 066	336	8.16
		1 480	1 066	178	1 244	212	14.31
		1 580	1 245	126	1 371	151	9.19
		1 690	1 374	—	—	—	—

续表

试点编号	正应力/kPa	剪应力/kPa	瞬时位移/μm	流变位移/μm	总位移/μm	流变时间/h	（流变位移/总位移）/%
L4	1 390	200	11	42	53	153	79.25
		390	60	263	323	181	81.42
		590	375	180	555	156	32.43
		790	620	112	732	158	15.30
		990	763	145	908	213	15.97
		1 180	1 008	32	1 040	125	3.08
		1 380	1 145	—	—	—	—
L5	690	200	28	18	46	121	39.13
		390	101	58	159	127	36.48
		590	363	183	546	168	33.52
		790	1 225	—	—	—	—

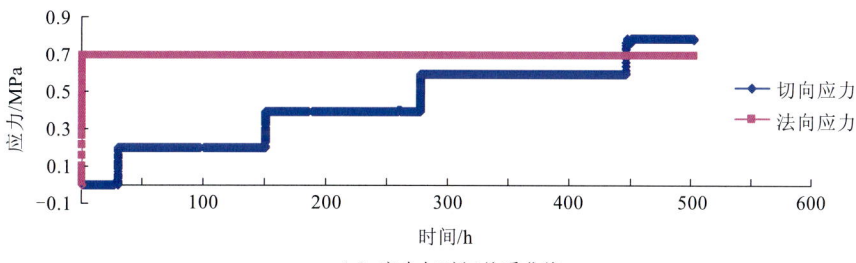

（a）应力与时间关系曲线

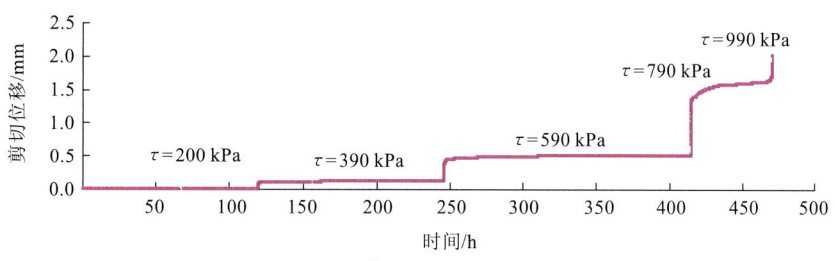

（b）剪切位移与时间关系曲线

图 2.33　混凝土与泥岩接触面直剪流变试验典型曲线（L5）

3. 结构面直剪流变试验成果

结构面直剪流变试验共完成 6 点，流变特征数据见表 2.10，其中一试点直剪流变试验典型曲线见图 2.34。

表 2.10 结构面剪切流变特征数据

试点编号	正应力/kPa	剪应力/kPa	瞬时位移/μm	流变位移/μm	总位移/μm	流变时间/h	(流变位移/总位移)/%
L6	890	103	45	28	73	58	38.36
		205	98	92	190	161	48.42
		308	221	70	291	161	24.05
		410	333	84	417	161	20.14
		513	446	77	523	161	14.72
		616	547	83	630	182	13.17
		718	649	—	—	52	—
L7	488	81	38	165	203	142	81.28
		163	1 136	630	1 766	143	35.67
		244	2 635	1 314	3 949	143	33.27
		285	3 984	—	—	—	—
L9	150	40	124	49	173	195	28.32
		80	223	58	281	131	20.64
		120	326	127	453	138	28.04
		160	610	166	776	190	21.39
		200	821	34	855	125	3.98
		240	906	87	993	137	8.76
		280	1 035	195	1 230	142	15.85
		320	1 251	—	—	—	—
L10	561	82	124	149	273	119	54.58
		164	382	137	519	186	26.40
		246	599	92	691	139	13.31
		328	818	129	947	136	13.62
		410	1 089	165	1 254	147	13.16
		493	1 304	—	—	65	—
L11	1175	209	336	19	355	143	5.35
		313	444	175	619	131	28.27
		417	819	223	1 042	182	21.40
		522	1 851	198	2 049	168	9.66
		626	2 157	543	2 700	119	20.11
		730	2 749	—	—	65	—
L12	737	181	275	373	648	195	57.56
		362	1 146	141	1 287	1 288	10.96
		453	1 429	—	—	44	—

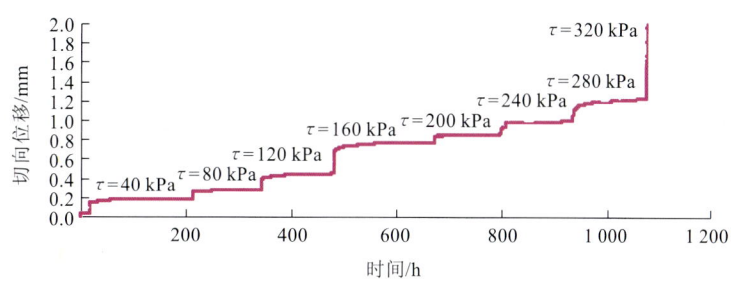

图 2.34 结构面直剪流变试验典型曲线（L9）

4. 流变模型及流变参数

1）混凝土与泥岩接触面

总位移包括瞬时位移、流变位移两部分，瞬时位移由试验直接获得，流变位移可采用二参数指数型经验公式表示。破坏荷载前各级荷载作用下衰减流变经验模型为

$$u(t) = [A_0 + A_1(1 - e^{-n_1 t})]\tau \tag{2.1}$$

式中：$u(t)$ 为剪切总位移，μm；τ 为剪应力，kPa；A_0 为瞬时位移 u_0 与剪应力 τ 的比值；t 为时间，h；A_1 为经验系数，μm/kPa；n_1 为经验系数，h^{-1}。

经验系数 A_1、n_1 通过拟合试验曲线进行优化取值，拟合方法为非线性最小二乘法。试点 L5 经验模型拟合曲线见图 2.35，各试点拟合得到的模型参数见表 2.11。

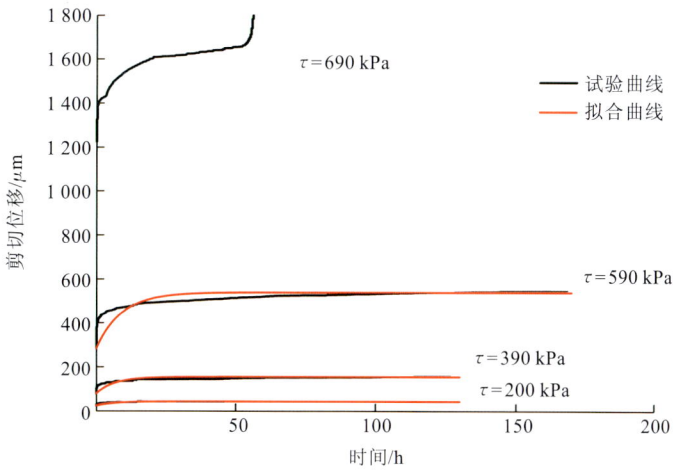

图 2.35 典型时间与剪切流变曲线（L5）

表 2.11 混凝土与泥岩接触面剪切流变经验模型参数

试点编号	σ/kPa	剪切荷载级别	τ/kPa	经验模型系数					
				A_0/(μm/kPa)		A_1/(μm/kPa)		n_1/h^{-1}	
				单值	平均值	单值	平均值	单值	平均值
L1	1 080	1	390	0.131	0.277	0.044	0.123	0.450	0.325
		2	790	0.422		0.201		0.200	
L2	320	1	200	—	1.420	—	1.510	—	0.143
		2	400	1.420		1.510		0.143	
L3	1 680	1	590	0.425	0.531	0.214	0.262	0.053	0.029
		2	1 180	0.643		0.185		0.032	
		3	1 380	0.554		0.212		0.022	
		4	1 480	0.530		0.331		0.022	
		5	1 580	0.501		0.370		0.018	
L4	1 390	1	200	—	0.209	—	0.695	—	0.028
		2	390	0.154		0.713		0.016	
		3	590	0.190		0.758		0.024	
		4	790	0.225		0.691		0.031	
		5	990	0.211		0.695		0.037	
		6	1 180	0.263		0.617		0.030	
L5	1 070	1	200	0.125	0.271	0.105	0.246	0.150	0.137
		2	390	0.205		0.197		0.150	
		3	590	0.483		0.436		0.110	

2）结构面剪切流变模型

采用经验模型对混凝土/岩体剪切流变曲线进行拟合，试点 L9 经验模型拟合曲线见图 2.36，各试点拟合得到的模型参数见表 2.12。

5. 直剪流变强度

在最后 1 级破坏荷载作用下，剪切位移加速发展至破坏，将破坏时的剪应力作为流变抗剪强度。

长期抗剪强度按以下方法确定：对各级剪切荷载下的剪切流变曲线，取 $t=0$ h、$t=1$ h、$t=5$ h、$t=10$ h、$t=20$ h、$t=100$ h 等不同时刻的剪应力及剪切流变值，绘制剪切

第 2 章　隧道锚围岩工程特性精细评价方法

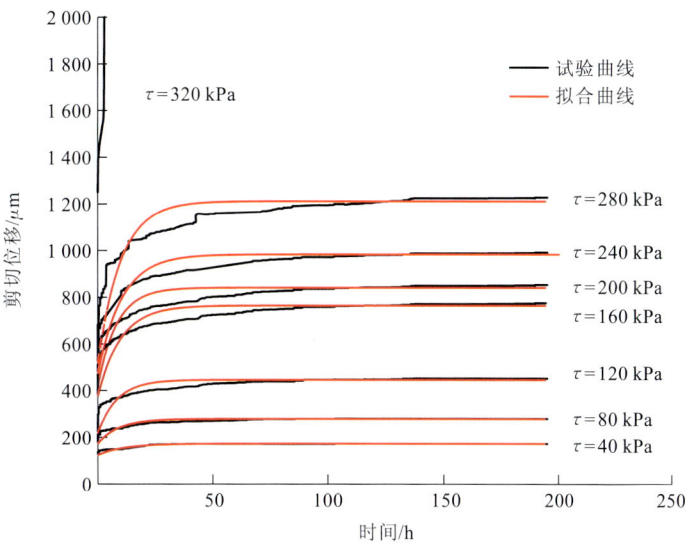

图 2.36　结构面直剪流变试验时间与剪切流变典型曲线（L9）

表 2.12　结构面剪切流变经验模型参数

试点编号	σ/kPa	剪切荷载级别	τ/kPa	经验模型系数					
				A_0/（μm/kPa）		A_1/（μm/kPa）		n_1/h^{-1}	
				单值	平均值	单值	平均值	单值	平均值
L6	890	1	103	0.437	0.352	0.267	0.599	0.179	0.047
		2	205	0.342		0.599		0.018	
		3	308	0.328		0.635		0.019	
		4	410	0.349		0.669		0.025	
		5	513	0.335		0.691		0.023	
		6	616	0.318		0.733		0.016	
L7	488	1	81	0.469	4.656	1.928	5.066	0.127	0.132
		2	163	5.957		4.739		0.120	
		3	244	7.541		8.531		0.150	
L9	150	1	40	3.1	2.202	1.22	1.930	0.090	0.106
		2	80	2.175		1.31		0.111	
		3	120	1.833		1.88		0.120	
		4	160	2.363		2.416		0.101	
		5	200	2.115		2.09		0.121	
		6	240	1.979		2.118		0.096	
		7	280	1.85		2.478		0.101	

续表

试点编号	σ/kPa	剪切荷载级别	τ/kPa	经验模型系数					
				A_0/(μm/kPa)		A_1/(μm/kPa)		n_1/h^{-1}	
				单值	平均值	单值	平均值	单值	平均值
L10	561	1	82	1.512	1.393	1.821	1.636	0.200	0.127
		2	164	1.421		1.717		0.175	
		3	246	1.272		1.509		0.089	
		4	328	1.342		1.519		0.090	
		5	410	1.42		1.613		0.079	
L11	1 175	1	209	1.608	1.935	0.093	1.016	0.020	0.017
		2	313	1.358		0.774		0.010	
		3	417	1.499		1.154		0.011	
		4	522	2.747		1.221		0.017	
		5	626	2.463		1.836		0.029	
L12	737	1	181	1.519	1.827	2.012	1.702	0.321	0.236
		2	362	2.135		1.392		0.150	

流变与剪应力等时簇曲线，连接不同历时剪切流变与剪应力关系曲线的屈服点，得到屈服强度曲线，该曲线随历时增加而趋向平缓，其水平渐近线与剪应力轴的交点即为长期抗剪强度 τ_∞；对于不能确定屈服点的，取破坏前一级荷载为长期抗剪强度 τ_∞。

各点流变抗剪强度及长期抗剪强度见表 2.13，τ-σ 关系曲线见图 2.37 和图 2.38，根据曲线获得长期抗剪强度参数、流变抗剪强度参数见表 2.14。

表 2.13 直剪流变试验抗剪强度

名称	试点编号	σ/kPa	流变抗剪强度(τ_r)/kPa	τ_∞/kPa	软化系数(τ_∞/τ_r)
混凝土与泥岩接触面	L1	1 080	930	790	0.85
	L2	320	470	400	0.85
	L3	1 680	1 680	1 380	0.82
	L4	1 390	1 380	1 050	0.76
	L5	690	790	555	0.80
	L6	890	718	600	0.84
结构面	L7	488	285	250	0.88
	L9	150	320	276	0.86
	L10	561	493	409	0.83
	L11	1 175	730	626	0.86
	L12	737	453	400	0.84

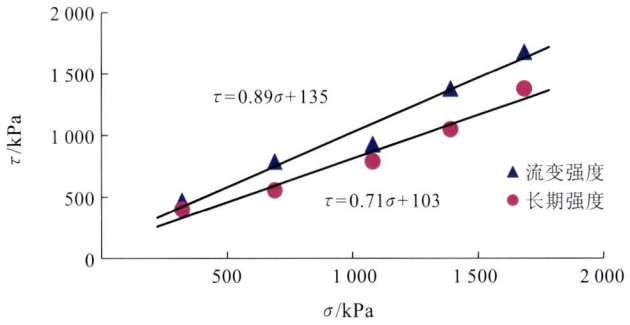

图 2.37　混凝土与泥岩接触面直剪试验 τ-σ 关系曲线

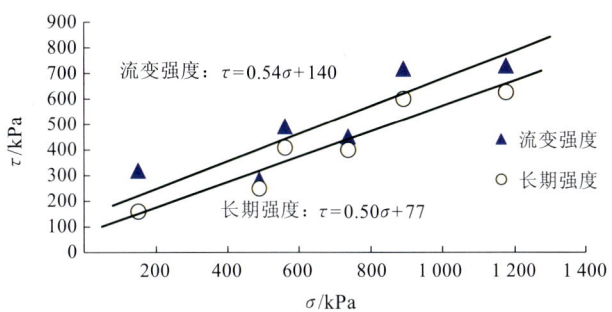

图 2.38　结构面直剪流变试验 τ-σ 关系曲线

表 2.14　长期抗剪强度参数、流变抗剪强度参数

名称	组号	长期抗剪强度参数		流变抗剪强度参数		破坏面性状简述
		f_∞	c_∞/kPa	f_c	c_c/kPa	
混凝土与泥岩接触面	L1~L6	0.71	103	0.89	135	沿接触面上部泥岩破坏,面平直粗糙;接触面为水平方向,天然状态
结构面	L7~L12	0.50	77	0.54	140	流变试点破坏面不规则,局部含粉砂岩块

2.4.8　三轴流变试验

1. 试验方法

在 1# 试验平洞底板清除松弛层,人工开挖尺寸为 150 cm×150 cm×100 cm 的方形试坑。试坑向下逐渐开挖时,在试坑中间制作尺寸为 30 cm×30 cm×60 cm 的长方体试样,开挖完成后对试样的五个面进行地质描述和拍照,再用砂浆将其抹平并校正试样的平整度、垂直度。为了防止地下水淹没试坑,用砂浆和铁皮护壁,再用微型水泵抽水。

将尺寸为 30 cm×60 cm×5 cm 的液压钢枕贴于试样的四个面上,钢枕外面贴上尺寸为 30 cm×60 cm×2 cm 的钢板,外面用七个框架由下至上套起来,通过螺栓将它们拧紧。侧向加载系统安装完成后,再安装轴向加载系统,轴向加载主要为一个 1 500 kN 的千斤顶和传力柱，利用洞顶提供反力。接着安装侧向和轴向测杆和位移测表。试样制作成型后照片及设备安装照片见图2.39。

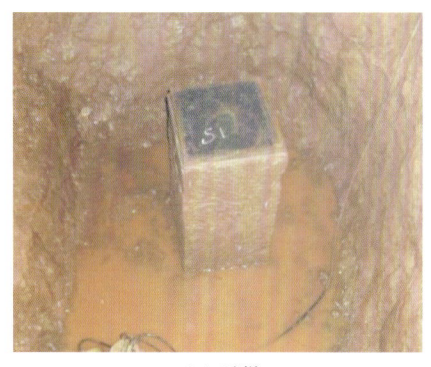
（a）试样

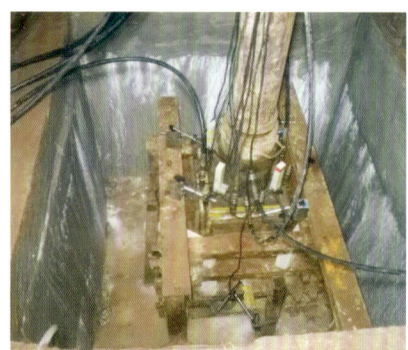
（b）设备安装

图2.39 现场三轴流变试验照片

试验设备采用长江科学院与长春市朝阳试验仪器有限公司联合研制的RXZJ-20000型微机伺服控制现场岩体真三轴流变试验系统。它包括加载稳压系统、数据采集系统。位移测表轴向和侧向各四只，采用光栅传感器，精度为±1 μm。

试验安装和调试完成后开始试验，首先同步施加侧向和轴向应力，使三个方向应力$\sigma_x=\sigma_y=\sigma_z=0.2$ MPa，待变形稳定后，保持$\sigma_x=\sigma_y=0.2$ MPa不变，然后分级施加轴向应力σ_z。加载期间采样间隔为0.1 min，加压完成至1 d内每1 min采样1次，1 d后每5～10 min采样1次，加载历时不少于5 d，直至变形变化幅度基本稳定在±3 μm后终止。

2. 试验结果

泥岩三轴流变试验是考虑隧道锚具有三向应力作用工况增加的内容，进行了1点试验，以获得流变模型参数。

应力加载历时曲线见图2.40，变形历时总曲线见图2.41，变形历时分段曲线见图2.42。

试验共分六级加载，历时1 058 h达到破坏，破坏时的最高压力为5 MPa。从图2.41和图2.42可见，在最后一级加载后，持续27 h后变形加速，并经历了3.5 h破坏。

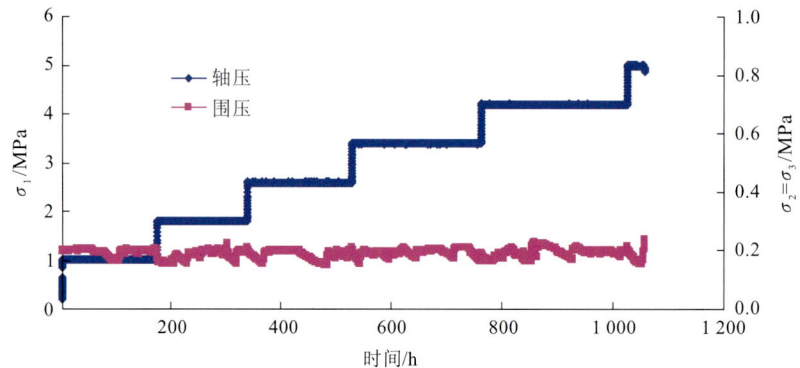

图2.40 现场三轴流变试验应力历时曲线

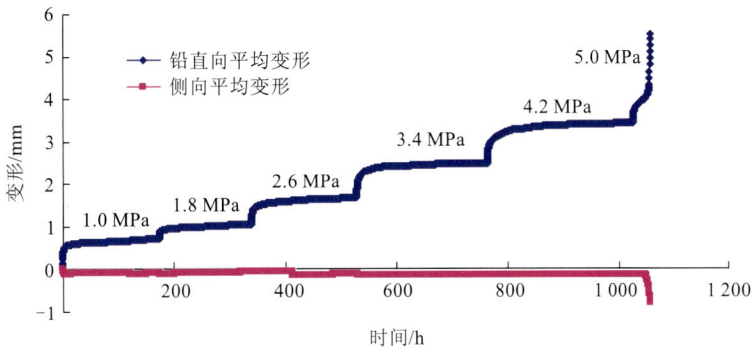

图 2.41　现场三轴流变试验变形历时总曲线

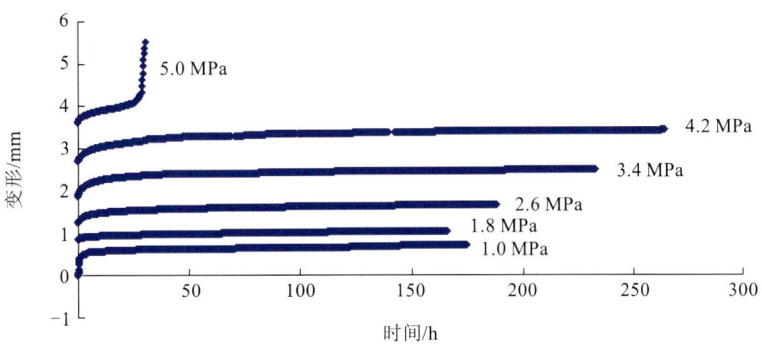

图 2.42　现场三轴流变试验变形历时分段曲线

3. 三轴流变模型

对流变曲线特征的分析可见，试样在长期荷载作用下呈现出一定的黏弹性特征。采用广义开尔文模型拟合，模型元件组成见图 2.43。

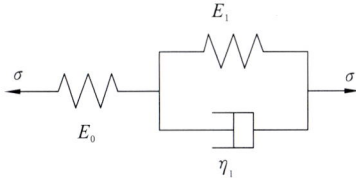

图 2.43　广义开尔文模型元件示意图

流变方程为

$$\varepsilon = \frac{\sigma}{E_0} + \frac{\sigma}{E_1}\left[1 - \exp\left(-\frac{E_1 t}{\eta_1}\right)\right] \tag{2.2}$$

式中：ε 为总应变；E_0 为弹簧体的弹性模量；E_1 为开尔文体的弹性模量；η_1 为黏滞系数；t 为时间。

依据每级荷载作用下微应变随时间的变化关系曲线，可以拟合流变模型参数，拟合结果见图2.44。单独加轴压时各级压力下流变模型参数反演结果见表2.15。

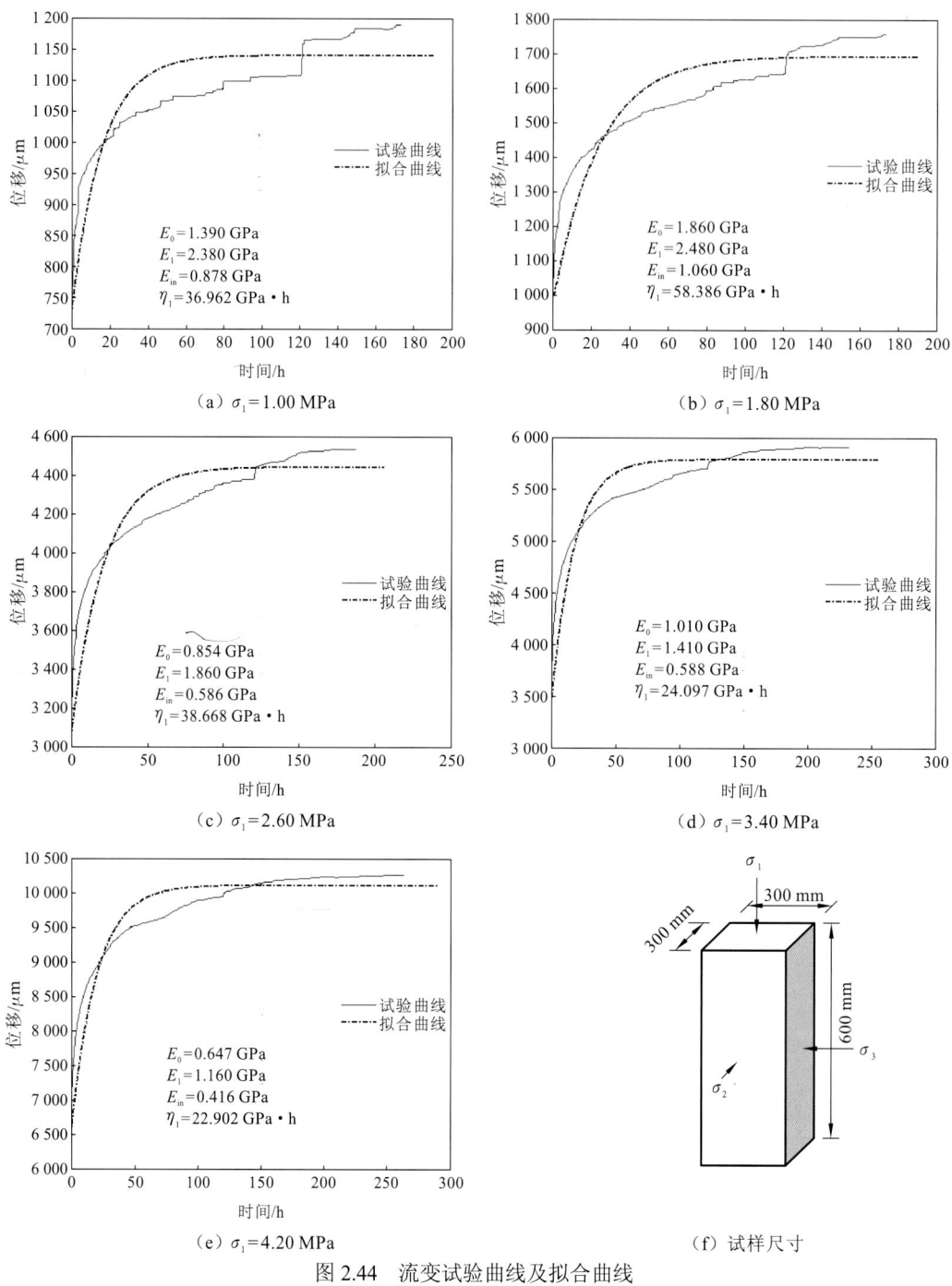

图 2.44　流变试验曲线及拟合曲线

E_{in}为长期模量

表 2.15 单独加轴压时各级压力下流变模型参数反演结果

参数项	σ_1/MPa					平均值
	1.00	1.80	2.60	3.40	4.20	
E_0/GPa	1.390	1.860	0.854	1.010	0.647	1.152
E_1/GPa	2.380	2.480	1.860	1.410	1.160	1.658
η_1/(GPa·h)	36.962	58.386	38.668	24.097	22.902	36.203

由于仅进行了 1 点流变试验，不能获得三向应力状态下的长期强度，该泥岩黏弹性变形可用下列流变模型描述：

$$\varepsilon = \frac{\sigma}{1.152} + \frac{\sigma}{1.658} \cdot \left[1 - \exp\left(-\frac{1.658}{36.203}t\right)\right] \quad (2.3)$$

以上模型可供计算分析参考。

2.5 隧道锚围岩质量分级

岩体质量分级是获取岩体宏观力学特性的有效方法。从广东虎门大桥锚碇形式论证开始，长江科学院主编的国标《工程岩体分级标准》（GB/T 50218—2014）[62]等分级方法就在隧道锚围岩特性研究中发挥了重要作用。本节以四渡河大桥隧道锚专题研究为例，说明分级方法在隧道锚勘测中的使用情况及效果。

2.5.1 国标 BQ 分级

1. 国标 BQ 分级方法

国标根据岩体固有的并独立于工程类型的地质属性——岩石坚硬程度和岩体完整程度两个基本因素，确定岩体基本质量的定性特征和定量指标，进而从定性和定量两个途径确定岩体的基本质量级别。

岩体完整性的定性确定主要依据结构面的发育程度（即结构面的组数和平均间距）和结构面的结合程度；岩石坚硬程度的定性确定，须依据锤击声音清脆程度、击碎难度及浸水反应、风化程度等。

岩体基本质量指标 BQ 值的定量确定依两个试验值，即岩石单轴饱和抗压强（R_c）和岩体的完整性系数（K_v）。R_c 为实测值，K_v 定义为岩体弹性纵波速度与岩块弹性纵波速度之比的平方。按下式可算出岩体的基本质量指标 BQ 值：

$$BQ = 100 + 3R_c + 250K_v \quad (2.4)$$

使用式（2.4）时，应符合下列规定：①当 R_c>90K_v+30 时，以 R_c=90K_v+30 和 K_v 代入计算 BQ 值；②当 K_v>0.04R_c+0.4 时，以 K_v=0.04R_c+0.4 和 R_c 代入计算 BQ 值。

岩体基本质量指标 BQ 值与岩体的基本质量级别见表 2.16。

表 2.16 岩体基本质量分级[62]

岩体基本质量级别	岩体基本质量的定性特征	岩体基本质量指标 BQ 值
Ⅰ	坚硬岩，岩体完整	>550
Ⅱ	坚硬岩，岩体较完整； 较坚硬岩，岩体完整	550～451
Ⅲ	坚硬岩，岩体较破碎； 较坚硬岩，岩体较完整； 较软岩，岩体完整	450～351
Ⅳ	坚硬岩，岩体破碎； 较坚硬岩，岩体较破碎-破碎； 较软岩，岩体较完整-较破碎； 软岩，岩体完整-较完整	350～251
Ⅴ	较软岩，岩体破碎； 软岩，岩体较破碎-破碎； 全部极软岩及全部极破碎岩	<250

2. 岩体声波测试

岩体声波测试是评价岩体质量优劣、定量研究岩体完整性的主要方法之一。岩体声波测试技术是基于测试弹性波在岩体中的传播时间、振幅、频率等声学参数来达到评价岩体性状的目的，根据现场实际工作条件，岩体声波测试主要采用地震波法，以钻孔声波测试方法为辅。

1）平洞岩体地震波法声波测试

平洞岩体地震波法声波测试采用 RSM-24FD 型地震波法仪，沿洞深方向在洞壁布置声波测点，测点间距 1.0 m。声波波速沿洞深分布见图 2.45。

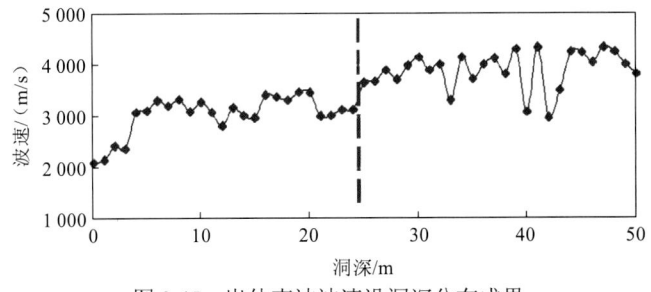

图 2.45 岩体声波波速沿洞深分布成果

根据岩体声波波速沿试验勘探平洞洞深分布曲线可以看出，在洞深 25 m 处波速发生突变，波速从 3 100 m/s 上升到 3 700 m/s。根据波速变化，并结合平洞地质条件分析，对勘探平洞风化卸荷特征进行初步划分：洞深 0～25 m 为强风化带，岩体波速 2 000～3 500 m/s；洞深 25～50 m 为弱风化至微新鲜岩体，其中洞深 39～44 m 受溶蚀夹泥层的影响，波速波动较大，其余洞段岩体波速 3 500～4 500 m/s。

2）钻孔声波测试成果

针对每一地质单元的围岩，在试验平洞洞壁沿洞深方向布置六个声波测孔，孔深为 2.1 m，距洞口最近的 1#孔位于洞深 12.7 m 处，各孔间距一般为 5.0 m。使用 RS-UT01C 型智能声波仪，对六个声波孔沿孔深进行单孔超声波测试，测点间距为 20 cm。将各测孔不同孔深声波测试结果按平洞洞深进行整理，测试成果曲线见图 2.46。

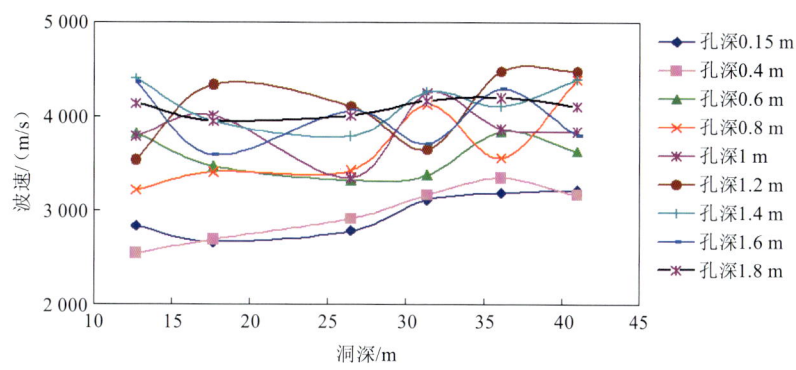

图 2.46　平洞同一孔深岩体声波波速沿洞深分布曲线

比较不同钻孔深度部位岩体声波分布曲线可以看出，平洞开挖对洞周岩体的性状有显著影响，影响范围为 0.8～1.0 m，超过此范围，岩体波速变化不明显，而在此范围以下，岩体波速值明显降低。另外，将图 2.45 与图 2.46 中波速沿洞深分布特征进行比较，发现图 2.46 中在钻孔孔深 0.6 m 以下的波速分布与图 2.45 曲线有相似性。图 2.46 中，除在洞口一定范围（15 m 以内）外，超过钻孔孔深 0.8 m 以后的波速沿洞深变化对反映卸荷的影响不明显，其原因可能是钻孔内声波波速测试方向总体上平行于边坡走向，对反映卸荷裂隙的影响不如图 2.45 中的与边坡近于正交的声波测试结果。从图 2.46 中可知：爆破开挖对岩体性状的影响范围（爆破松动层厚度）在 80 cm 左右。

对未扰动岩体钻孔波速进行统计，统计结果表明：未松动岩体波速均大于 3 200 m/s，平均波速为 3 930 m/s，最大波速为 4 490 m/s，波速集中带分布在 4 000～4 400 m/s。

3. 平洞工程岩体分级

试验平洞总长 50 m，方向与峡谷河流垂直。根据洞内围岩地质特征将其划分成三大地质单元。通过对锚碇区岩体的声波测试，可以评估卸荷区范围及其岩体性状的好坏。

平洞内定量分级所进行的八组单轴饱和抗压强度试验表明，岩石的抗压强度在 80 MPa 以上，最大达 150 MPa，属于坚硬岩石。岩块声波波速为 5 190～6 080 m/s，平均值为 5 780 m/s。

根据平洞围岩岩体波速分布及岩块波速值,可以计算岩体完整性系数,沿洞深完整性系数分布见图2.47。岩块单轴饱和抗压强度沿洞深分布见图2.48。

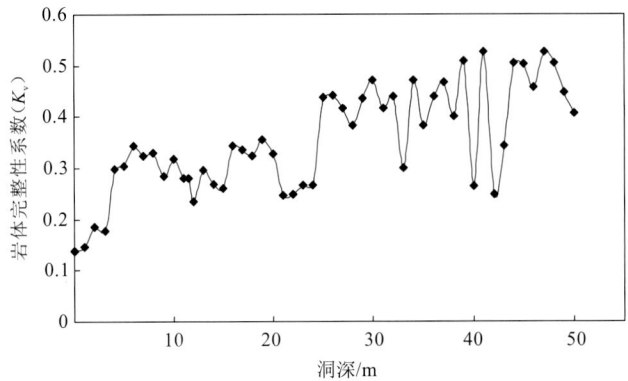

图2.47 试验平洞岩体完整性系数 K_v 沿洞深分布曲线

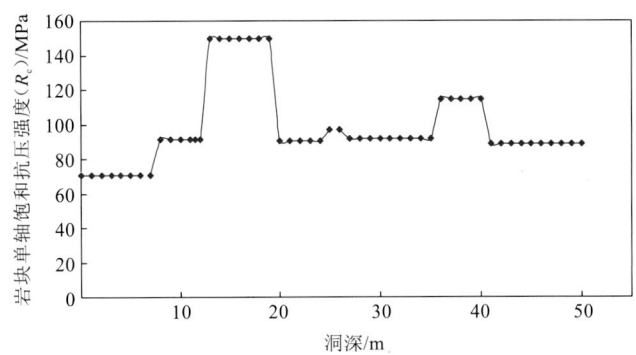

图2.48 试验平洞岩块单轴饱和抗压强度 R_c 沿洞深分布曲线

由岩体的完整性系数和岩块单轴饱和抗压强度,可以计算岩体基本质量指标BQ值,其计算结果见表2.17,分布曲线见图2.49。可定量确定试验洞部位岩体基本质量级别为:Ⅱ级、Ⅲ级岩石29 m占58%,Ⅳ级21 m占42%。分级结果表明,0~25 m洞段基本为Ⅳ级岩体,25~50 m洞段基本为Ⅲ级岩体。

表2.17 工程岩体质量分级成果表

洞深/m	岩体(块)声波		R_c/MPa	K_v	岩体基本质量指标 BQ值(室内)	岩体基本质量级别
	岩体声波/(m/s)	岩块均值/(m/s)				
0	2 110	5 660	71	0.14	252	Ⅳ
1	2 170	5 660	71	0.15	256	Ⅳ
2	2440	5 660	71	0.19	277	Ⅳ

续表

洞深/m	岩体（块）声波		R_c/MPa	K_v	岩体基本质量指标 BQ 值	岩体基本质量级别
	岩体声波/（m/s）	岩块均值/（m/s）				
3	2 380	5 660	71	0.18	272	IV
4	3 090	5 660	71	0.30	335	IV
5	3 120	5 660	71	0.30	338	IV
6	3 320	5 660	71	0.34	359	IV
7	3 220	5 660	71	0.32	348	IV
8	3 350	5 836	91.6	0.33	351	III
9	3 110	5 836	91.6	0.28	328	IV
10	3 290	5 836	91.6	0.32	345	IV
11	3 090	5 836	91.6	0.28	326	IV
11.5	3 090	5 836	91.6	0.28	326	IV
12	2 830	5 836	91.6	0.24	302	IV
13	3 180	5 850	150	0.30	334	IV
14	3 030	5 850	150	0.27	320	IV
15	2 990	5 850	150	0.26	316	IV
16	3 430	5 850	150	0.34	359	III
17	3 390	5 850	150	0.34	355	III
18	3 330	5 850	150	0.32	348	IV
19	3 490	5 850	150	0.36	365	III
20	3 480	6 076	90.9	0.33	351	III
21	3 020	6 076	90.9	0.25	308	IV
22	3 030	6 076	90.9	0.25	309	IV
23	3 140	6 076	90.9	0.27	319	IV
24	3 140	6 076	90.9	0.27	319	IV
25	3 670	5 550	97	0.44	407	III
26	3 690	5 550	97	0.44	410	III
27	3 910	6 060	92	0.42	396	III
28	3 750	6 060	92	0.38	379	III
29	4 000	6 060	92	0.44	407	III
30	4 160	6 060	92	0.47	425	III
31	3 910	6 060	92	0.42	396	III

续表

洞深/m	岩体（块）声波		R_c/MPa	K_v	岩体基本质量指标 BQ 值	岩体基本质量级别
	岩体声波 /（m/s）	岩块均值 /（m/s）				
32	4 020	6 060	92	0.44	409	III
33	3 320	6 060	92	0.30	336	IV
34	4 160	6 060	92	0.47	425	III
35	3 750	6 060	92	0.38	379	III
36	4 020	6 055	115	0.44	409	III
37	4 140	6 055	115	0.47	423	III
38	3 830	6 055	115	0.40	388	III
39	4 320	6 055	115	0.51	445	III
40	3 090	6 003	115	0.26	318	IV
41	4 360	6 003	89	0.53	454	II
42	2 990	6 003	89	0.25	309	IV
43	3 520	6 003	89	0.34	359	III
44	4 270	6 003	89	0.51	443	III
45	4 260	6 003	89	0.50	442	III
46	4 060	6 003	89	0.46	418	III
47	4 360	6 003	89	0.53	454	II
48	4 270	6 003	89	0.51	443	III
49	4 020	6 003	89	0.45	413	III
50	3 830	6 003	89	0.41	392	III

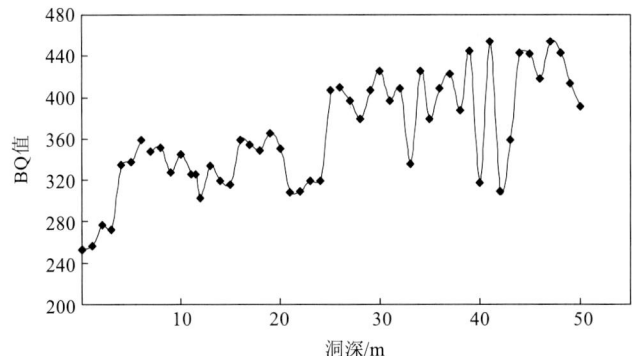

图 2.49 平洞岩体基本质量指标 BQ 值沿洞深分布曲线

值得说明的是,由于现场岩体声波采用地震波法测试结果,室内岩样声波采用声波仪测试结果,根据经验,地震波法对于波速的测试结果比声波仪测试结果低,由此获得的岩体完整性系数（K_v）偏低。因此,上述关于岩体质量分级的结果应是一个保守的结果。若考虑此影响,弱风化及微新岩体质量级别可按Ⅱ级岩体考虑。

2.5.2 RMR 岩体分类

1. 分类方法

Bieniawski 的岩体地质力学（the rock mass rating system，RMR）分类方法自提出后,已广泛应用于边坡、地下洞室、地基等工程[63]。该方法主要根据岩石强度（单轴抗压强度）、岩石质量指标（rock quality designation，RQD）、不连续面间距、不连续面特征、地下水及不连续面产状与洞向关系六方面的因素对岩体质量进行评分,评分标准见表 2.18。

表 2.18 岩体地质力学（RMR）分类方法分类参数及评分标准

	参 数		评分标准						
1	岩石单轴抗压强度/MPa		>250	100~250	50~100	25~50	5~25	1~5	<1
	评 分		15	12	7	4	2	1	0
2	岩石质量指标/%		90~100	75~90	50~75	25~50	<25		
	评 分		20	17	13	8	3		
3	不连续面间距/cm		>200	60~200	20~60	6~20	<6		
	评 分		20	15	10	8	5		
4	不连续面特征	表面粗糙度	很粗糙	较粗糙	较粗糙	光滑	—		
		充填物				<5 mm	>5 mm		
		张开度	未张开	<1 mm	<1 mm	1~5 mm	>5 mm		
		连续性	不连续			连续	连续		
		岩石风化程度	未风化	微风化	强风化	—	—		
	评 分		30	25	20	10	0		
5	地下水	每10m洞长流量/(L/min)	无	<10	10~25	25~125	>125		
		状态	干燥	湿润	潮湿	滴水	流水		
	评 分		15	10	7	4	0		
6	不连续面产状与洞向关系		走向垂直洞线				走向平行洞线		其他走向 倾角 0°~20°
			顺倾向开挖		逆倾向开挖				
			倾角 45°~90°	倾角 20°~45°	倾角 45°~90°	倾角 20°~45°	倾角 45°~90°	倾角 20°~45°	
	折减分		0	−2	−5	−10	−12	−5	−10

2. 分类结果

根据四渡河大桥锚碇区勘探试验平洞揭示岩体地质特征、岩体声波测试成果、室内岩石抗压强度试验及初勘地质资料等,确定各段岩体 RMR 值见表 2.19。由岩体 RMR 值,参照 RMR 法中的五类分级标准,试验平洞 0~25 m 岩体主要为 IV 类岩石,25~50 m 岩体主要为 III 类岩体。

表 2.19 四渡河大桥锚碇区 RMR 值评分表

评分因素		分区（洞深）	
	0~25 m	25~50 m	>50 m
1　按岩石单轴抗压强度评分	5.4	6.7	7.67
2　按岩石质量指标评分	5.4	7.7	10
3　按不连续面间距评分	5	8	10
4　按不连续面特征评分	10	20	25
5　按地下水状态评分	4	7	7
综合评分	30	49	60

2.5.3 基于工程岩体质量分级的岩体力学参数

《工程岩体分级标准》(GB/T 50218—2014)中,根据岩体基本质量级别推荐了相应的岩体强度参数,见表 2.20。按岩体基本质量指标 BQ 值,确定锚碇区各段岩体力学参数取值,见表 2.21。

表 2.20 岩体基本质量级别与岩体抗剪及变形参数

岩体基本质量级别	岩体力学参数			设计参考值		
	摩擦系数 f	黏聚力 c/MPa	变形模量 E/GPa	摩擦系数 f	黏聚力 c/MPa	变形模量 E/GPa
I	>1.73	>2.1	>33	>1.43	3~8	>25
II	1.19~1.73	1.5~2.1	16~33	1.0~1.43	1.2~3	15~25
III	0.81~1.19	0.7~1.5	6~16	0.7~1.0	0.4~1.2	4~15
IV	0.51~0.81	0.2~0.7	1.3~6	0.47~0.7	0.1~0.4	0.8~4
V	<0.51	<0.2	<1.3	<0.47	<0.1	<0.8

表 2.21 锚碇区各段岩体力学参数取值

风化卸荷分带		强风化强卸荷带 (0~6 m)	弱风化弱卸荷带 (6~25 m)	微新弱卸荷带 (25~50 m)	微风化带
完整性系数 K_v		0.23	0.30	0.43	—
基本质量 BQ		298	336	410	—
变形模量 E/GPa		3.54	5.34	14.34	—
抗剪强度	摩擦系数 f	0.65	0.77	1.04	—
	黏聚力 c/MPa	0.44	0.63	1.18	—

2.5.4 基于霍克-布朗经验强度准则的岩体力学参数

Hoek 和 Brown 在大量岩体试验成果统计分析的基础上，得出了岩体破坏时极限主应力之间的关系式，即霍克-布朗（Hoek-Brown）经验强度准则[64]：

$$\sigma_1 = \sigma_3 + \sigma_c \sqrt{m\frac{\sigma_3}{R_c} + s} \tag{2.5}$$

式中：σ_1、σ_3 为破坏时的最大、最小主应力；R_c 为岩块的单轴饱和抗压强度，由单轴抗压试验确定；m、s 为表征岩石软硬程度和完整性的参数，其取值分别为 0.001~25 和 0~1。

根据锚洞地质特征、声波测试成果及室内抗压强度试验等成果，按 Bieniawski 地质力学分类法确定各段岩体 RMR 值后，再按下列关系式确定岩体特性参数 m、s。

对扰动岩体：

$$\frac{m}{m_i} = \exp\left(\frac{RMR-100}{14}\right), \quad s = \exp\left(\frac{RMR-100}{6}\right) \tag{2.6}$$

对未扰动岩体：

$$\frac{m}{m_i} = \exp\left(\frac{RMR-100}{28}\right), \quad s = \exp\left(\frac{RMR-100}{9}\right) \tag{2.7}$$

式中：m_i 为完整岩块的 m 值。

根据霍克-布朗经验强度准则，由式（2.8）~式（2.11）确定岩体的变形模量 E、抗拉强度 R_t 和抗剪强度参数 c、φ。

$$E = 10^{\frac{RMR-10}{40}} \tag{2.8}$$

$$R_t = \frac{R_c}{2}(m - \sqrt{m^2 + 4s}) \tag{2.9}$$

$$\varphi = \operatorname{arccot}\sqrt{4\lambda\cos^2\psi - 1} \tag{2.10}$$

$$c = \tau - \sigma_n \tan\varphi \tag{2.11}$$

式中：σ_n 为剪切破坏法向应力；λ 和 ψ 为中间变量。

式（2.10）中 λ、ψ 按式（2.12）、式（2.13）求得，式（2.11）中 τ 按式（2.10）、式（2.14）求得。

$$\lambda = 1 + \frac{16(m\sigma_n + sR_c)}{3m^2 R_c} \quad (2.12)$$

$$\psi = \left(90 + \operatorname{arccot}\sqrt{h^3 - 1}\right)\big/3 \quad (2.13)$$

$$\tau = (\cot\varphi - \cos\varphi)mR_c/8 \quad (2.14)$$

按上述步骤和关系式确定四渡河大桥勘探平洞各段岩体力学参数取值，见表2.22。

表2.22　按霍克-布朗经验强度准则确定岩体力学参数

风化卸荷分带		强风化强卸荷带 (0~6 m)	弱风化弱卸荷带 (6~25 m)	微新弱卸荷带 (25~50 m)	微风化带
分级指标	RMR	—	30	49	60
岩体材料参数	m	—	0.575	1.133	1.678
	s	—	0.00042	0.0035	0.01174
变形模量	E/GPa	—	3.16	9.44	17.78
抗剪强度	f	—	0.81	1.06	1.21
	c/MPa	—	0.78	1.29	2.37
抗拉强度参数	R_t/MPa	—	0.05	0.29	0.84

第3章
隧道锚大比尺现场缩尺模型试验

隧道锚大比尺现场缩尺模型试验的目标是通过构建能反映岩体风化、卸荷、岩性、结构等特征的现场缩尺模型，研究隧道锚承载、超载、流变特性。自重庆鹅公岩大桥首次在现场开展大比尺（1∶12.5）内外观同步测试的隧道锚缩尺模型试验以来，作者团队相继解决了模型尺度选择、大吨位加载与控制、内外部变形与应力测试等关键技术难题，形成了系统的大比尺隧道锚现场缩尺模型试验成套技术。在此基础上，提出了基于缩尺模型试验的隧道锚承载能力评价方法。基于隧道锚缩尺模型试验的隧道锚承载能力评价方法和技术已成为复杂条件大跨度悬索桥隧道锚结构形式选取与布置的基本研究方法。

3.1 隧道锚大比尺现场缩尺模型试验思想的提出

现场大尺度岩体力学试验一直是解决复杂岩石力学问题的有效途径。

葛洲坝工程初步设计阶段,为了论证202号软弱夹层的抗剪强度特征,在现场开展两块尺寸分别为11.65 m×1.70 m×2.35 m和9.54 m×1.70 m×2.30 m的大尺度试体抗力试验,试件尺寸及布置见图3.1。通过大尺度抗力试验获得了202号软弱夹层可靠的抗剪强度指标,优化了设计方案,获得了显著的社会效益和经济效益。葛洲坝工程202号软弱夹层抗力试验是通过大比尺现场试验解决复杂岩石力学问题的典型案例。

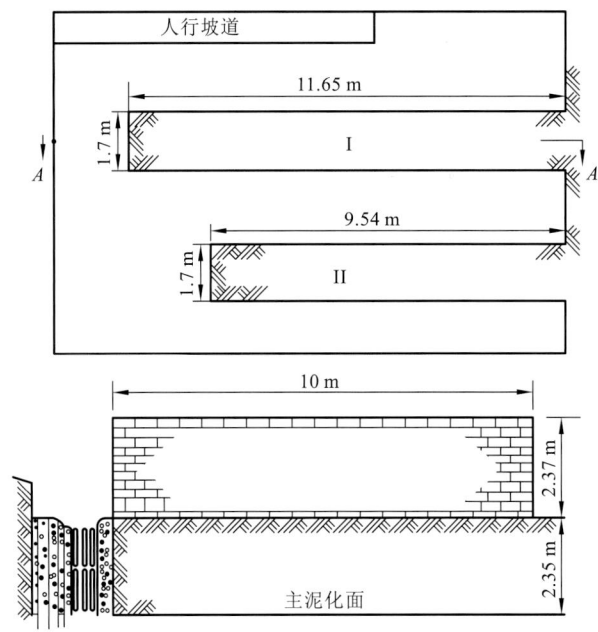

图3.1 葛洲坝工程202号软弱夹层抗力体试验布置及尺寸

隧道锚作为一种较新的锚碇结构形式,虽然具有经济、环保等显著优势,但工程经验相对缺乏,其变形破坏机制和承载特性还在持续研究中,相关设计方法、设计规范也都还不甚成熟。为了既保障隧道锚设计方案的安全性,又保障方案的经济性,在隧道锚工程勘测设计阶段,有必要通过大比尺现场缩尺模型试验对设计方案进行论证和优化。

由于岩体的不连续性、非均质性、高强度性,实施有效的隧道锚现场缩尺试验应重点解决以下几个方面的关键问题:

(1)模型选址。模型选址是保证试验成果的代表性前提,针对不同工程设计特点,应综合分析地形相似、岩体代表性、应力场相近等问题。

(2)岩体结构效应问题。现场缩尺模型尺度与裂隙相对尺度不同,形成的结构类型不同,岩体结构效应对力学特性的影响效果也有差异。

第3章 隧道锚大比尺现场缩尺模型试验

（3）大吨位加载及控制问题。为充分认识承载力和时效变形，要求在大尺度模型中模拟施加万吨级设计荷载，并在流变试验中保持荷载稳定。

（4）变形破坏监控问题。不同于一般洞室开挖面变形，隧道锚模型从内部加载，变形由内向外扩展，内外变形均较小，测试较为困难。

（5）大比尺现场缩尺模型制作与综合利用。现场模型试验制作复杂，具有不可重复性，要求模型加卸载试验应科学设计，力求获得与隧道锚承载特性相关的多种假设条件下的试验测试。

针对上述难题，综合研究现场模型试验相关技术，包括对模型试验基础理论的研究、模型试验选址及比尺确定方法、模型试验加载及控制技术、模型试验监控量测技术、模型试验张拉实施及成果分析等，形成系统的隧道锚大比尺现场缩尺模型试验方法。该试验方法在鹅公岩大桥、四渡河大桥、云南普立大桥、宜昌伍家岗长江大桥、重庆几江长江大桥、浙江官山大桥等大跨度悬索桥隧道锚专题研究中得到实际应用。

3.2 理论依据

锚碇模型设计是基于弹性力学的相似原理来实现的。在给定的几何、材料性质及边界相似等条件下，基于弹性力学相似系统的约束方程，求解得到位移场和应力场的相似指标和相似判据，以期用模型试验力学响应去预测原型的响应。

$$C_l = \frac{x_i^{\mathrm{p}}}{x_i^{\mathrm{m}}}, \quad C_\gamma = \frac{\gamma_i^{\mathrm{p}}}{\gamma_i^{\mathrm{m}}}, \quad C_\sigma = \frac{\sigma_{ij}^{\mathrm{p}}}{\sigma_{ij}^{\mathrm{m}}} \tag{3.1}$$

$$\sigma_{ij,j}^{\mathrm{p}} + \gamma_i^{\mathrm{p}} = 0 \tag{3.2}$$

$$\sigma_{ij,j}^{\mathrm{m}} + \gamma_i^{\mathrm{m}} = 0 \tag{3.3}$$

式中：$\sigma_{ij,j}$中σ_{ij}为应力分量，下标j指应力张量的偏微分；γ_i为容重；x_i为坐标分量；p为原型；m为模型；C_l、C_γ、C_σ分别为几何相似常数、容重相似常数和应力相似常数。

取z轴方向，将式（3.1）带入式（3.2）得

$$\frac{C_\sigma}{C_\gamma C_l}\sigma_{ij,j}^{\mathrm{m}} + \gamma_i^{\mathrm{m}} = 0 \tag{3.4}$$

对比式（3.3）与式（3.4），则应有$C_\sigma = C_\gamma C_l$。

对于现场模型试验，模型锚与原型锚采用相同的地层岩性。模型锚几何尺寸由原型锚结构尺寸按C_l比例缩小。不计体力时，模型锚与原型锚的参数之间存在如下关系：

$$l_{\mathrm{m}} = l_{\mathrm{p}}/C_l, \quad \delta_{\mathrm{m}} = \delta_{\mathrm{p}}/C_l, \quad \sigma_{ij}^{\mathrm{m}} = \sigma_{ij}^{\mathrm{p}}, \quad P_{\mathrm{m}} = P_{\mathrm{p}}/C_l^2 \tag{3.5}$$

式中：l_{m}、l_{p}分别为模型及原型的几何尺寸；δ_{m}、δ_{p}分别为模型及原型的位移；σ_{ij}^{m}、σ_{ij}^{p}分别为模型及原型的应力；P_{m}、P_{p}分别为模型及原型的荷载。

上述比例关系适用于弹性阶段。当隧道锚承载进入非线性阶段后，模型与原型各指标之间不一定严格服从上述比例关系。模型试验在进入非线性至破坏阶段的试验结果可以作为对原型锚进行定性评价与分析的依据。

3.3 模型试验建造方法

3.3.1 试验洞布置

1. 地表模型试验

该类方法是在地表选择合适部位，按照几何缩尺，先使地形满足相似条件，然后按比例依次开挖前锚室、锚洞和后锚室，在锚洞内浇筑混凝土模拟锚塞体，待锚塞体养护至要求龄期后开始试验。地表缩尺模型试验方案目前应用相对普遍，重庆鹅公岩大桥、四渡河大桥、浙江官山大桥、重庆几江长江大桥等采用的都是这种模式。图3.2和图3.3为几江长江大桥模型试验方案布置示意图。

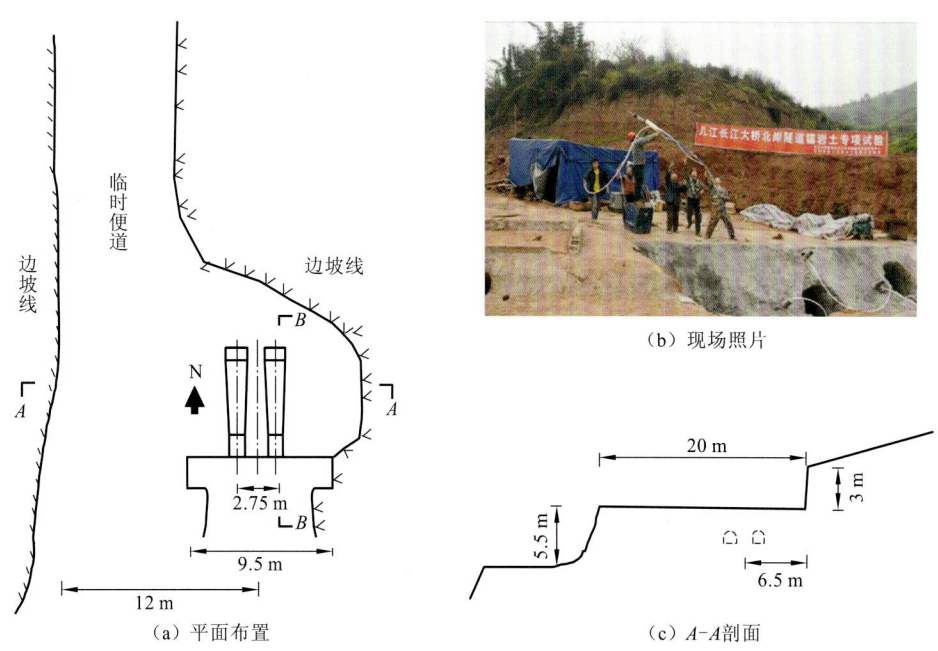

图3.2 重庆几江长江大桥地表缩尺模型试验方案布置

除满足上述地形相似性外，试验部位和原型锚部位岩石物理力学性质、岩层分布、构造裂隙、水文地质条件、锚碇轴线方向也应基本一致。

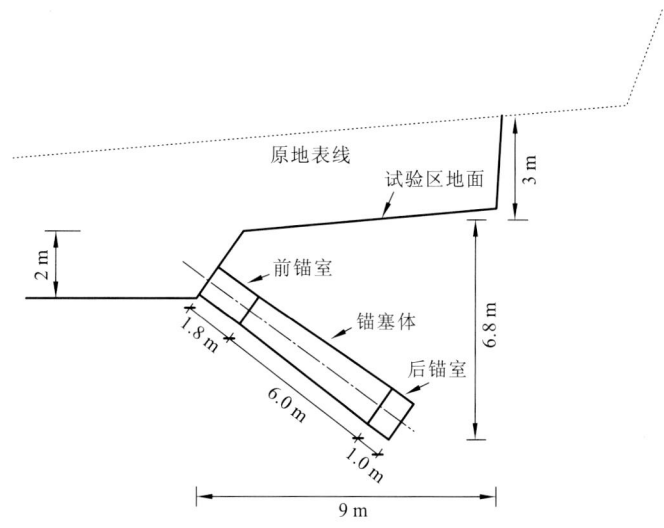

图 3.3 重庆几江长江大桥地表缩尺模型试验方案剖面（B-B）布置简图

几江长江大桥隧道锚缩尺试验地质代表性得到了充分论证：

（1）利用钻孔柱状图资料，将模型洞布置在原型锚洞前端西南侧下部，模型洞的基岩岩性与原型锚洞岩性一致，风化程度相近。

（2）模型洞沿中心线的受力方向与原型锚的拉力方向一致，即模型洞中心线受力方向为 N35°。

（3）对比整个工程场地中等风化泥岩的块体密度、天然含水率、饱和抗压强度，发现变异系数较小，力学性质较为均匀。

（4）对锚址区地表出露的岩体岩层和节理产状进行了工程地质调查，两者基本一致。

（5）试验部位与实体锚部位均无大的构造裂隙通过。

（6）地基岩体裂隙水微弱，地下水贫乏。总之，试验部位和原型锚所处部位水文地质条件相同，均较简单。

（7）对图 3.4、图 3.5 岩体波速进行对比分析。原型锚三个钻孔波速范围为 1 976～4 310 m/s，平均波速为 2 942 m/s。而模型锚部位五个钻孔波速范围为 1 799～5 263 m/s，平均波速为 3 151 m/s。比较说明，原型锚部位岩体波速与模型锚部位岩体十分接近。

2. 洞内模型试验

地表模型试验方案较适用于浅埋式隧道锚。但若锚碇区覆盖层较厚，或者锚碇埋深较大时，将模型埋至地表则会引起应力场低估。针对此情况可采用将试验模型布置在平洞内的方案，见图 3.6。首先利用勘察平洞进入实体隧道锚所在层位，然后在主洞一侧开挖两条支洞，按照几何缩尺，在两条支洞之间开挖模型试验洞。将模型试验洞锚塞体部

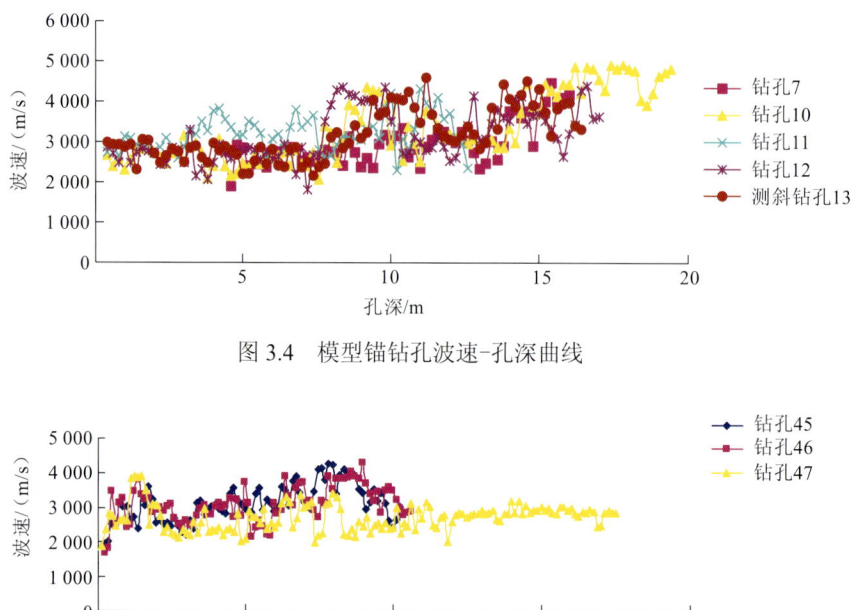

图 3.4　模型锚钻孔波速-孔深曲线

图 3.5　原型锚钻孔波速沿孔深分布曲线

分浇筑与原型锚同等级混凝土。锚塞体后端面通过千斤顶施加压力,模拟锚塞体受载过程。例如,普立大桥隧道锚缩尺试验是该种模式,见图 3.7。洞内现场模型试验方案受周边条件限制,其模型尺度不如地表方案大。

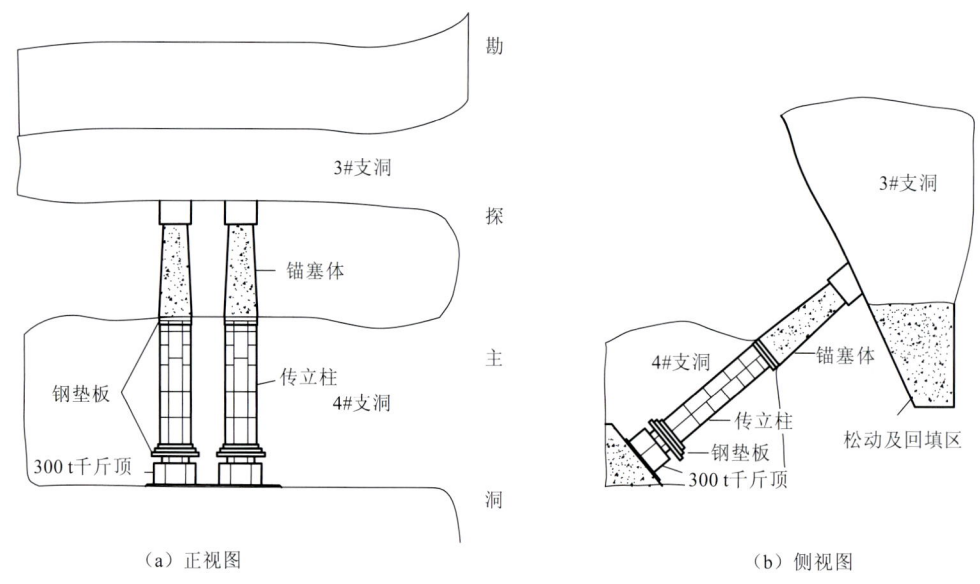

(a) 正视图　　　　　　　　　　　(b) 侧视图

图 3.6　洞内现场模型试验方案平面布置简图

第 3 章 隧道锚大比尺现场缩尺模型试验

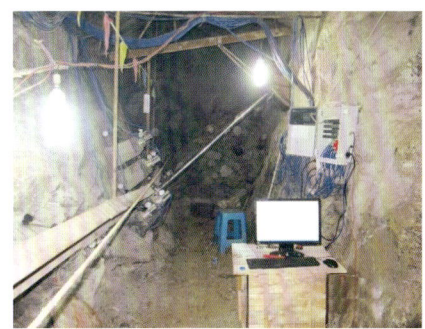

（a）下支洞　　　　　　　　　　　（b）上支洞

图 3.7　下支洞加载后推法现场照片

3.3.2　模型尺度选择

岩体在力学作用和力学性质上有明显的结构效应，结构类型不同，力学效应不一。当现场缩尺模型过小时，一方面模型可能与裂隙不相交，处于相对完整的岩块中，另一方面，即使模型与裂隙相交，也会出现相对于实体锚碇是小裂隙，但对于缩尺模型却相当于贯通性结构面的现象，因此不能很好地反映岩体结构效应。为模拟岩体结构特征，缩尺模型需要有足够的尺度，需要包含足够多的结构面。

国标《工程岩体分级标准》（GB/T 50218—2014）[64]中，对岩体完整程度和岩体结构类型的定性划分标准如表 3.1 所示。悬索桥隧道锚一般布置在"较完整"或"较破碎"岩体内，少量隧道锚可布置在"破碎"岩体内。所以隧道锚部位岩体结构面平均间距一般为 1 m 以内，大部分为 0.4～1 m。按照表征单元体（representative elementary volume，REV）研究经验，试样尺寸达到 10 倍结构面平均间距后，试验结果可总体涵盖结构效应影响。

表 3.1　岩体完整程度的定性划分

完整程度	结构面发育程度		主要结构面的结合程度	主要结构面类型	相应结构类型
	组数	平均间距/m			
完整	1～2	>1.0	结合好或结合一般	节理、裂隙、层面	整体状或巨厚层状结构
较完整	1～2	>1.0	结合差	节理、裂隙、层面	块状或厚层状结构
	2～3	1.0～0.4	结合好或结合一般		块状结构
较破碎	2～3	1.0～0.4	结合差	节理、裂隙、劈理、层面、小断层	裂隙块状或中厚层状结构
	≥3	0.4～0.2	结合好		镶嵌碎裂结构
			结合一般		薄层状结构

续表

完整程度	结构面发育程度		主要结构面的结合程度	主要结构面类型	相应结构类型
	组数	平均间距/m			
破碎	≥3	0.4~0.2	结合差	各种类型结构面	裂隙块状结构
		≤0.2	结合一般或结合差		碎裂结构
极破碎	无序		结合很差	—	散体状结构

依据上述分析,依据结构面发育特征,隧道锚缩尺试验模型一般达到 4~10 m 的尺度后,即可包含岩体结构的影响。依据原型锚尺寸反推相似比,隧道锚缩尺试验模型相似比一般以 1∶12~1∶8 为宜。

表 3.2 为部分隧道锚模型试验比尺和模型锚长度,总体在此范围之类。根据相似理论,模型锚锚洞形状、倾向及倾角与原型锚洞一致,结构几何尺寸按 1∶C_l 缩小。

表 3.2 部分模型试验比尺及模型锚长度

工程	鹅公岩大桥	四渡河大桥	伍家岗长江大桥	太洪长江大桥	几江长江大桥
比尺	1∶12.5	1∶12	1∶12	1∶10	1∶10
模型锚长度/m	6.4	5.33	7.5	7.5	7.8

以几江长江大桥为例,北岸隧道锚锚塞体设计为前小后大的楔形,纵向长度为 60 m,与水平线的倾角为 35°,最大埋深约为 68 m,锚塞体中心间距为 26.7 m。横断面顶部采用圆弧形,侧壁和底部采用直线形,前锚面尺寸为 10 m×10 m,顶部圆弧半径为 5 m,后锚面尺寸为 14 m×14 m,顶部圆弧半径为 7 m。标准组合下,单根主缆拉力为 1.08×10^5 kN。

现场缩尺模型锚缩尺比例为 1∶10,横断面顶部采用圆弧形,侧壁和底部采用直线形。模型锚前锚面尺寸为 1 m×1 m,顶部圆弧半径为 0.5 m,后锚面尺寸为 1.4 m×1.4 m,顶部圆弧半径为 0.7 m,前锚室前后形状与前锚面一致,长度为 1.8 m,锚塞体长度为 6 m,后锚室前后形状与后锚面一致,长度为 1 m,两个锚塞体轴线之间的间距为 2.75 m,结构形态及尺寸见图 3.8 和图 3.9。

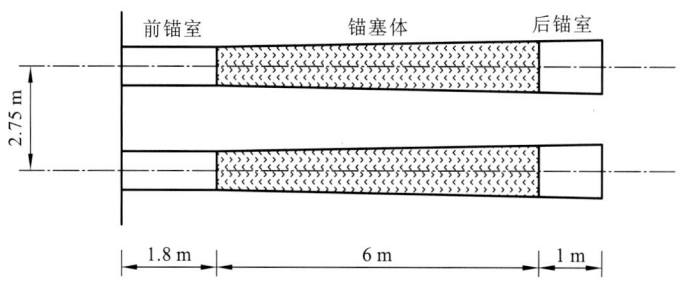

图 3.8 几江长江大桥 1∶10 模型锚剖面尺寸图

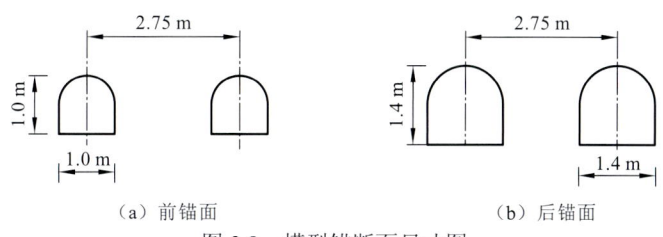

(a) 前锚面　　　　　　　　　　　(b) 后锚面

图 3.9　模型锚断面尺寸图

对模型洞洞壁和锚洞上部地表出露岩体进行了详细的工程地质调查，地质描述见图 3.10。结果显示，此处岩体的岩层近水平展布，产状 110°∠7°，层厚较大，平均层厚超过 1 m，层面粗糙，结合较差。岩体内主要发育两组节理面：节理组 1 产状 294°~328°∠60°~76°，无充填或泥质充填，隙宽 0.5~3 mm，节理间距 0.4~2.0 m，迹长 0.3~2.0 m，结合较差；节理组 2 产状 183°~243°∠76°~87°，无充填或泥质充填，隙宽 0.1~2 mm，间距 0.5~2.1 m，结合较差。对比同层位其他部位的岩体可以看出，1∶10 缩尺模型锚岩体岩性及岩体结构与 1#试验洞（泥岩）基本一致。

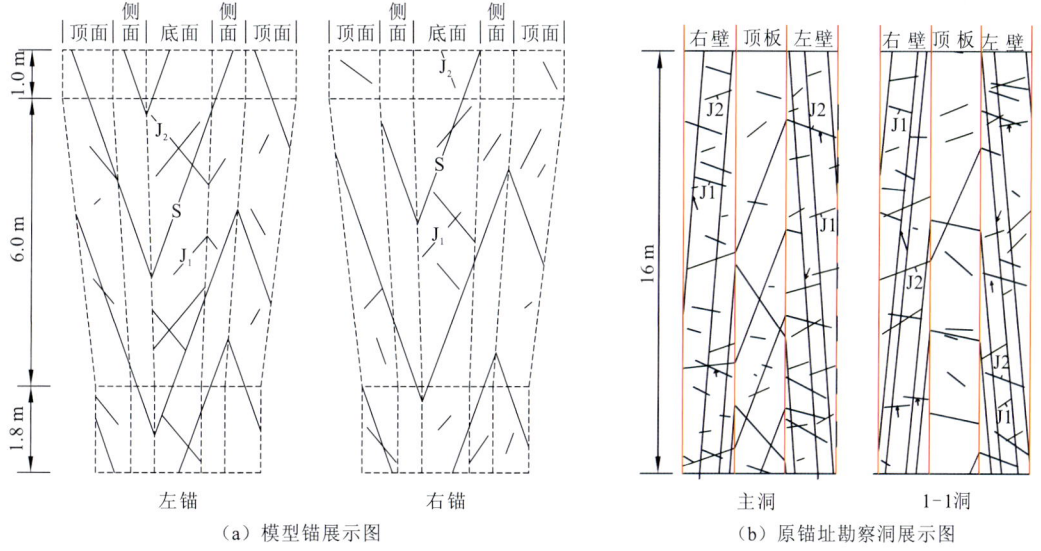

(a) 模型锚展示图　　　　　　　　　(b) 原锚址勘察洞展示图

图 3.10　几江长江大桥 1∶10 模型锚与原锚址地质素描图

J_1 为节理组 1，J_2 为节理组 2，S 为层面

3.3.3　试验洞成洞方法

模型洞尺寸小，精细控制开挖难度大，但洞室开挖质量如得不到保证，将极大程度影响模型试验结果的可信度。对模型洞的开挖方法进行探索和总结，提炼了三种不同的开挖方法。

首先针对软岩，采用无爆破，人工＋机械的方式进行开挖，对洞室围岩扰动小，能有效控制开挖质量。图 3.11 为宜昌伍家岗长江大桥项目中采用人工＋机械方式开挖出的模型试验洞，洞室几何形态得到有效控制。

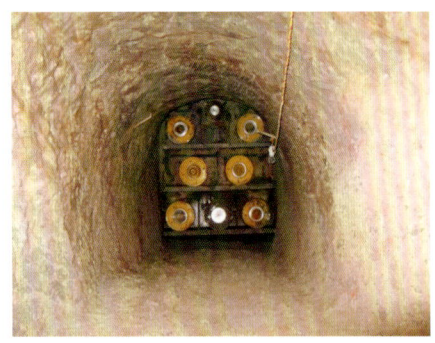

（a）平洞内部　　　　　　　　　　　　（b）平洞表面

图3.11　宜昌伍家岗长江大桥采用人工＋机械方式开挖的模型试验洞

针对硬岩，人工开挖难度大，但是如果采用爆破开挖方式，则不容易控制爆破开挖质量。对此，在云南普立大桥隧道锚模型试验过程中，研制了一套连环钻孔切槽＋膨胀剂剥离的半动态开挖方式，开挖过程及成洞形态见图3.12、图3.13，开挖出的洞室几何形态规则，围岩质量也得到了有效控制。

图3.12　模型周边围岩钻孔切割

（a）连环孔　　　　　　　　　　　　（b）成洞形态

图3.13　连环孔切槽形态及模型洞成洞形态

针对部分具备爆破条件的项目,也可以采用精细控制爆破开挖方式开挖模型洞。采用爆破方式开挖时,需要进行详细爆破设计及爆破试验,否则可能出现成洞形态不规则、洞室围岩扰动严重等现象。图3.14为浙江官山大桥隧道锚专题中通过精细控制爆破开挖出的隧道锚模型试验洞形态。

图3.14 通过精细控制爆破开挖出的隧道锚模型试验洞

3.4 模型试验加载方法

3.4.1 反力梁加载法

原型隧道锚主要承受缆索的拉荷载。在之前的部分隧道锚现场缩尺模型试验中,对试验模型也是采用反力梁前拉方式加载,即在模型试验前端采用反力大梁,通过千斤顶拉拔安装于混凝土反力梁与锚碇后端之间的缆索。鹅公岩大桥隧道锚现场模型试验张拉缆索由108根钢丝经法兰盘连接组成。当拉拔荷载加至4.6倍设计荷载P,上部张拉钢丝因不均匀受载断裂,未完成全过程加载,见图3.15。四渡河大桥隧道锚现场缩尺模型试验采用八台经过标定的YCW350型千斤顶、三台电动油泵为加载设备,采用钢绞线作为张拉缆索,完成了全部张拉程序,模型极限张拉荷载达到7.6倍设计荷载。八台千斤顶在混凝土反力梁上的布置、混凝土反力梁上张拉设备的安装(含锚索测力计)见图3.16。

3.4.2 千斤顶自平衡加载法

反力梁加载方式需要反力大梁,成本高,而且支撑点作用在锚塞体附近的岩体上,隧道锚前端面岩体承受了部分反力,使锚塞体及附近岩体在拉拔过程中位移难以准确测

图 3.15 鹅公岩大桥隧道锚试验反力装置

（a）张拉缆索　　　　　　　　　　　　　（b）千斤顶

（c）反力梁

图 3.16 四渡河大桥隧道锚模型试验反力梁加载法现场照片

量。为避免反力梁加载方法的不足，后来开展的隧道锚缩尺模型试验多采用千斤顶自平衡加载法，即在锚塞体后锚面采用多个千斤顶并联施加荷载，见图 3.17、图 3.18。千斤顶自平衡加载法实施相对简单，而且加载设备出力大，可以开展较大倍数的超载试验，甚至破坏试验，更有利于揭示隧道锚的潜在破坏模式。几江长江大桥北岸隧道锚采用后推法使围岩达到极限破坏。根据设计要求，标准组合下，两根主缆拉力为 2.16×10^5 kN，则两锚塞体缩尺模型设计拉力为 $2 \times 108\,000/100 = 2\,160$ kN。为了使缩尺锚达到极限破坏，选用 16 台 3 000 kN 的千斤顶并联出力，试验时可以施加的最大荷载为设计荷载的 22 倍。整个加载出力系统完全封闭在模型锚后端，通过锚塞体预留孔引出油管，在埋设前反复对千斤顶及油路系统进行试验，确保千斤顶及油路工作正常。

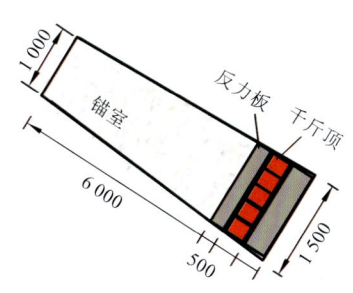

图 3.17 锚塞体后端千斤顶俯视示意图

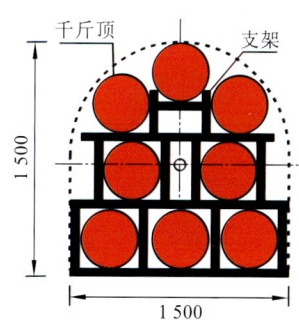

图 3.18 锚塞体前后端千斤顶安装示意图

安装过程及安装完成后照片见图 3.19。

（a）八台千斤顶安装

（b）安装千斤顶前部钢板

（c）千斤顶封闭后

图 3.19 千斤顶前端、预埋孔安装照片

3.4.3 伺服加载系统

由于施加荷载大，串并联了多台千斤顶，手工加卸载需大量劳动力。为此开发了大吨位串联-并联千斤顶联合伺服加载系统（系统现场照片见图 3.20）。系统提供的液压设备由精密伺服电机、变速器、丝杆和油缸组成；系统控制部分由控制仪、位移采集仪、压力传感器和计算机组成，见图 3.21，其中精密伺服电机为系统的主要构件。系统中的压力通过压力传感器反馈给计算机，计算机实时比较实际压力值与目标值差值，发出指令给控制器，由伺服电机执行精细调整并逼近目标值。运用系统实现了对压力的精确控制，24 h 内压力采集分辨率为 ±10 kPa；系统工作最大压力为 70 MPa，可以满足高应力条件的岩石力学试验。

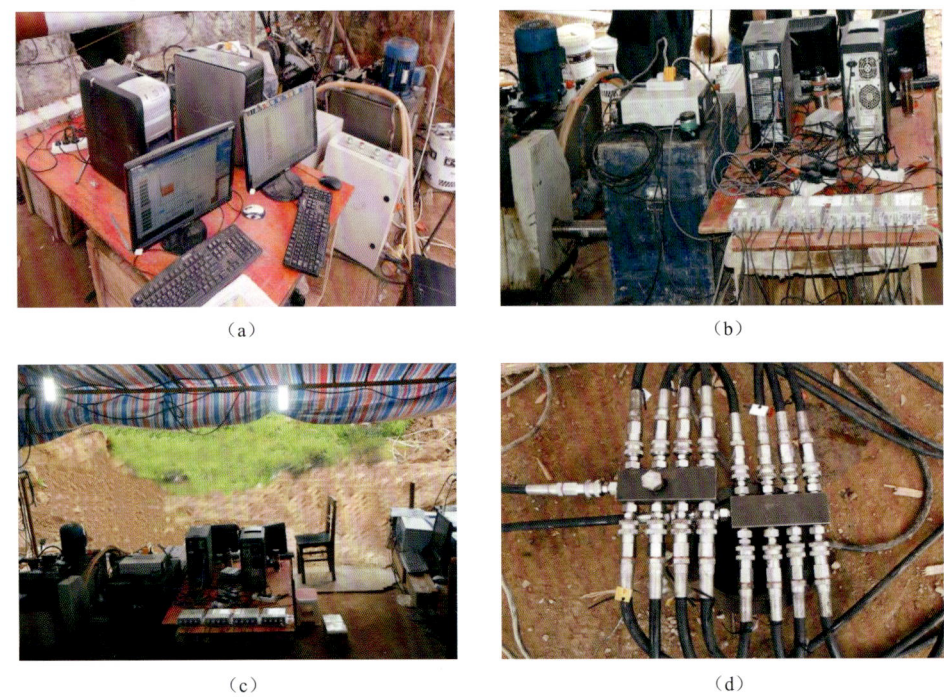

图 3.20 伺服控制系统与采集系统现场照片

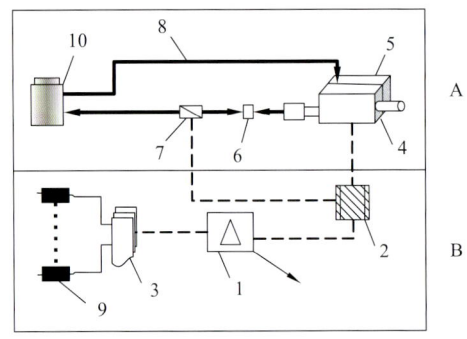

图 3.21 伺服控制系统原理图

1-计算机；2-控制仪；3-位移采集仪；4-电液伺服机；5-充油泵；6-液压阀；
7-压力传感器；8-高压油管；9-位移传感器；10-千斤顶

3.5 模型试验监控技术

3.5.1 表面变形监测

隧道锚模型试验早期以外观变形监测为主。外观变形可以采用全站仪等仪器监测，也可以在稳定的测量支架上安装百分表、千分表等测表进行监测。全站仪等仪器监测因为精度问题，难以获得试验过程中准确的表面变形信息。百分表、千分表等测表监测手段精度高，但是这种监测手段对测量支架系统的稳定性有很高要求。影响测量支架系统稳定性的主要因素是环境温度。

前期研究表明，温度变化引起测量系统热胀冷缩，给千分表带来的误差相当大，在 1～2 ℃的温差条件下，岩体的变形基本上随着温度的周期变化而变化，很难识别岩体实际的变形量。为此，《水利水电工程岩石试验规程》（SL 264—2001）[65]明确规定了岩体变形观测时环境温度的限制条件，即在一个连续的试验过程中温差不宜大于±1 ℃。

为了控制环境温度变化对表面变形监测结果的影响，在重庆几江长江大桥隧道锚专题研究时，研发了恒温水循环大跨度外部测量支架温控技术，利用恒温循环水控制测量支架温度。通过保温措施和增加测量系统的刚度，温度的影响基本上消除。实现了隧道锚试验外观精细测试，如图 3.22 所示。

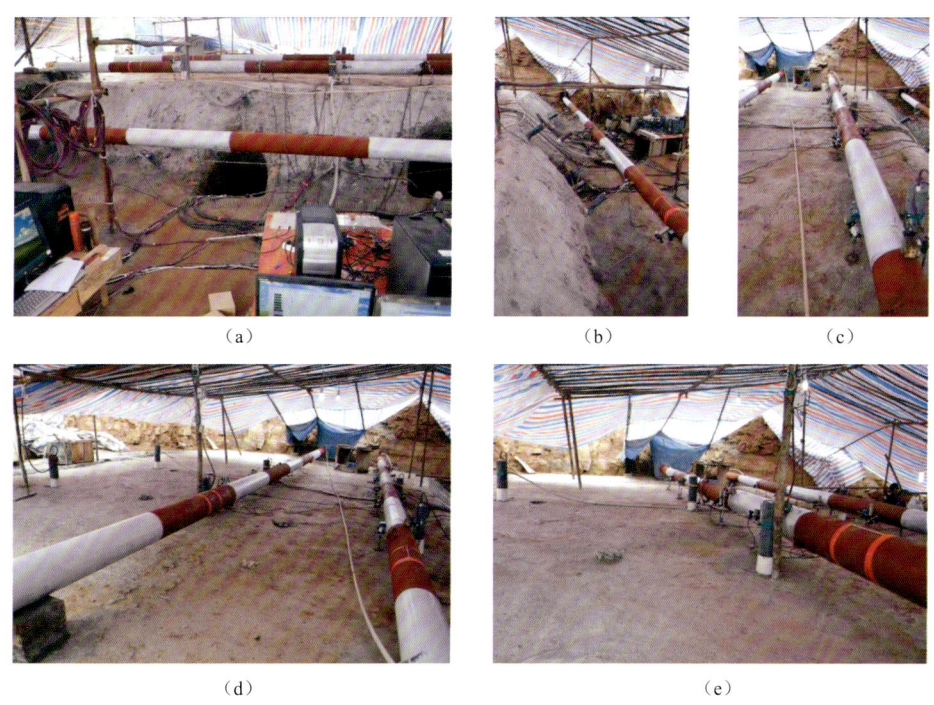

图 3.22　恒温水循环大跨度外部测量支架

为了监测试验过程中模型锚部位岩体的外观变形，分别在前锚面、锚面前端岩体及顶部地表上布置光栅式位移传感器和恒温测量支架，布置示意图见图 3.23。其中锚面前端岩体上的传感器用于测试拉力方向位移，顶部地表设备用于测试铅直和水平向位移。

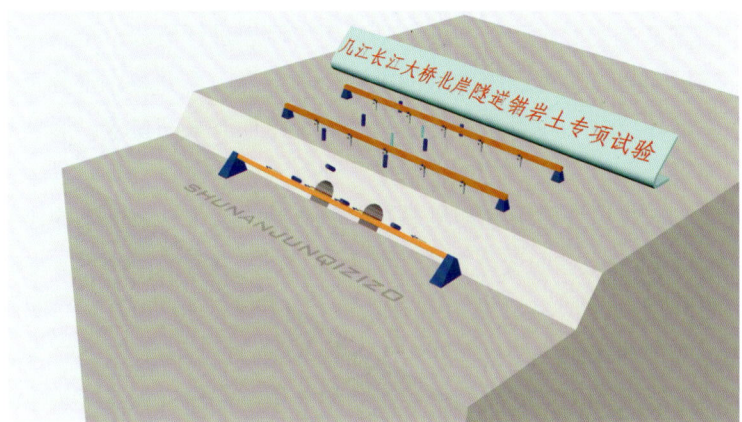

图 3.23　光栅式位移传感器和恒温测量支架布置示意图

3.5.2　深部变形监测

深部变形监测主要采用多点位移计和钻孔测斜技术。

1. 多点位移计的应用

为了解加载后模型锚碇周边岩体变形的空间分布特征,采用多点位移计测试试验过程中围岩的变形特征。鹅公岩大桥隧道锚模型试验中,首次将多点位移计用于模型试验围岩深部变形监测。

以几江长江大桥为例,说明多点位移计的布置及安装情况。在锚洞开挖完成后,采用地质钻机在模型锚洞周边钻孔,用于安装多点位移计。其中,沿拉力方向布置6个钻孔,在模型锚碇对应地表上布置12个钻孔,钻孔直径为76 mm,钻孔布置示意图见图3.24,其中每个锚塞体中埋设1支多点位移计,如图3.25所示。

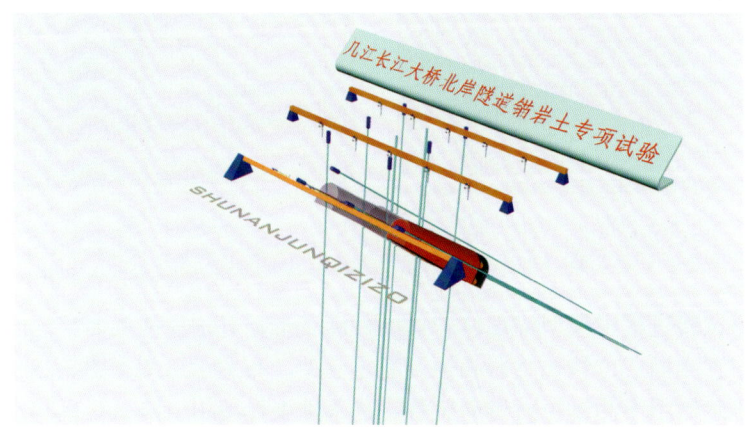

图 3.24　模型锚上钻孔布置示意图

第 3 章 隧道锚大比尺现场缩尺模型试验

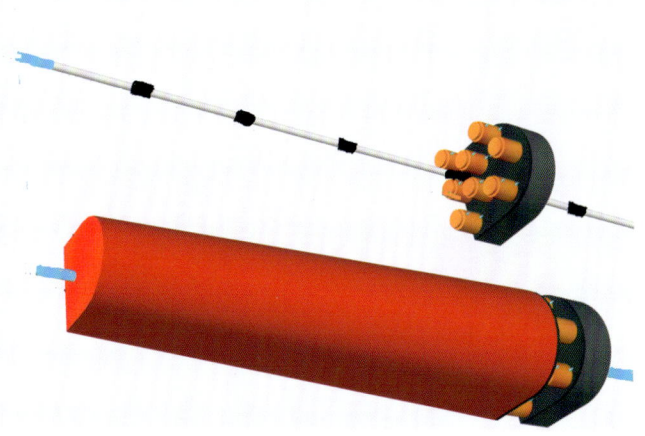

图 3.25 锚塞体内多点位移计布置示意图

2. 钻孔测斜技术的应用

利用钻孔测斜技术可以准确获取试验过程中破裂面的位置，为揭示隧道锚模型试验破坏机制提供有力支撑。

测斜孔一般布置在模型顶部，采用铅直钻孔形式。图 3.26 中的 C1 和 C2 为宜昌伍家岗长江大桥隧道锚模型试验时安装的测斜孔。

图 3.26 宜昌伍家岗长江大桥隧道锚模型试验中的测斜孔

中隔墩部位岩体的水平变形分布图见图 3.27。结果表明，锚塞体在荷载的作用下，带动周围岩体产生拉拔破坏。

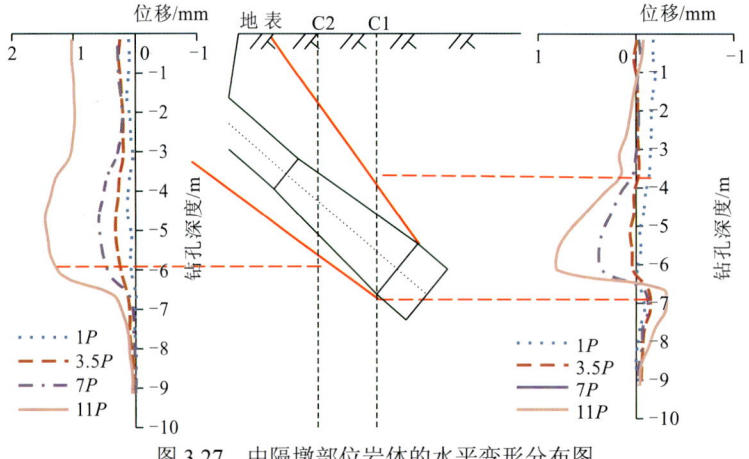

图 3.27 中隔墩部位岩体的水平变形分布图

P 为按相似关系换算后的主缆设计荷载

3.5.3 锚碇与围岩接触面变形监测

为测试加载期间模型锚碇与围岩接触面的相对变形规律,选用了位错计测试技术。位错计埋设在岩壁与模型锚塞体界面上。如图 3.28 所示,几江长江大桥模型试验时在每个模型锚混凝土与泥岩接触面之间布置 6 支位错计,位置在东西锚左右侧壁上。安装照片见图 3.29。

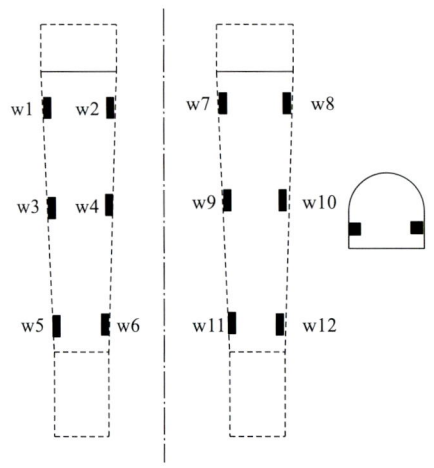

图 3.28 模型锚位错计布置平面示意图

w1～w12 为位错计

3.5.4 锚碇内部应变特征测试

为测试加载期间模型锚碇内部变形分布规律,锚塞体内埋设应变计。如图 3.30 所示,几江长江大桥模型试验时在每个模型锚混凝土内布置 7 支应变计,其中 y1、y3、y5、y7、

(a)

(b)

图 3.29　模型锚位错计安装照片

y9 和 y11 为轴向（x 向），y2、y4、y6、y8、y10、y12 为水平径向（y 向），y13、y14 为垂直径向（z 向）。

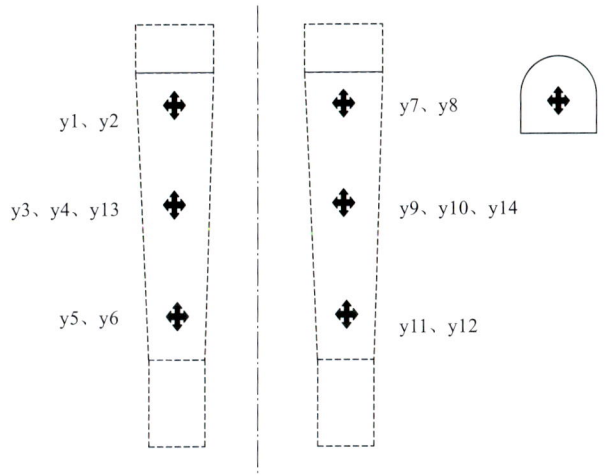

图 3.30　模型锚应变计布置图

3.5.5　模型试验破坏过程监测

浙江官山大桥隧道锚缩尺模型试验中，首次将声发射监测技术用于隧道锚模型试验破坏过程监测。

1. 监测设备及监测点布置

监测采用美国物理声学公司的 SENSOR HIGHWAY Ⅱ 声发射在线监测系统，见图 3.31。

为监测加载过程中围岩声发射特征，现场布置 4 个声发射监测钻孔，每个钻孔中布设 3 支声发射探头，见图 3.32。

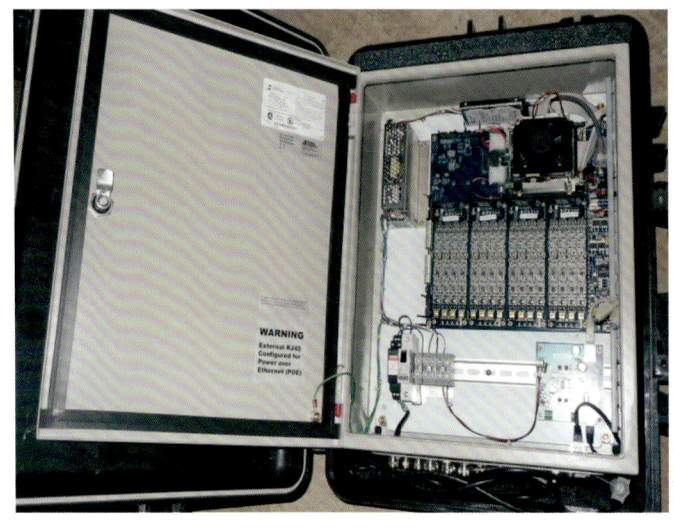

图 3.31　SENSOR HIGHWAY Ⅱ声发射在线监测系统主机

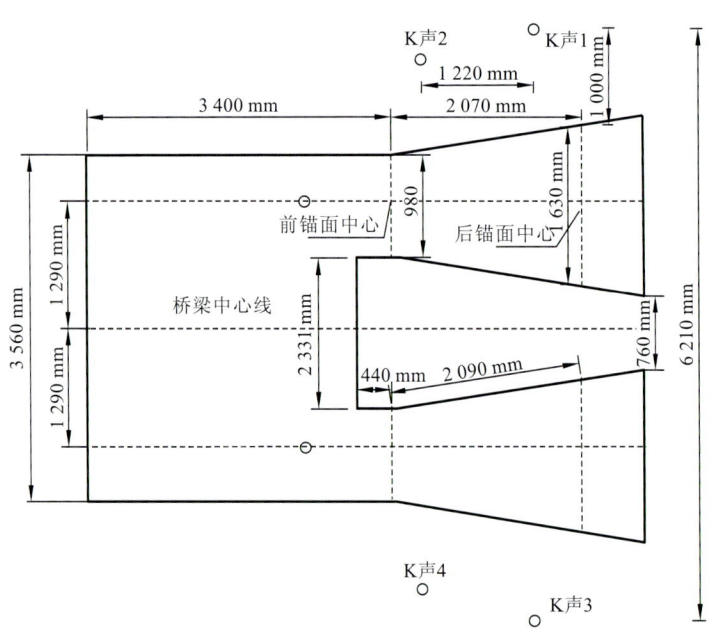

图 3.32　声发射监测点平面布置图

K 声 1～K 声 4 为声发射监测钻孔

2. 声发射监测成果

1）3.5P 声发射监测成果

在 0～3.5P 加载过程中，每级荷载作用下围岩声发射信号能率的统计结果见图 3.33。在加载之初，声发射信号出现了小幅度的突增，是由于加载初期千斤顶、锚定体、围岩之间不断接触，导致声发射信号较多。此后，随着荷载的增加，围岩内部应力逐渐调整，围岩内部无明显变化，这一阶段声发射信号处于较低水平。当荷载加载至 3P 时，随着围岩内部应力的调整，内部初始裂纹闭合，从而产生一个声发射信号高峰，此后，随着荷载的增加，围岩进入弹性变形阶段，声发射信号再次回落至较低的水平。

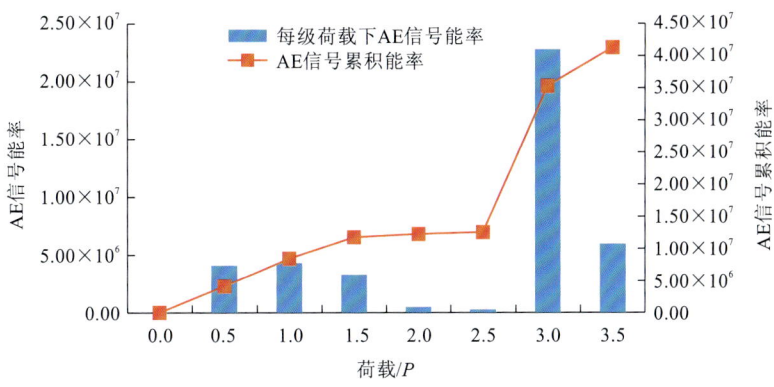

图 3.33　0～3.5P 加载过程声发射信号能率图

AE 为声发射

对 0～3.5P 加载过程中声发射信号进行傅里叶变换，可获得其频谱特性。在每级荷载下声发射信号的平均频率统计结果见图 3.34。声发射信号平均频率集中在 10～18 kHz，其中加载至 2P 荷载之前，其平均频率统计值略低，为 10～12 kHz，当加载至 2.5P 荷载后，其平均频率统计值有所增加，为 14～16 kHz，但是当加载至 3.5P 荷载时，又回落至 10 kHz 左右。

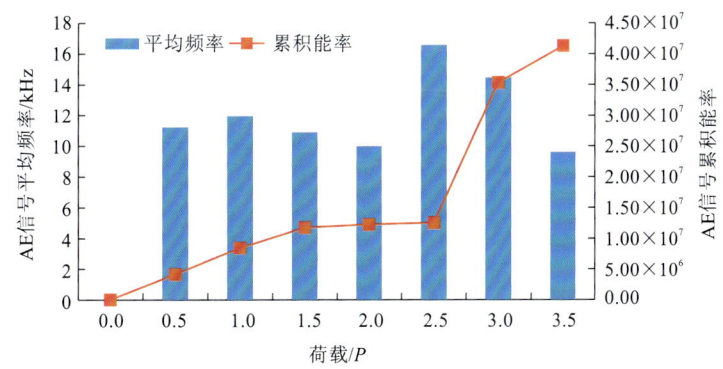

图 3.34　0～3.5P 加载过程声发射平均频率变化图

2）7.0P 声发射监测成果

在 0～7.0P 加载过程中，每级荷载作用下围岩声发射信号能率的统计结果见图 3.35，其与 3.5P 加载过程中声发射信号特征具有一定的相似性。在加载之初，因加载设备、锚定体、围岩之间不断接触，声发射信号出现一小幅度的突增。当荷载加载至 3P 时，随着围岩内部应力的调整，内部初始裂纹闭合，从而产生一个声发射信号高峰，此后，随着荷载的增加，围岩进入弹性变形阶段，声发射信号再次回落至较低的水平。

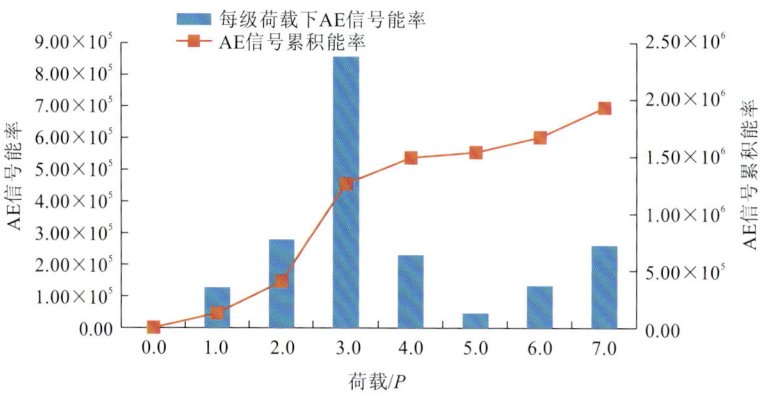

图 3.35　0～7.0P 加载过程声发射信号能率图

对 0～7.0P 加载过程中声发射信号进行傅里叶变换，在每级荷载下声发射信号的平均频率统计结果见图 3.36。声发射信号平均频率集中在 7～8 kHz，并随着荷载的增加声发射信号平均频率的统计值略有降低。

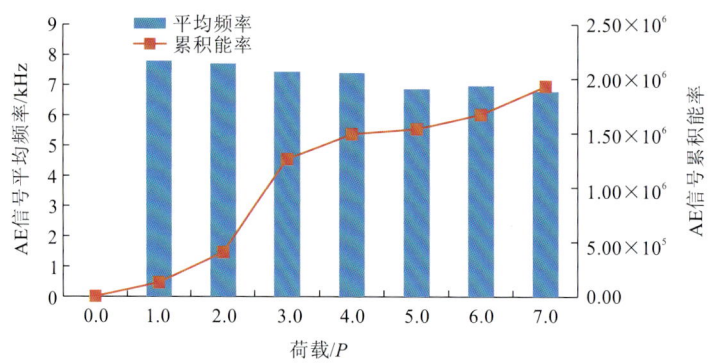

图 3.36　0～7.0P 加载过程声发射平均频率变化图

3）10.5P 声发射监测成果

在 0～10.5P 加载过程中，每级荷载作用下围岩声发射信号能率的统计结果如图 3.37 所示，同样与前两次加载过程中声发射信号特征具有一定的相似性。在加载之初，因加载设备、锚定体、围岩之间不断接触，声发射信号出现一小幅度的突增。当荷载加载至 $3P$～$4.5P$ 时，随着围岩内部应力的调整，内部初始裂纹闭合，从而产生一个声发射信号高峰，此后，随着荷载的增加，围岩进入弹性变形阶段，声发射信号再次回落至较低的水平。

对 0～10.5P 加载过程中声发射信号进行傅里叶变换，在每级荷载下声发射信号的平均频率统计结果见图 3.38。声发射信号平均频率集中在 6～10 kHz，在加载至 6P 之前，

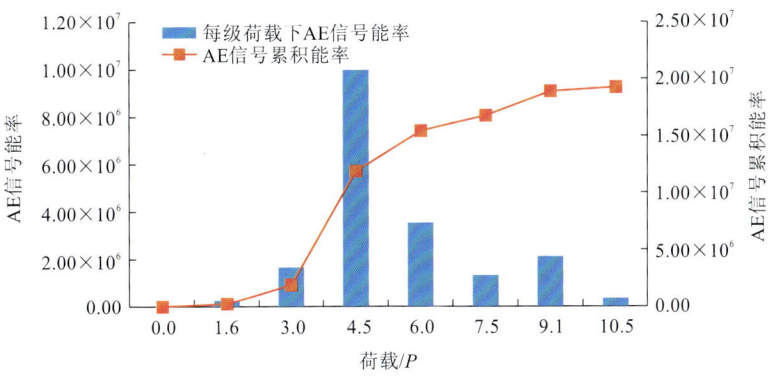

图 3.37 0～10.5P 加载过程声发射信号能率图

声发射信号平均频率统计值为 8～10 kHz，并接近于 10 kHz，当加载至 6P 以后，声发射信号产生明显的降频现象，平均频率的统计值降低至 6 kHz 左右。

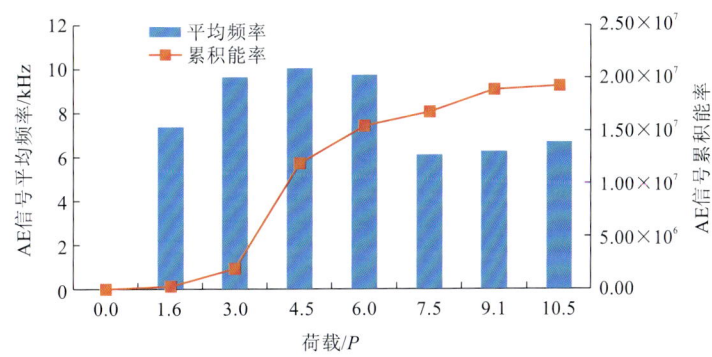

图 3.38 0～10.5P 加载过程声发射平均频率变化图

4）13.5P 声发射监测成果

在 0～13.5P 加载过程中，每级荷载作用下围岩声发射信号能率的统计结果见图 3.39，其统计结果表现出同样的规律。在加载之初 3.6P 之前，因加载设备、锚定体、围岩之间不断接触，内部初始裂纹闭合声发射信号出现一小幅度的突增。此后，随着荷载的增加，围岩进入弹性变形阶段，声发射信号处于较低的水平。当荷载增加至 10P 以后，围岩内部应力增加开始产生非弹性变形，声发射信号能率逐级迅速增加，表明围岩内部出现新的裂纹。

同样对 0～13.5P 加载过程中声发射信号进行傅里叶变换，获得每级荷载下声发射信号的平均频率统计结果如图 3.40 所示。0～5.3P 荷载阶段，围岩声发射信号平均频率统计值为 8 kHz 左右，随后至 8.6P 加载过程声发射信号平均频率有所增加达到 12～14 kHz，此后，随着荷载的继续增加，声发射信号再次出现降频现象，平均频率统计值回落至 6 kHz 左右。

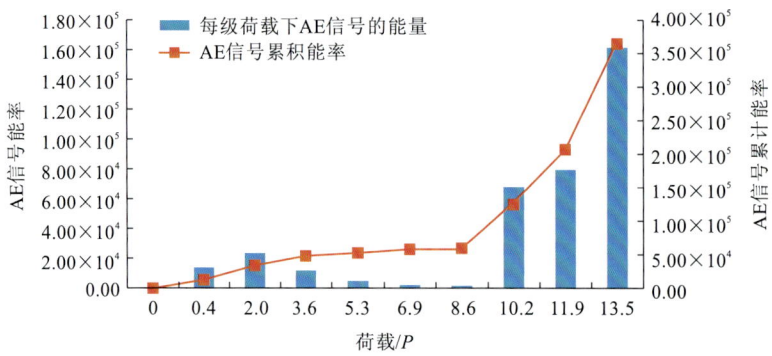

图 3.39　0～13.5P 加载过程声发射信号能率图

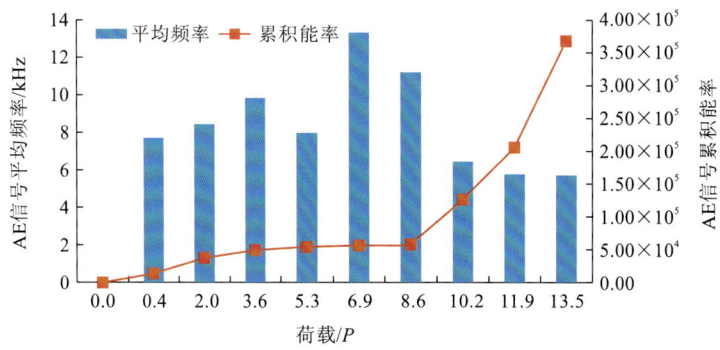

图 3.40　0～13.5P 加载过程声发射平均频率变化图

总结 3.5P、7.0P、10.5P、13.5P 四个循环过程声发射信号监测成果，可以获得以下规律：

（1）加载初期 3P 荷载之前，因加载设备、锚定体、围岩之间不断接触，内部初始裂纹闭合声发射信号出现一个小高峰。

（2）荷载加载至 10P 以后，围岩开始发生非弹性变形，声发射信号能率逐级迅速增加，表明围岩内部出现新的裂纹。

（3）加载初期围岩声发射信号平均频率统计值较高，接近 10 kHz，当加载至 6P 荷载以后，声发射信号产生明显的降频现象，平均频率统计值在 6 kHz 左右。

（4）现场变形测点在 13.5P 荷载下有加速变形的趋势，而在小于 10.5P 压力下所有测点变形基本呈线性，与声发射监测成果相对应。

3.6　试验流程

隧道锚模型试验的主要目的如下：①通过模型试验，确定原型锚在设计张拉荷载作用下的稳定性和张拉变形量级大小；②论证隧道锚极限承载能力及安全系数；③研究隧道锚的变形破坏机理；④研究锚碇的变位与时效变形，对原型锚锚碇的长期稳定状态进行分析和评估;⑤结合现场缩尺模型试验结果,利用非线性数值方法反演隧道锚围岩力学参数和流变参数,作为进一步展开大桥隧道锚与围岩结构体系变形和稳定性分析的基础。

由于试验模型制作的复杂性和不可重复性,为使模型试验达到和解决预期的各项任务,对模型锚的张拉方案进行了精细设计。经研究,模型锚张拉方案采用以下三个张拉程序:①超张拉试验;②张拉流变试验;③极限超张拉试验。加载顺序见图 3.41。

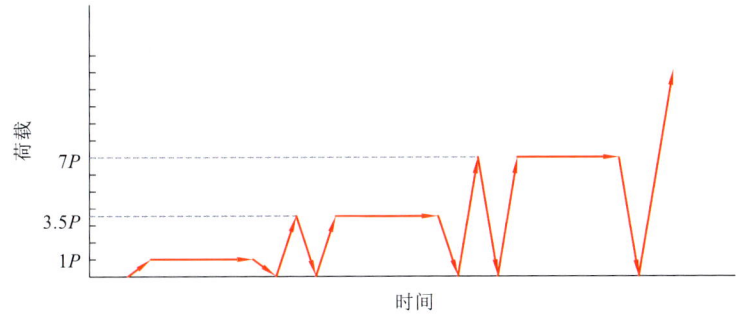

图 3.41 宜昌伍家岗长江大桥隧道锚模型试验加载流程示意图

3.6.1 超张拉试验

模型隧道锚试验的首要任务是验证原型隧道锚的设计抗拉拔安全系数的大小。根据设计要求,原型隧道锚设计抗拉拔安全系数不应小于 4.0。也就是说,对模型锚进行拉拔时,在 $4P$ 荷载条件下,模型锚塞体应不被拔出。因此,首次超张拉试验荷载水平不小于 $4P$。

采用分级加(卸)载单循环方法进行试验,首先从 0 开始加载,分五级加至 $1P$、$3.5P$、$7P$(P 为按相似关系换算后的主缆设计荷载)后分五级退压至 0。每级各形成一个加、卸载循环。稳定标准:荷载加到预定值后立即读数,之后每隔 10 min 读数一次,当连续两次的变形量差小于 0.002 mm 时,认为该级荷载下的变形已稳定,可施加下一级荷载,卸载过程读数方法与加载相同。其中,最高级荷载的稳定时间为 20 min。必要时重复以上步骤进行 1~2 次,且两次之间的间隔时间应不少于 60 min。

3.6.2 张拉流变试验

在验证了原型隧道锚设计安全系数满足设计要求的前提下,为研究隧道锚岩体在不同应力水平条件下的流变特性,在首次超张拉试验后,可分别进行不同荷载水平条件下岩体的流变试验。流变试验的荷载稳定主要靠张拉千斤顶上连接的压力表的示值判断,若压力表示值的变化量大于 0.5 MPa,则启动高压油泵来维持荷载的稳定。采用逐级一次大循环方式加载至 $1P$ 荷载后保持该荷载不变,分别在 5 min、10 min、15 min、20 min、25 min、30 min、1 h、2 h、4 h、8 h、16 h、24 h 时测读所有仪器的读数,24 h 以后,每天定时读数两次。流变稳定标准：24 h 两次读数差不大于 0.002 mm，加载历时不少于 5 d。

然后分别在 3.5P 和 7P 荷载下进行流变观测，观测时间及稳定标准同上。

若加载系统采用滚珠丝杠电液伺服控制系统，则各级别试验压力可直接通过控制系统设定。

3.6.3 极限超张拉试验

完成了隧道锚设计安全系数的验证与不同荷载水平条件下的流变试验及相应的试验测试后，为进一步研究模型锚的极限抗拉拔能力，对模型锚进行极限超张拉试验。试验荷载根据现场张拉过程实际情况控制。破坏试验中按 1P 级差分级进行大循环加载，直至千斤顶的最大出力，若在其中某级破坏，应使锚塞体位移达到最大荷载的前一级荷载对应变形的两倍以上，若至千斤顶的最大出力仍不能破坏，则终止加载，并分为五级卸载至 0。

3.7 基于模型试验的反演分析方法

利用模型试验结果开展数值反分析，获得模型试验部位岩体的宏观力学特性指标，也是对模型试验结果的一项重要应用。

3.7.1 反演计算方法

隧道锚围岩参数反演采用神经网络等非线性位移反演方法。主要思路是首先依据弹塑性参数或流变参数的试验结果和同类岩石的试验资料，综合分析给出待反演参数的取值区间。利用正交设计法，对待反演参数进行正交设计，形成若干组参数样本。利用数值方法计算获得相应监测点的位移计算值，由此构成若干组学习样本和检验样本。利用学习样本对映射网络进行较高效率的训练，建立可以反映待反演锚碇围岩体弹塑性参数或流变参数与位移之间非线性映射关系，再利用设计的检验样本对产生的映射网络进行检验和测试，以此获得具有最佳推广预测能力的映射网络并作为位移反演时的计算模型。

利用此计算模型，对任意一组给定待反演参数均可以通过网络的推广预测能力求出其相应的位移值；结合锚碇现场实际位移值，利用优化算法在全局范围内对待反演参数进行搜索寻优。如果某一计算位移值和实际位移值相比其误差最小，则此计算位移值所对应的待反演参数即可认为是所求的岩体力学参数。隧道锚围岩力学参数非线性位移反演技术路线见图 3.42。

3.7.2 应用实例

以重庆几江长江大桥隧道锚模型试验为例说明反演分析方法的应用情况。

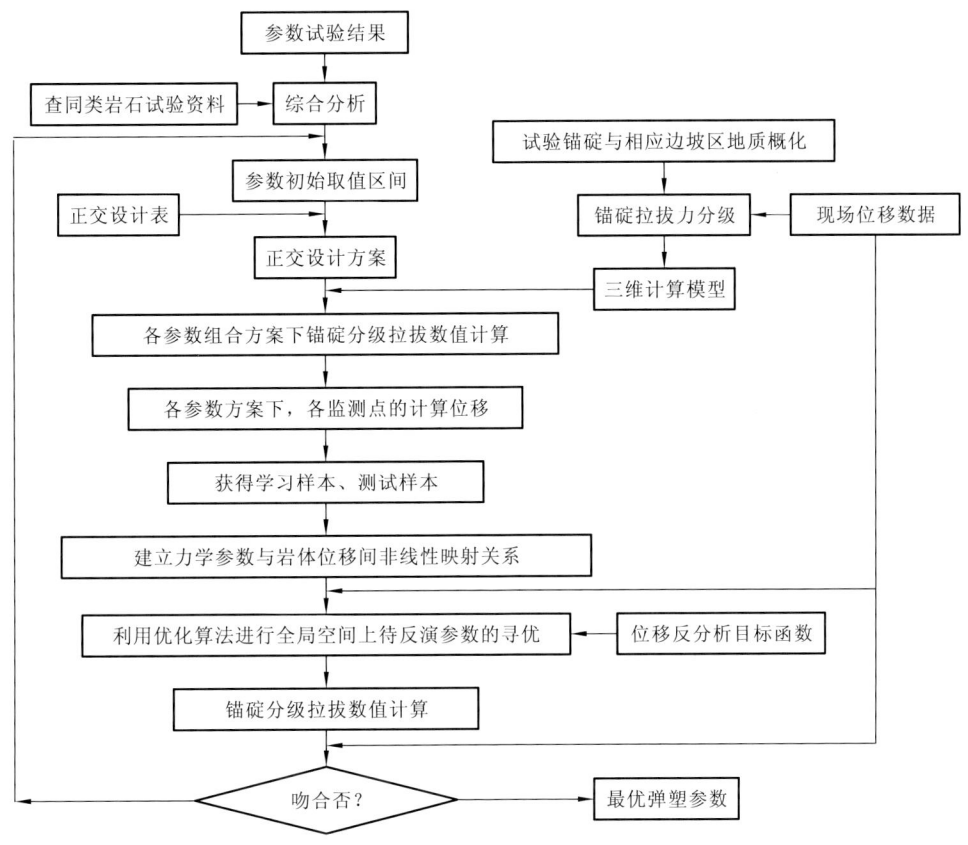

图 3.42 隧道锚围岩力学参数非线性位移反演技术路线图

1. 计算条件

根据实际地形与隧道模型建造开挖揭示地质资料，建立了反演分析数值计算模型，由于锚碇附近岩体主要是中风化泥岩，只考虑一种岩性。计算坐标系为 x 轴沿桥梁轴线方向（沿锚碇水平拉力方向），y 轴垂直桥梁轴线，z 轴竖直向上为正。x 轴、y 轴、z 轴的计算范围为 30 m×20 m×20 m。对于比较关心的锚碇及其附近岩体，采用较密的单元。模型其余部分采用合理的网格划分技术进行过渡。计算区域共划分单元 92 764 个，节点 16 943 个，见图 3.43。数值计算采用 FLAC 3D 有限差分法计算软件。

围岩采用基于莫尔-库仑强度准则弹塑性模型，锚碇体混凝土材料采用线弹性本构模型。参数反演分析主要是围岩弹性模量和强度参数。根据工程地质条件和岩石力学试验结果，确定不用于反演的岩体力学参数见表 3.3。由于混凝土-泥岩直剪抗剪断强度参数与泥岩直剪抗剪断参数基本一致，且两种试验剪切破坏形态以沿泥岩破坏为主，数值模型中将锚碇-岩体接触带参数赋予泥岩强度参数。

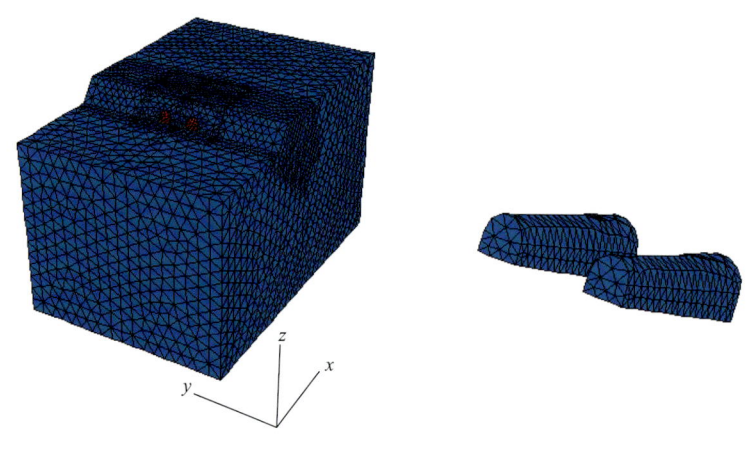

图 3.43 模型锚计算模型

表3.3 计算采用的不用于反演的岩体与混凝土基本力学参数

材料	重度/(kN/m³)	变形模量(E)/GPa	泊松比(μ)	抗剪强度		抗拉强度(R_t)
				c/MPa	f	
锚碇围岩体	23	—	0.33	—	—	—
锚碇混凝土	27	30	0.2	—	—	—

模型锚试验中东西锚位移的不均匀性,初步推测可能由开挖后锚洞围岩存在起伏度,锚塞体接触面不均匀所致,故将东锚与岩体接触带的部分单元赋予混凝土强度。

模型锚碇试验位于浅层地表,应力场采用自重应力场。地表为自由边界,模型侧向和底面边界固定约束。

根据现场试验的锚碇拉拔力的分级施加情况,确定按照实际情况分步逐级进行计算。由模型光栅传感器测点作为反演、对比的目标测点。

2. 样本构造

泥岩遇水易软化,室内变形参数较为离散,模型锚岩心弹性模量为1.2～6.7 GPa,因此将泥岩弹性模量作为反演参数。

泥岩直剪试验和三轴压缩试验强度参数结果有显著差别。泥岩直剪试验得到f值为1.17,c值为0.54 MPa,泡水8 d后的强度参数略有降低,f值为1.02,c值为0.53 MPa,泥岩现场三轴压缩试验得到的f值为0.92,低于现场直剪试验结果,而c值为1.27,达到现场直剪试验结果的两倍。鉴于强度参数对于隧道锚安全储备具有重要的影响,因此将泥岩强度参数也作为反演参数。

在模型锚超载试验中隧道锚产生大量张拉裂缝,表明张拉过程中岩体受到拉应力作用。由于岩体一般包含裂隙,在受拉状态下多沿岩体结构面破坏,室内岩块抗拉强度试验值很难代表岩体本身。因此将岩体抗拉强度和极限拉伸应变也作为反演参数。当塑性拉伸应变达到极限拉伸应变后，岩体抗拉强度降为0。

根据弹塑性参数的实验室结果和同类岩石的试验资料，综合分析给出待反演参数的取值区间。采用正交设计方法，在取值区间内将五个参数分成四个样本水平，见表3.4，然后正交设计了16组训练样本试验组合方案，见表3.5。

表3.4 样本水平

水平数	变形模量 (E)/GPa	黏聚力 (c)/MPa	内摩擦角 (φ)/°	抗拉强度 (R_t)/MPa	极限拉伸应变 (ε)
1	1	0.1	21.8	0.1	1×10^{-4}
2	3	0.4	31	0.3	2×10^{-4}
3	5	0.7	39	0.5	3×10^{-4}
4	7	1	45	0.7	4×10^{-4}

表3.5 训练样本

样本数	变形模量 (E)/GPa	黏聚力 (c)/MPa	内摩擦角 (φ)/°	抗拉强度 (R_t)/MPa	极限拉伸应变 (ε)
1	1	0.1	21.8	0.1	1×10^{-4}
2	1	0.4	31	0.3	3×10^{-4}
3	1	0.7	39	0.5	5×10^{-4}
4	1	1	45	0.7	7×10^{-4}
5	3	0.1	31	0.5	7×10^{-4}
6	3	0.4	21.8	0.7	5×10^{-4}
7	3	0.7	45	0.1	3×10^{-4}
8	3	1	39	0.3	1×10^{-4}
9	5	0.1	39	0.7	3×10^{-4}
10	5	0.4	45	0.5	1×10^{-4}
11	5	0.7	21.8	0.3	7×10^{-4}
12	5	1	31	0.1	5×10^{-4}
13	7	0.1	45	0.3	5×10^{-4}
14	7	0.4	39	0.1	7×10^{-4}
15	7	0.7	31	0.7	1×10^{-4}
16	7	1	21.8	0.5	3×10^{-4}

3. 岩体弹塑性参数反演结果

应用最小二乘法支持向量机（LSSVM）和粒子群优化算法（PSO）模型建立表3.5

中 16 组样本输入与计算位移输出之间的非线性映射关系。在此基础上采用粒子群算法进行全局寻优,在位移目标函数最小的条件下得到弹塑性参数的最优解,结果见表 3.6。

表 3.6 模型锚碇围岩弹塑性参数反演结果

变形模量 (E)/GPa	黏聚力 (c)/MPa	内摩擦角 (φ)/°	抗拉强度 (R_t)/MPa	极限拉伸应变 (ε)
1.4	0.17	31	0.1	1.5×10^{-4}

将最优参数代入正向计算模型中进行计算,得到光栅传感器测点现场实测位移-荷载曲线与计算结果对比图,典型结果见图 3.44,其中 11.5P 实测数据为当前荷载加载半个小时后的数据。

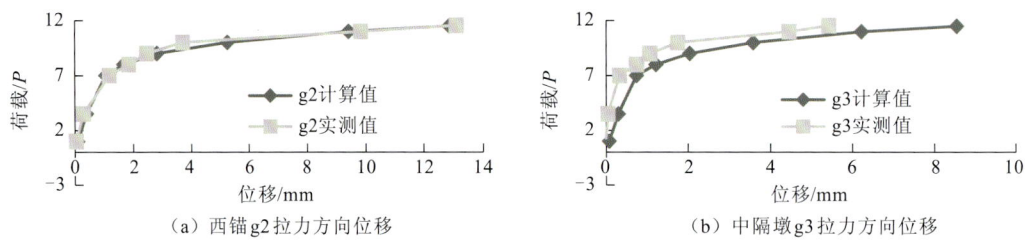

(a) 西锚 g2 拉力方向位移　　(b) 中隔墩 g3 拉力方向位移

图 3.44 模型锚光栅实测位移-荷载曲线与计算值对比

由图 3.44 监测点的实测与计算位移的对比可以看出,两者在量值上相当,变形趋势上也基本相同,表明所确定的锚碇围岩体的弹塑性参数基本合理。

将达到极限拉伸应变的单元作为拉裂缝形成区,得到模型锚超载破坏后地表裂缝模拟结果,见图 3.45。隧道锚拉拔破坏后,模拟结果显示,锚碇上方地表主要形成平行于锚碇的贯通裂缝及与锚碇成 45° 夹角的裂缝,锚面前方形成水平裂缝,与模型锚试验超载张拉结果基本一致。

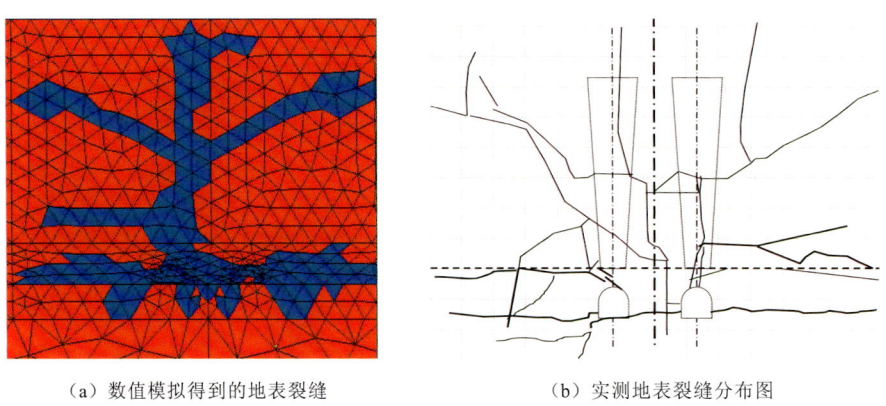

(a) 数值模拟得到的地表裂缝　　(b) 实测地表裂缝分布图

图 3.45 模型锚超载破坏后地表裂缝模拟结果和实际观测结果对比

4. 岩体流变参数反演结果

室内岩石流变试验资料和流变模型辨识表明，模型锚碇区岩体的流变本构模型符合伯格斯模型特征，见图 3.46。由室内试验所获得的岩石流变力学参数，往往还不能很好地反映实际岩体性能。因此，需要进一步通过模型锚试验流变试验反演泥岩流变参数。

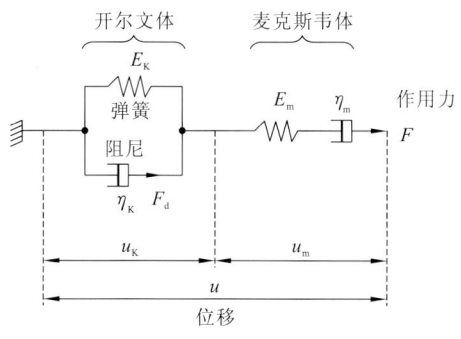

图 3.46 伯格斯模型

u 为总位移；F 为作用力；F_d 为开尔文体上的分力；u_K 为开尔文体的位移；u_m 为麦克斯韦体的位移；E_K 为开尔文体的弹性模量；η_K 为开尔文体的黏滞系数；E_m 为麦克斯韦体的模量；η_m 为麦克斯韦体的黏滞系数

根据岩块流变参数的实验室结果和同类岩石的试验资料，综合分析给出待反演参数的取值区间。采用正交设计方法，在取值区间内将四个参数分成五个样本水平（表 3.7），然后正交设计了 16 组训练样本试验组合方案（表 3.8）。

表 3.7 样本水平

水平数	锚碇围岩体流变参数			
	E_k/GPa	E_m/GPa	η_k/(GPa·h)	η_m/(GPa·h)
1	0.5	0.2	100	0.1×10^5
2	1	0.6	300	0.4×10^5
3	2	1	500	0.7×10^5
4	3	1.5	700	1×10^5
5	4	2	1 000	1.3×10^5

表 3.8 用正交设计方法获得的训练样本

样本数	E_k/GPa	E_m/GPa	η_k/(GPa·h)	η_m/(GPa·h)
1	0.5	0.6	300	0.4×10^5
2	0.5	1	500	0.7×10^5
3	0.5	1.5	700	1×10^5
4	0.5	2	1 000	1.3×10^5

续表

样本数	E_k/GPa	E_m/GPa	η_k/(GPa·h)	η_m/(GPa·h)
5	1	0.2	300	0.7×10^5
6	1	1.5	1 000	0.1×10^5
7	1	2	100	0.4×10^5
8	2	0.2	500	1.3×10^5
9	2	0.6	700	0.1×10^5
10	2	1.5	100	0.7×10^5
11	3	0.2	700	0.4×10^5
12	3	1	100	1×10^5
13	3	2	500	0.1×10^5
14	4	0.2	1 000	1×10^5
15	4	0.6	100	1.3×10^5
16	4	1	300	0.1×10^5

应用 LSSVM 和 PSO 分析模型建立表 3.8 中 16 组样本输入和计算位移输出之间的非线性映射关系。在此基础上采用粒子群算法进行全局寻优，在位移目标函数最小的条件下得到锚碇围岩流变参数的最优解，结果见表 3.9。

表 3.9 流变参数反演结果

岩体	E_k/GPa	E_m/GPa	η_k/(GPa·h)	η_m/(GPa·h)
粉砂质泥岩	0.39	0.53	690	0.94×10^5

将最优参数代入正向计算模型中进行计算，得到典型测点现场实测位移值与计算值对比曲线，见图 3.47。

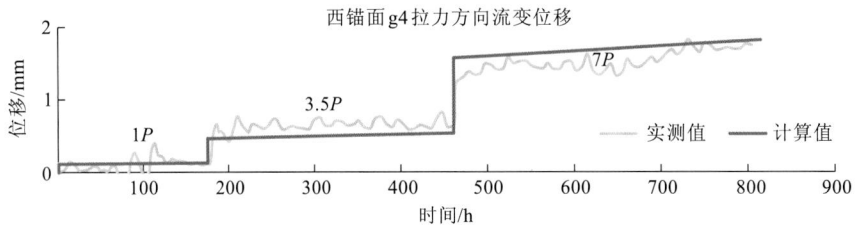

图 3.47 模型锚流变位移光栅传感器实测值与计算值对比

第4章
室内地质力学模型试验方法

地质力学模型试验又称相似模型试验，其优点在于试验理论较完备，而且由于模型是人工建造的，监测仪器安装埋设相对便捷，针对性强，有利于掌握模型的受力变形破坏全过程，便于依托试验成果开展机制理论分析。在宜昌伍家岗长江大桥隧道锚专题研究过程中，为了深入研究隧道锚的承载能力和承载机制，开展了1∶40大型室内隧道锚三维地质力学模型试验。本章以宜昌伍家岗长江大桥隧道锚室内三维地质力学模型试验为例，说明地质力学模型试验在隧道锚专题研究中的应用情况。

4.1 相似比设计

在地质力学模型试验过程中,相似材料的研制是十分关键的,根据概化模型模拟范围的地质条件,基于相似理论进行不同岩层相似材料配置,为了使模型材料与原型的力学变形满足全相似的条件,要求量纲相同的相似常数相等,满足以下相似理论关系:

$$C_\sigma = C_\gamma C_l \tag{4.1}$$

$$C_P = C_\sigma C_l^2 \tag{4.2}$$

$$C_E = C_\sigma \tag{4.3}$$

$$C_\gamma = C_\varepsilon = C_\mu = C_f = 1 \tag{4.4}$$

式中:C_σ 为应力相似常数;C_ε 为应变相似常数;C_l 为几何相似常数;C_γ 为密度或容重相似常数;C_P 为集中力相似常数;C_E 为变形模量相似常数,C_μ 泊松比相似常数;C_f 为摩擦系数相似常数。

为了满足重力梯度相似地质力学模型要求,模型材料与原型材料容重相等;相似材料研制过程中,尽可能保证原型和模型材料应变、泊松比及摩擦系数这些无量纲参数相等,由此实现地质力学模型无论是在线弹性阶段,还是在进入塑性阶段以后,都能使原型与模型的应力与应变满足相似的试验条件。

隧道锚室内地质力学模型试验首先应根据工程实际情况及室内模型试验设备条件确定合适的相似比。在此基础上考虑实体隧道锚及锚洞围岩受力变形的边界条件,以避免边界约束失真为原则,确定模型试验的模拟范围。伍家岗长江大桥实体隧道锚的前锚室长 35 m,锚塞体长 45 m;前锚室和锚塞体断面呈城门洞形,锚塞体前端面宽 11.5 m,高 12 m,后端面宽 16 m,高 20 m。左、右幅隧道锚中心间距为 30.5 m,单个锚碇所承担的缆索荷载约为 2.2×10^5 kN。根据室内模型试验刚性槽的尺寸,确定相似比尺为 1∶40,考虑边界约束确定模型的模拟范围为 132 m(长)×120 m(高)×160 m(宽),相对应的地质力学模型尺寸为 3.3 m(长)×3 m(高)×4 m(宽)。

依据相似理论与确定的几何比尺,获得伍家岗长江大桥隧道锚三维地质力学模型试验主要相似常数,见表 4.1。

表 4.1 原型与模型相似常数

材料参数	变形模量/黏聚力	应力	应变	容重	摩擦系数	泊松比	集中力
相似常数	C_E	C_σ	C_ε	C_γ	C_f	C_μ	C_P
数值	40	40	1	1	1	1	6.4×10^4

4.2 模 型 材 料

隧道锚承载受力过程中，锚塞体与围岩相互作用，共同抵抗外部拉拔荷载；锚塞体受力也会发生变形，不能视作刚性体，因此，认为锚塞体为弹性体，围岩为弹塑性体。依据相似理论，需根据具体工程参数研究一套新型地质力学模型试验材料，以解决隧道锚围岩模型材料的相似性。以重晶石粉、速凝石膏粉、膨润土、立德粉、机油和纯净水为原材料，通过一系列试验，研制出了力学特性能达到伍家岗隧道锚三维地质力学模型试验所要求的相似材料（图 4.1），且用价格较便宜的立德粉代替氧化锌，降低了模型材料成本。

图 4.1 相似材料研制

工程区典型岩层试样与研制得到相应相似材料的单轴应力-应变全过程曲线如图 4.2 所示。从图 4.2 中可以看出，岩样与相应相似材料峰值强度对应的应变量基本相同，典型岩层岩石试样的强度为 16.4 MPa，变形模量为 3.19 GPa，研制的相应相似材料的强度为 0.41 MPa，变形模量为 0.08 GPa，隧道锚典型岩层与对应的相似材料的参数较好地满足相似关系（1∶40），且峰后曲线形状也较为近似。

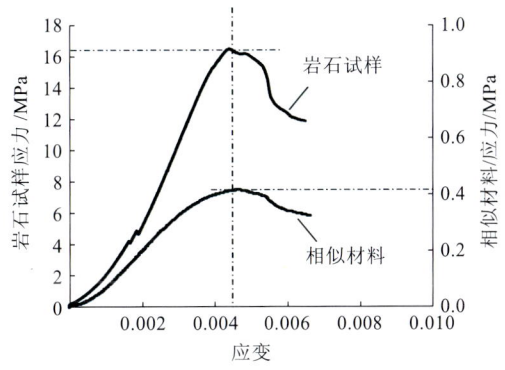

图 4.2 典型岩层岩石试样与相应相似材料的单轴应力-应变全过程曲线

根据相似原理研制得到的隧道锚工程区围岩与锚塞体的变形模量、容重、泊松比、抗压与抗剪强度等参数试验值见表4.2。

表4.2 模型材料参数（比尺1∶40）

岩层（模型）	单轴抗压强度/MPa	摩擦系数（f）	黏聚力（c）/MPa	变形模量/GPa
$K_2 l^1$	0.408	0.62	0.014 5	0.078 5
$K_2 l^2$	0.268	0.43	0.010 3	0.049 0
$K_2 l^3$	0.124	0.39	0.008 0	0.023 3

4.3 模型构筑

模型制作是地质力学模型试验中一个非常关键的环节，一个模型试验的成功与否，直接取决于模型制作是否准确合理，模型制作的精细度也直接影响到试验成果的精确度。本书采用压模成型法来进行模型制作。压模成型是指由胶结料、填料按一定配比制成混合料，搅和均匀后倒入钢制模具中，再置于压力机上压成规则块体，待适当干燥后再在模型槽上砌筑成模型。一般来说，模型构筑的过程包括材料成型、块体刮制、模型放样、模型拼装、模块黏接及地质构造模拟等环节。

隧道锚模型试验的具体步骤为：对锚塞体进行模具制作，配置相应的混凝土材料进行浇筑，浇筑过程中预埋测量装置，密封后盖湿布养护；利用水准仪与经纬仪在模型钢槽两侧面上进行定位放线，准确布置出锚塞体与各岩层界面的位置；基于相似理论，研制出既满足物理力学相似关系（比尺1∶40），又对人体无毒、对环境无污染、加工性能好、温度湿度影响小的不同岩层的模型材料与黏合剂；利用全自动压模机进行砌块压制，将材料砌块按照岩层界面与锚塞体的放线位置进行错缝砌筑，并用配置好的黏合剂进行粘接；当岩层砌筑至锚塞体位置时，将预制好的混凝土锚塞体（双锚）吊装并定位至岩体上，然后继续砌筑围岩，砌筑过程中预埋相应的量测装置。流程见图4.3。

（a）锚塞体预制

(b)锚塞体与岩层界面定位放样

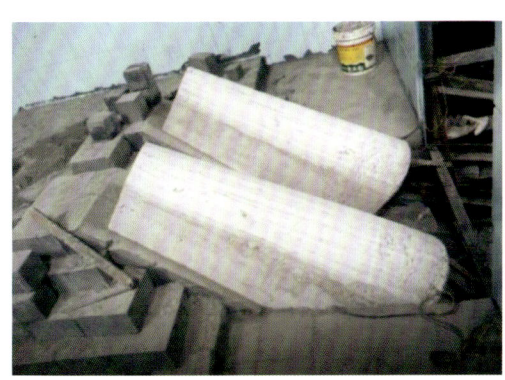 

(c)锚塞体吊装定位与量测系统布设

(d)外部量测系统与荷载施加装置布设

图 4.3　隧道锚(双锚)三维地质力学模型构筑流程

4.4 加载与量测

隧道锚室内三维地质力学模型试验采用后推法施加荷载，试验共采用了两台 100 kN 的千斤顶（每个锚塞体后部安装一台），加压的油管采用并联形式连接以保证双锚所受的推力相等。为了使千斤顶与锚塞体的后锚面接触完全，外荷载能均匀地传递至锚塞体，在千斤顶与锚塞体间垫一定厚度的橡胶垫块；千斤顶的反力支架由工字钢焊接并与试验钢槽焊接成整体，保证反力装置的强度与刚度。隧道锚后推法加载方式见图 4.4。

图 4.4　隧道锚（双锚）三维地质力学模型加载系统

隧道锚室内地质力学模型试验采用岩体内部变形与表面变形监测相结合、位移监测与应变监测相结合、岩体监测与锚塞体监测相结合的原则，测得各级荷载作用下，岩体和锚塞体受力、变形情况。

隧道锚模型在前、后锚面沿着横向布设位移传感器，其中后锚面外部位移传感器用 GA-10 型差动电感式位移传感器 LVDT 进行量测，编号为 D1；前锚面内部位移传感器用光纤光栅进行量测，编号为 D2。内、外部位移测点布置见图 4.5。在双锚塞体之间和

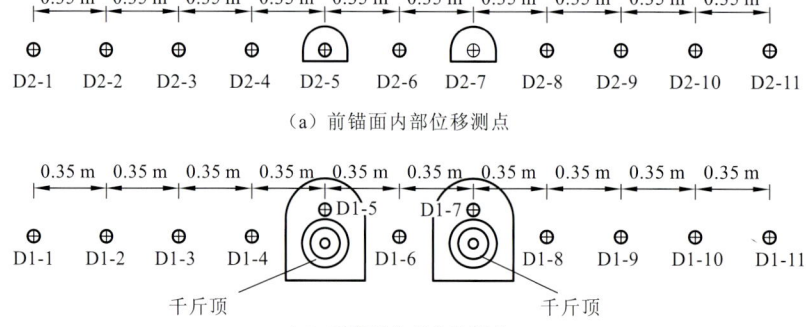

图 4.5　内、外部位移测点布置图

侧边的岩体内布设与锚塞体倾角一致且平行于底面的应变量测设备，编号为 E1，其中双锚塞体之间共 4 个测点，侧边围岩 4 个测点，在距离锚塞体后锚面 0.4 m 处的断面上布设竖直方向 4 个应变测点，测点间距为 0.35 m。内部应变测点布置如图 4.6 所示。上述三大系统的测量设备见图 4.7。

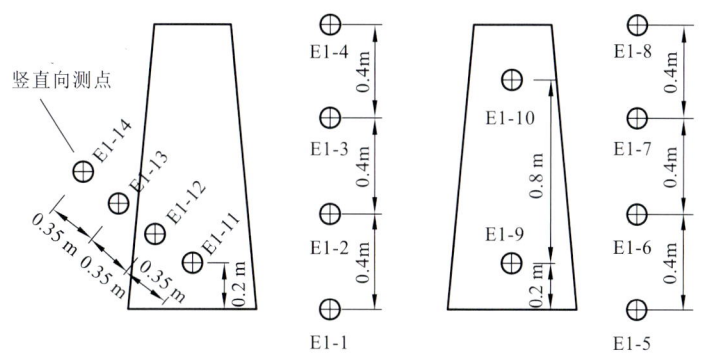

图 4.6　内部应变测点布置图

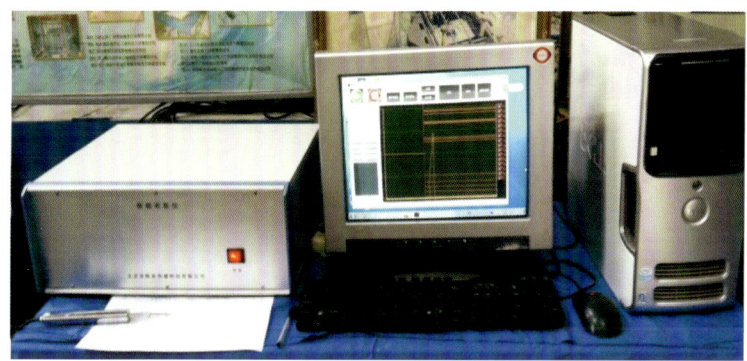

（a）GA-10 型外部位移自动测量系统

（b）TDS-530 高速静态应变数据测试系统

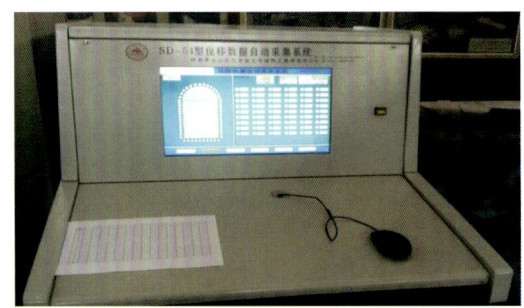

（c）光纤光栅内部位移自动测量系统

图 4.7　隧道锚（双锚）三维地质力学模型试验量测系统

4.5　试验结果分析

4.5.1　设计荷载试验（1P）

对隧道锚模型施加 1 倍设计荷载（1P）2×3.45 kN，研究隧道锚围岩与锚塞体的位移与应变情况。图 4.8、图 4.9 为前后锚面测点位移图。

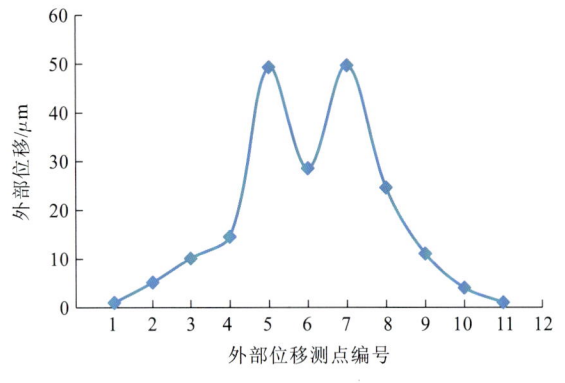

图 4.8　后锚面测点位移

可以看出，位移以荷载作用点为中心向四周呈马鞍形衰减扩散，锚塞体上的变形大于围岩，远离荷载中心围岩位移迅速衰减，1～1.5D（D 为后锚面宽度）以外位移趋于收敛且量值较小。加载部位变形中间大两边小，这是因为在受力过程中，锚塞体沿边界有滑移；同时，围岩与锚塞体形变是连续变化的，锚塞体周边 1～1.5D 内的围岩变形量都比较大，这说明锚塞体并不是简单地沿边界滑动，而是带动周边一定范围内的岩体一起运动，共同承担外荷载。

前锚面位移规律与后锚面相似，两个锚塞体及围岩变形呈现出后表面变形小于后锚

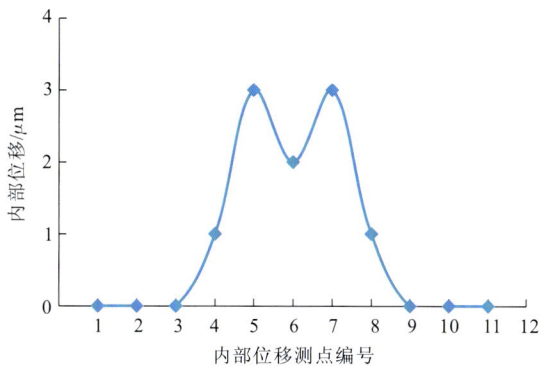

图 4.9 前锚面测点位移

面的现象,在数值上要小很多;锚塞体及围岩前表面的位移分布曲线为上马鞍形,变形曲线对称性较好,锚塞体与较近处围岩的变形量不大且数值相近,原因在于围岩夹持作用下,锚塞体应力传递到前部后出现衰减并分散。锚塞体及围岩前、后表面的变形分布曲线呈对称的双峰形,双锚中轴线上岩体测点变形约为两侧相等距离处测点变形量之和,符合弹性变形叠加原理,同时也说明岩体变形在 1 倍设计荷载作用下主要处于弹性阶段。

双锚之间围岩的应变沿着后锚面至前锚面的变化规律见图 4.10,当测点靠近后锚面时相应的应变值较大,随着测点与后锚面距离的增大其相应的应变值逐渐变小,尤其当距离大于 $1D$ 时,测点应变值衰减得十分迅速。锚塞体侧面围岩的应变沿着后锚面至前锚面的变化规律见图 4.11,其应变的变化规律与双锚之间围岩的应变相似,但数值较小,当与后锚面距离大于 $1D$ 时,测点应变值迅速减小。锚塞体上部岩体测点应变规律见图 4.12,随着测点位置与隧道锚顶部距离的增大,其测点应变值逐渐减小,当距离大于 $1D$ 时,应变值也表现出迅速减小的规律。由以上规律的一致性可以得到,隧道锚在设计荷载作用下,采用后推法时,后锚面首先承受外荷载,由于岩体"夹持效应",锚塞体后部的应力向锚塞体前部扩散很慢,前锚面最远处的应变远小于后锚面最近处的应变,也即锚塞体后部产生了显著的应力集中。其力学本质在于锚塞体在围岩夹持作用下,作用在锚塞体后部的外加荷载主要使锚塞体中后部及围岩产生变形,荷载很难传递到锚塞体前部,从而揭示了"夹持效应"提高抗拔能力的内在力学机制,即锚塞体与围岩形成联合体,相互作用共同抵抗外部荷载。

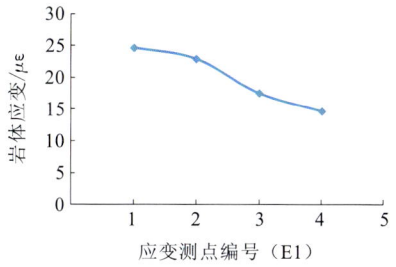

图 4.10 双锚间岩体测点应变图（1P）

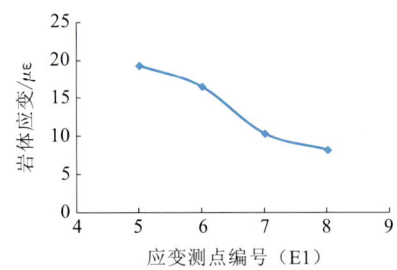

图 4.11　锚塞体右侧边岩体测点应变图（1P）

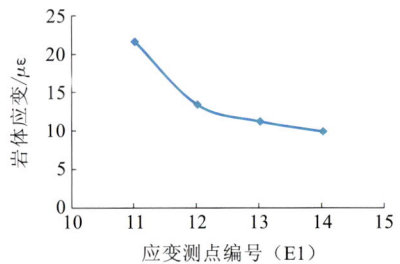

图 4.12　左锚塞体上部岩体测点应变图（1P）

4.5.2　超载试验

对隧道锚模型施加多倍设计荷载，研究隧道锚围岩与锚塞体在超载条件下的位移与应变情况。

后锚面上的各测点在多倍设计荷载超载作用下的位移曲线见图 4.13，可以看出，位移以荷载作用点为中心向四周呈马鞍形衰减扩散，锚塞体上的变形大于围岩，远离荷载中心围岩位移迅速衰减，1.5~2.0D 以外位移趋于收敛且量值较小，不同倍数设计荷载下后锚面位移规律较为类似，随着荷载的增大其马鞍形曲线特征越来越显著。前锚面的各

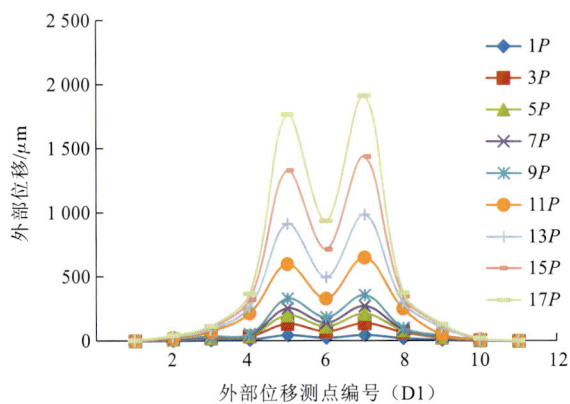

图 4.13　后锚面测点位移图（超载）

测点在多倍设计荷载作用下的位移曲线见图4.14，其位移规律与后锚面相似，两个锚塞体及围岩变形呈现出后表面变形小于后锚面的现象，在数值上要小很多；锚塞体及围岩前表面的位移分布曲线为马鞍形，变形曲线对称性较好，锚塞体与较近处围岩的变形量不大且数值相近，随着荷载的增大，前锚面的鞍形位移曲线鞍深逐渐变浅，在围岩夹持作用下，锚塞体应力传递到前部后出现衰减并分散，变形量因此而相近，锚塞体及围岩前表面的最大变形分布曲线逐渐变为上凸形，随着荷载的增大上凸形曲线特征越来越明显，变形曲线对称性稍差。

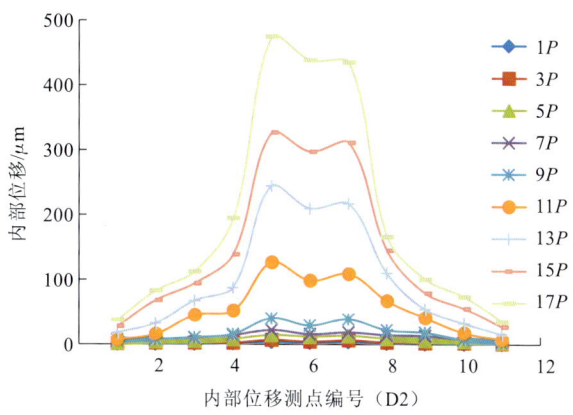

图4.14 前锚面测点位移图（超载）

在多倍设计荷载超载作用下锚塞体及围岩典型测点的位移与应变见图4.15～图4.17，在超载过程中，内、外部位移与内部应变随荷载的增大表现出的规律性较为一致，随着荷载不断加大，位移与应变越来越大，当超载系数 $K \leqslant 9$ 时，测点位移与应变随荷载呈现线性增加的规律，当超载系数 $K > 9$ 时，测点位移与应变速率发生了变化，呈现非线性特征，数值增大的幅度显著增大。

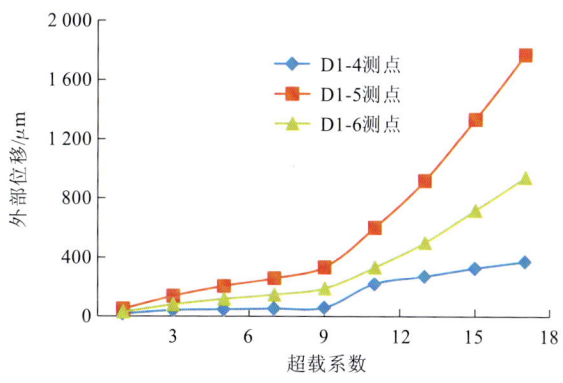

图4.15 后锚面外部位移测点超载过程曲线

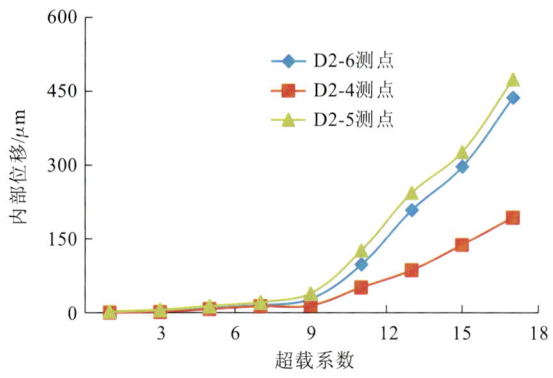

图 4.16　前锚面内部位移测点超载过程曲线

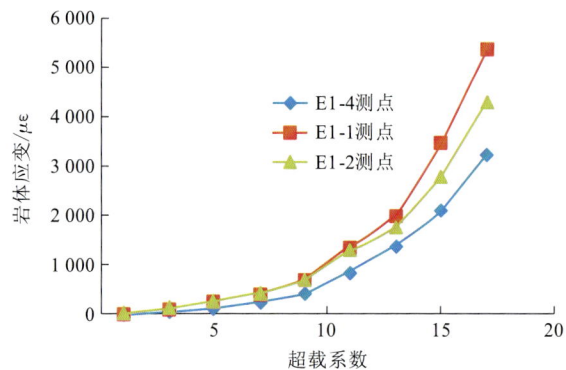

图 4.17　围岩内部应变测点超载过程曲线

对隧道锚模型施加多倍设计荷载进行超载破坏试验，其超载破坏过程与模式见图 4.18～图 4.19。

随着荷载的增大隧道锚模型位移与应变也逐渐增大，在超载系数 $K \leqslant 9$ 时，隧道锚模型各部位未见有明显裂纹出现。当超载系数 $K=11$ 时，模型围岩体顶部沿着对称轴线出现微裂缝，保持荷载约 30 min 后，裂纹沿着竖直方向往深部发展；同时，双锚之间的岩体出现横向裂缝，裂缝有相互贯通的趋势。加载至超载系数 $K=13$ 时，隧道锚模型围岩体顶部沿着对称轴线裂缝的宽度增加，裂纹沿着竖直方向往深部持续扩展，竖直裂纹的宽度也持续增大；双锚之间的岩体横向裂缝变宽，且相互延伸趋于贯通。继续加载至超载系数 $K=15$ 时，隧道锚模型围岩体顶部沿着对称轴线裂缝继续扩展，开度增大较为明显，裂缝沿着对称轴线横向往两侧延伸扩展，出现新的微裂缝；竖直裂纹往深部继续扩展，且发展较为迅速，深度达到隧道锚顶部厚度的 1/2 处；双锚之间的岩体横向裂缝继续扩展且几乎相互贯通，裂纹开度增大显著。持续加载至超载系数 $K=17$ 时，荷载较难长时间保持，且荷载难以继续增加；隧道锚模型围岩体顶部沿着对称轴线裂缝开度继续增大，且扩展较为明显，裂缝沿着对称轴线向两侧发展，新裂缝的宽度显著增加且横竖贯通；竖直裂纹往深部继续扩展，且发展迅速，深度达到距离隧道锚顶部厚度的 2/3 处，且对称轴左侧出现新的竖直向延伸的裂缝，新裂纹发展十分迅速，深度达到隧道锚

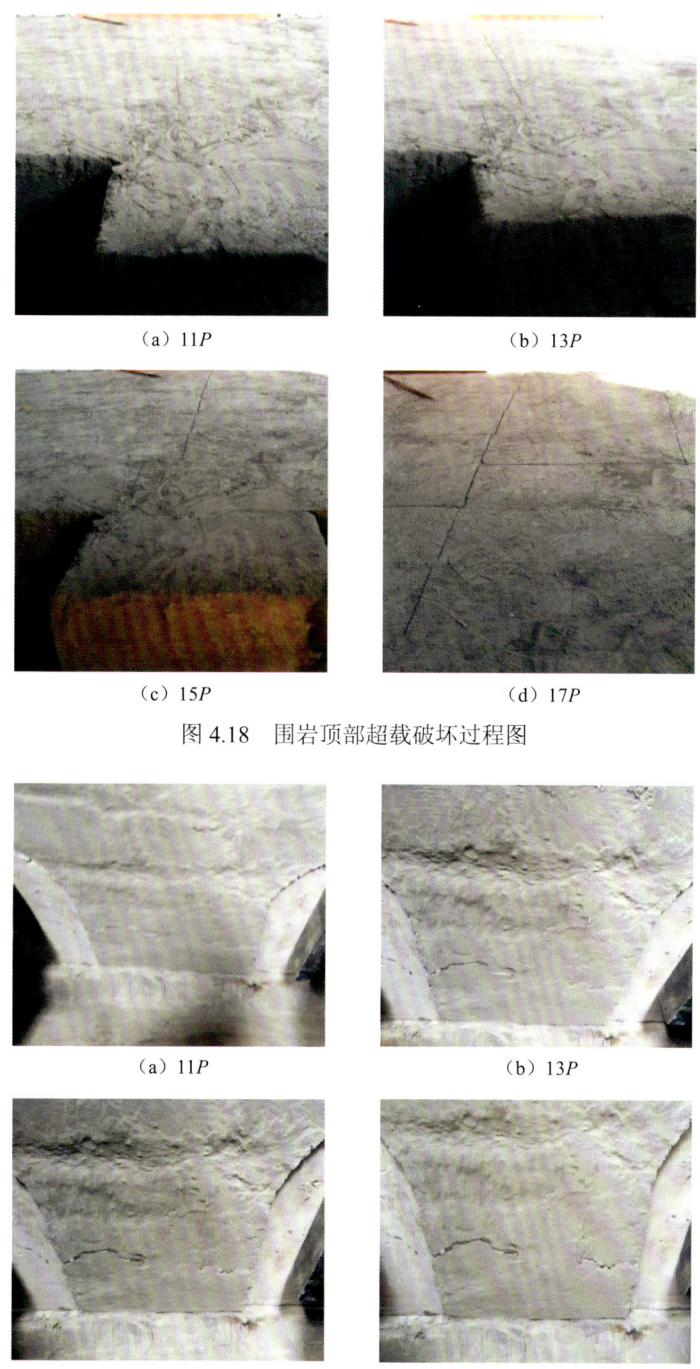

(a) 11P　　　　　　　　　(b) 13P

(c) 15P　　　　　　　　　(d) 17P

图 4.18　围岩顶部超载破坏过程图

(a) 11P　　　　　　　　　(b) 13P

(c) 15P　　　　　　　　　(d) 17P

图 4.19　双锚间岩体超载破坏过程图

顶部厚度的 1/3 处；双锚之间的岩体横向裂缝继续扩展且已相互贯通，裂纹开度持续增大，且在竖直方向沿深度向上出现新裂纹，新裂纹扩展迅速。

隧道锚与围岩联合受力破坏模式见图 4.20，当锚塞体受到外荷载作用时，受围岩的限制作用，锚塞体后部产生应力集中进而带动围岩共同承受外力，随着荷载的增大，参与联合作用的岩体范围越大，形成强大的抵抗外力的"夹持效应"，荷载超过联合体强度极限时发生破坏。在隧道锚顶部区域会产生张拉与拉剪复合破裂，双锚间岩体区域将产生拉剪破裂，其他联合作用的岩体以压剪破坏为主。由隧道锚破坏模式与机理可知，由于"夹持效应"的存在，隧道锚的承载能力取决于锚塞体带动周围岩体联合作用共同抵御拉拔外荷载的围岩体积的大小。

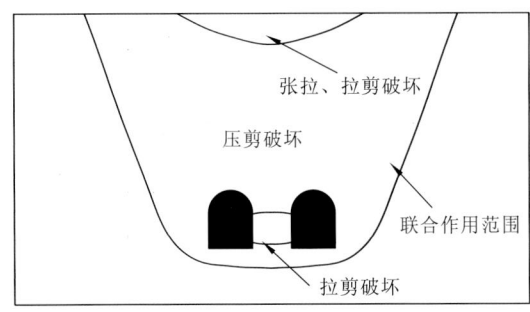

图 4.20 隧道锚与围岩联合破坏模式示意图

第5章

隧道锚"夹持效应"力学机制和变形破坏机制

隧道锚承载条件下的荷载传递以及破坏面的形成过程十分复杂，导致目前对隧道锚抗拔承载机制尚未形成统一的认识。通过现场缩尺模型试验（考虑锚碇夹持角地形、岩性和岩体结构影响）、连续及非连续隧道锚数值模拟分析等手段，揭示了隧道锚围岩"夹持效应"力学机制和变形破坏机制。研究表明，"夹持效应"范围内的岩体呈压剪应力状态，其与母岩边界呈拉剪应力状态；围岩破裂面的发展绕开压剪区，锚塞体与较大范围的围岩共同承担拉拔荷载，这是隧道锚具有超强承载能力的本质特征；隧道锚围岩破裂面形态或"夹持效应"的作用效果与锚址区地形、岩体结构、岩性等因素相关，是隧道锚抗拔力安全论证中应考虑的主控因素。由于隧道锚承载机制及破坏形态的复杂性，现阶段很难用一种统一的模式对隧道锚的破坏形态进行概化，这也进一步说明在后续开展隧道锚设计时，针对具体情况，需要开展针对性的综合分析与试验研究，在此基础上才能确定隧道锚潜在破坏形态，并获得合理的关于其承载特性的评价结果。

5.1 "夹持效应"现场缩尺模型试验

之前关于围岩对倒楔形锚塞体的"夹持效应"多停留在定性认识上,对围岩内应力传递规律、夹持效果、破裂面形态等问题尚缺乏试验和理论综合论证。为了揭示"夹持效应"机制,依托云南普立大桥隧道锚专题研究工作,同时在云南省交通运输厅科技计划项目"高山峡谷地区悬索桥隧道锚设计施工关键技术研究"等基础科研课题支持下,通过针对性的现场缩尺模型试验、数值模拟分析、理论机制研究,形成了较为系统的研究成果,深化了对隧道锚承载机制的认识。

5.1.1 专项模型试验

1. 试验设计和现场制作

试验采用了两种锚塞体形式,一种是有"夹持效应"的圆台形锚塞体结构,另一种是基本没有"夹持效应"的圆柱形锚塞体结构。前者为通常的底部大、上部小的隧道锚结构形式,但为了制作方便而将断面形式简化为圆形,后者根据现有承载力估算公式中假定的接触面剪切破坏模式而设定。通过两种抗拔能力的比较,从试验角度论证围岩的"夹持效应",并研究围岩受力变形破坏特征,深入揭示围岩"夹持效应"的内在力学机理。

"夹持效应"对比试验布置在勘探斜洞的两个平行支洞之间的岩墙内,采用后推法加载。根据试验部位岩体质量情况、岩墙厚度、千斤顶出力和安装条件,通过综合比选,最后制作的圆柱形锚塞体直径为38.5 cm,高为77 cm;圆台形锚塞体前、后表面直径分别为35 cm、42 cm,高为77 cm。这样,混凝土试体与围岩接触面积相等,约为9 313 cm^2,且高度相同,以便定量比较"夹持效应"对承载能力的影响。

试验设计和安装示意图见图5.1。试验现场场景见图5.2,圆柱形锚塞体后部安装了一台5 000 kN千斤顶,圆台形锚塞体模型试验初始采用一台5 000 kN千斤顶,但未能使围岩破坏,随后改为四台3 000 kN千斤顶同时加载,以获得围岩破坏特征。

2. 测试仪器安装

选择性能可靠的千分表对锚塞体前表面和后表面变形进行测量;采用多点位移计对岩体内部不同深度处的变形情况进行测量。图5.3给出了千分表和多点位移计的安装情况。其中千分表用QL、QR、HL、HR等符号表示,多点位移计用符号K表示。采用应变计对混凝土锚塞体不同深度处的应变情况进行测量,图5.4给出了应变计安装位置。

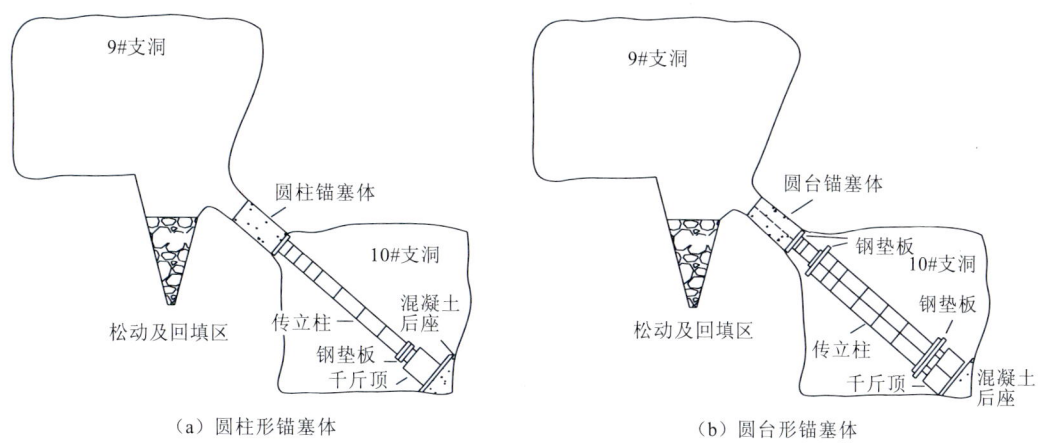

(a)圆柱形锚塞体　　　　　　　　(b)圆台形锚塞体

图 5.1　试验设计和安装示意图

图 5.2　试验现场场景

3. 试验加载过程

采用逐级加（卸）荷一次大循环的方式进行破坏性试验，直至锚塞体混凝土与围岩接触面或岩体被破坏。

（1）单台 5 000 kN 千斤顶加载进行圆柱形锚塞体极限荷载试验，发生了混凝土锚塞体与围岩接触面破坏；

（2）单台 5 000 kN 千斤顶加载进行圆台形锚塞体极限荷载试验，满负荷时，变形仍处在弹性阶段，未能发生破坏；

（3）更换后安装四台 3 000 kN 千斤顶进行圆台形锚塞体极限荷载试验，发生了锚塞体围岩破坏。

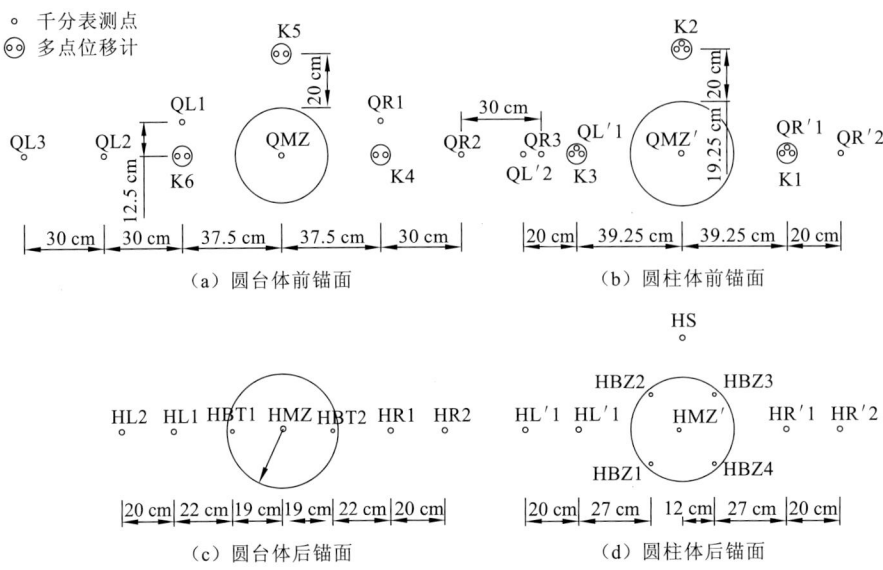

图 5.3 锚塞体前后表面千分表和多点位移计安装情况

QMZ、HMZ 为锚塞体变形测点

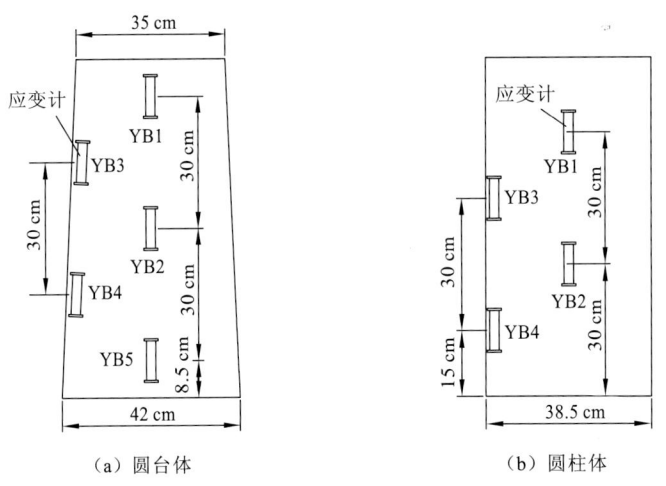

图 5.4 锚塞体内应变计安装情况

YB1～YB5 为应变计编号

4. 圆柱形试验成果分析

该试验在荷载达到 2 460 kN 时，混凝土锚塞体与围岩接触面发生脆性破坏。应变计测得的锚塞体混凝土应变见图 5.5，千分表、位移传感器测得的锚塞体前后表面及孔内测点变形见图 5.6、图 5.7。其中 QMZ、HMZ 分别为前锚面、后锚面上四个千分表测得的平均位移量。

第 5 章 隧道锚"夹持效应"力学机制和变形破坏机制

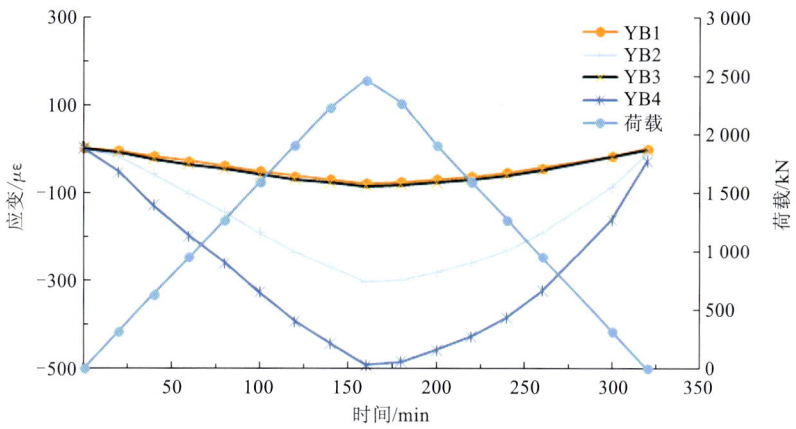

图 5.5 圆柱形锚塞体混凝土内测点应变变化曲线

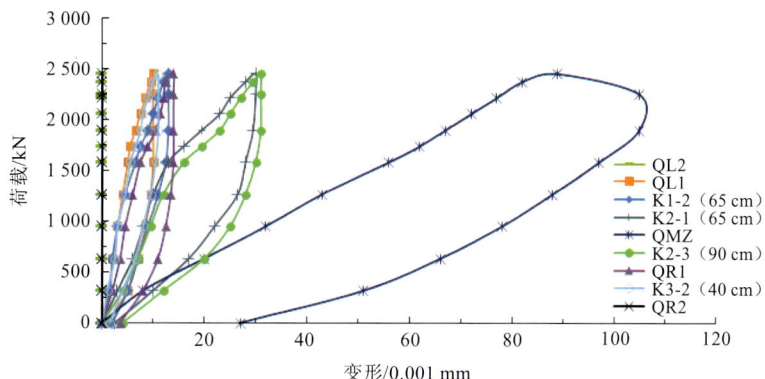

图 5.6 圆柱形锚塞体前锚面和孔内测点变形特征

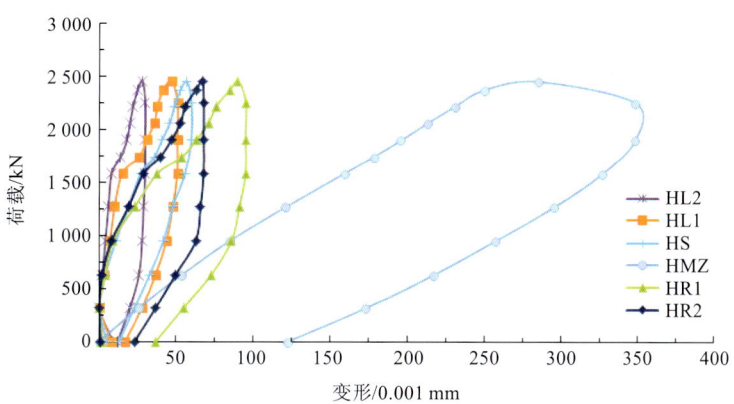

图 5.7 圆柱形锚塞体后锚面和孔内测点变形特征

分析图 5.5～图 5.7 可以得出如下认识：

（1）混凝土锚塞体内应变值差异很大，越靠近后锚面的测点，其应变值越大。其中，后部 YB4 测点处应变量为 -492 με，前部 YB1 测点处应变量为 -80 με。因此，锚塞体内应力很不均匀，荷载是逐渐向前部传递的。

（2）变形曲线特征表明破坏前的塑性变形不明显，锚塞体与围岩胶结面处呈脆性破坏，破坏后退压时圆柱形锚塞体具有残余变形，并形成较大的回滞环。

（3）锚塞体前锚面最大变形为 105 μm，后锚面最大变形为 349 μm，变形量为前表面的 3.3 倍，说明锚塞体内产生了很大的压缩，导致前后表面在破坏时的变形量不一致，该现象与锚塞体内应变分布不均匀相呼应。

（4）锚塞体前后表面测点变形随测点靠近模型中心距离的减小而增大，与锚洞距离大于 60 cm 的测点无变形，即 1.6 倍锚塞体直径（38.5 cm）外的围岩基本无变形。后锚面测点变形大于前锚面，与锚塞体内荷载逐渐向前部传递相呼应。前表面右侧测点变形大于左侧，与局部岩体质量存在差异有关。

（5）破坏后对破坏现象进行了详细描述与分析，破坏特征为圆柱形锚塞体混凝土与岩石胶结面破坏。该特征与桩基承载试验、混凝土与岩石接触面直剪试验破坏特征类似。

圆柱形锚塞体荷载试验也可以看作桩体的侧摩阻力试验。圆柱形锚塞体的侧面积为 9 313 cm^2，破坏时的荷载为 2 460 kN，摩阻力为 2 460 kN/9 313 cm^2 = 2.6 MPa。需要指出的是，按此方式计算摩阻力，忽略了因桩侧壁实际开挖不平整引起的阻滑力，它是直接将荷载平均到接触面积上求得的综合摩阻力。并且，因锚塞体内荷载是逐渐向前部传递的，摩阻力的分布也将极不均匀。由此还可以推测出破坏过程为：锚塞体后部与围岩胶结面处先产生破坏，并渐进向前部发展。

5. 圆台形锚塞体模型试验

1）一次加载试验

一次加载试验利用 5 000 kN 千斤顶，采用一次大循环方法进行，千斤顶满负荷时模型未发生破坏。应变计测得的锚塞体混凝土应变见图 5.8，千分表、位移传感器测得的锚塞体前后表面及孔内测点变形见图 5.9～图 5.11。

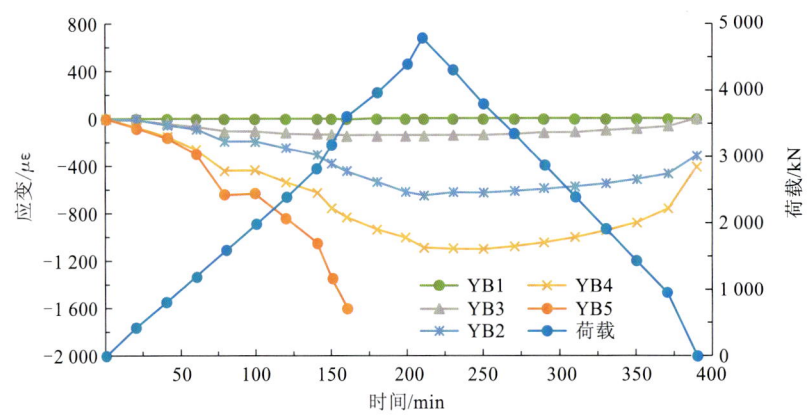

图 5.8　一次加载试验时圆台形锚塞体混凝土内测点应变曲线

第5章 隧道锚"夹持效应"力学机制和变形破坏机制

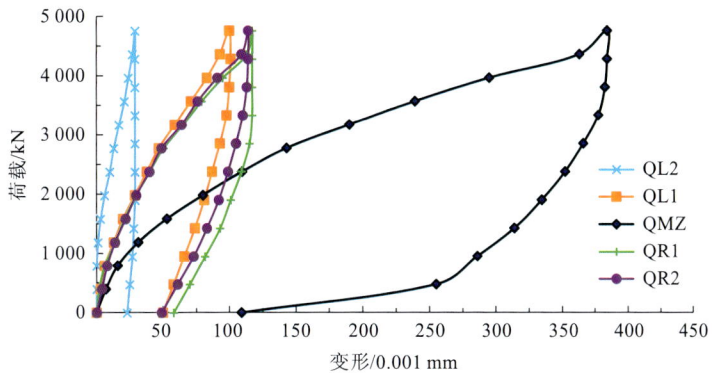

图 5.9　一次加载试验时锚塞体及围岩前表面测点变形曲线

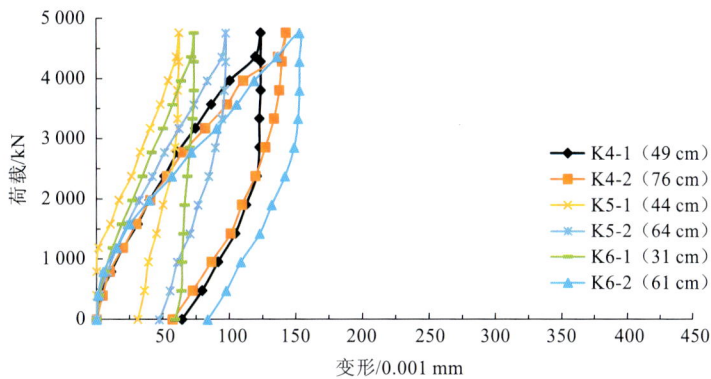

图 5.10　一次加载试验时锚塞体及围岩孔内测点变形曲线

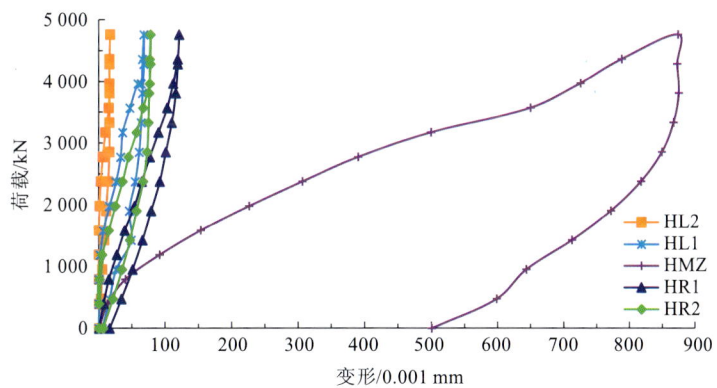

图 5.11　一次加载试验时锚塞体及围岩后表面测点变形曲线

分析图 5.7～图 5.11 可以得出如下认识：

（1）混凝土锚塞体内应变值差异非常大，越靠近后锚面的测点，其应变值越大。其中，测得的最大应变量为 $-1\,600\,\mu\varepsilon$，最小应变仅为 $-2\,\mu\varepsilon$。这表明施加在后锚面的荷载向前部扩散是非常困难的，锚塞体内应力分布极不均匀。

（2）前锚面最大变形为 $384\,\mu m$，后锚面最大变形为 $875\,\mu m$；岩体前后表面测点变形随测点靠近模型中心距离的减小而增大，且左侧小于右侧。

2）极限荷载试验

为了获得圆台形锚塞体试验的破坏特征，将单台 5 000 kN 千斤顶更换为四台 3 000 kN 千斤顶进行加载。荷载达到 10 158 kN 时，岩体发出破碎声响，表面产生裂隙，锚碇前表面左上方岩石发生破碎、掉块。锚塞体混凝土内应变变化见图 5.12，前后表面及孔内测点变形曲线见图 5.13～图 5.16。

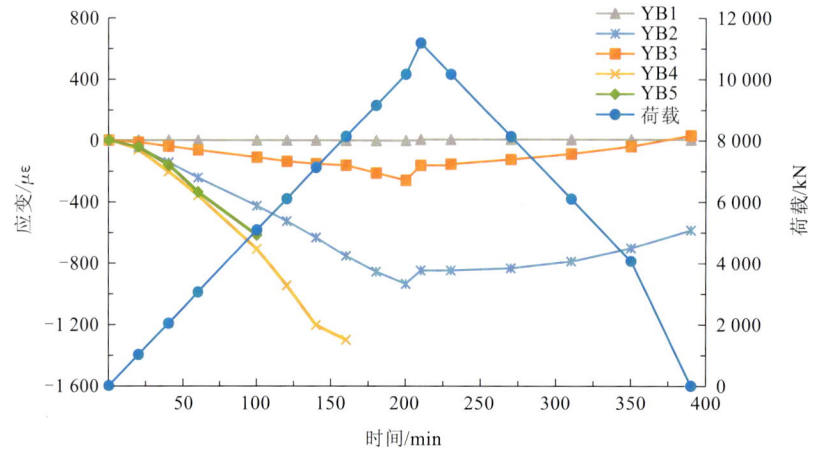

图 5.12 极限荷载试验时圆台形锚塞体混凝土内测点应变曲线

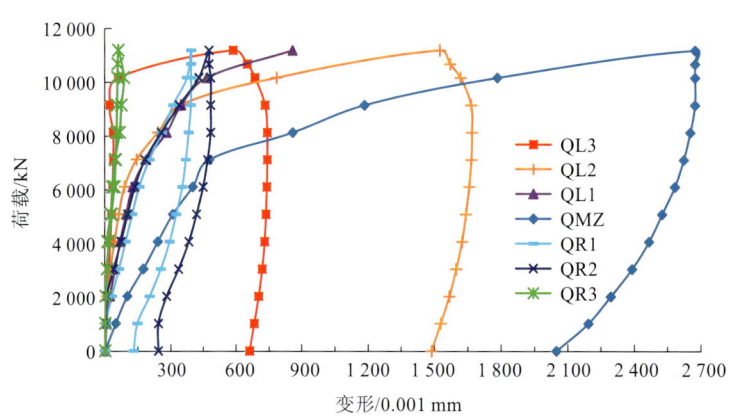

图 5.13 极限荷载试验时锚塞体及围岩前表面测点变形曲线

分析图 5.12～图 5.16 可以得到以下认识：

（1）模型混凝土内测点越靠近后锚面，其应变值越大。锚塞体后部测点 YB5、YB4 因应变值过大及安装初始模数较大，中途失效。比较图 5.12 与图 5.8，锚塞体中部的应变计 YB2 测值由 $-610~\mu\varepsilon$ 增加到 $-960~\mu\varepsilon$，说明随荷载增大，锚塞体内应力进一步增大并向前部传递。

（2）在加压的初期，圆台锚塞体前后锚面及岩石表面测点变形曲线呈直线状，表明

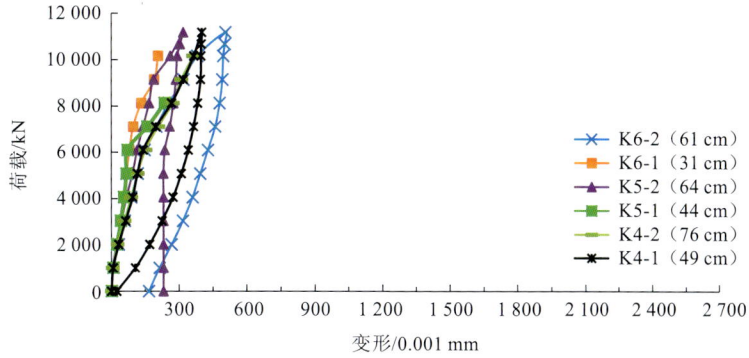

图 5.14　极限荷载试验时锚塞体及围岩孔内测点变形曲线

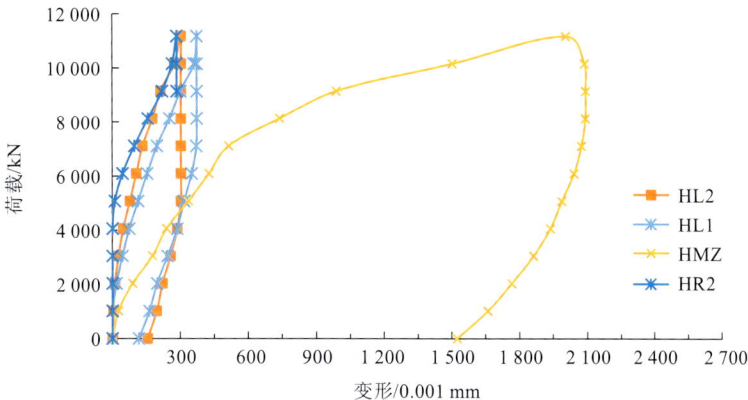

图 5.15　极限荷载试验时锚塞体及围岩后表面测点变形曲线

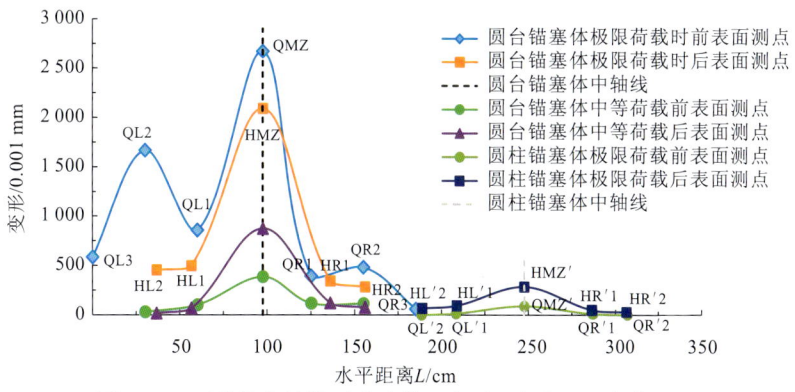

图 5.16　两种锚塞体模型试验前后表面测点变形分布特征

岩体处于线弹性状态，岩体变形速度均匀。当荷载超过 7 111 kN 时，前后锚面及岩体表面测点的荷载-变形曲线出现明显的拐点，变形速率增大，岩体进入屈服变形阶段，且屈服变形量很大。随着荷载的增加，变形速率进一步增大，至 11 174.6 kN 时锚碇前表面左上方岩体破裂。

（3）岩体破坏特征为两组陡倾角裂隙与开挖的模型洞壁面将前部岩体切割成块体，在高荷载作用下，裂隙张开，左上方岩体破坏。岩体发生破坏后加载系统退压，测点变形部分回弹，但残余变形均较大。

（4）一次加载试验（变形处于弹性阶段）时后锚面变形大于前锚面，而极限荷载时前锚面变形大于后锚面，两者相反。这一变形特征说明荷载克服围岩夹持作用后，岩体进入塑性变形-破坏阶段，且前表面临空，变形量更大。

（5）极限荷载时，前表面与锚碇边界相距 79 cm 的 QL3、QR3 变形较小；后表面千分表离锚塞体均较近，未能获得围岩变形影响范围。与圆柱形锚塞体模型相比，总体上，破坏前圆台形锚塞体围岩变形影响范围更大，变形量大得多，表明倒楔形的锚塞体带动了更大范围的围岩参与抗拔作用，从而显著提高了极限抗拔能力。

5.1.2 专项模型试验数值重现

1. 参数反演

根据现场圆台形锚塞体模型试验建立三维数值计算模型，模型剖面见图 5.17。

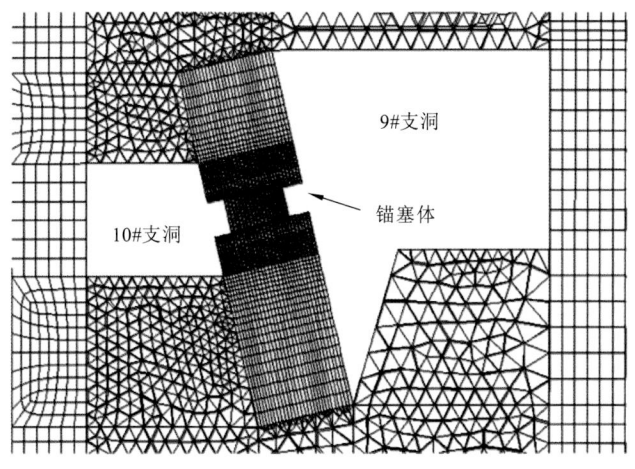

图 5.17 三维数值计算模型的一个剖面

试验区岩体存在一定数量的节理裂隙，但裂隙短小，闭合或硬性胶结。在模拟中仍考虑岩体为连续均匀介质。计算采用 FLAC 3D 软件，混凝土锚塞体采用线弹性模型。岩体采用基于莫尔-库仑强度准则的弹塑性模型，并考虑岩体的剪胀性。

对影响弹塑性应力-应变关系的三个关键参数，即变形模量、黏聚力和内摩擦角进行反演。首先根据试验资料确定参数取值范围，采用正交设计原理设计参数试算样本，输入模型进行正向计算。以典型测点的变形实测值与计算值的差值为目标函数，采用优化算法搜寻最终的待反演参数值，见表 5.1。其中，泊松比和抗拉强度根据试验结果和工程经验直接确定。因试验部位岩体呈脆性破坏且强度较高，剪胀角取内摩擦角的 1/4。

表 5.1 岩体力学参数反演结果

变形模量/GPa	泊松比	黏聚力/MPa	内摩擦角/(°)	抗拉强度/MPa	剪胀角/(°)
45	0.25	3.5	58	2.0	14

2. 承载能力分析

数值计算中,极限抗拔力 11 175 kN 被均分为 11 级荷载施加于锚塞体后锚面上。反演后的力学参数输入模型进行计算,得到极限荷载下各测点的位移计算值,并与实测值进行比较,见图 5.18。

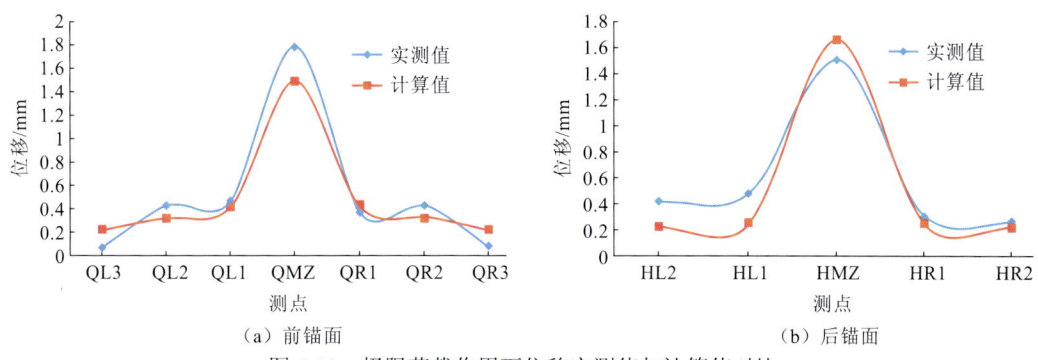

图 5.18 极限荷载作用下位移实测值与计算值对比

分析图 5.18 可知,各测点的变形实测值与计算值接近。锚塞体变形明显比围岩大,与锚碇较为接近的围岩产生较大变形。围岩变形影响范围方面,前表面与锚碇边界相距 79 cm 的 QL3、QR3 的变形只有锚塞体 QMZ 测点变形的 4%。后表面千分表离锚塞体均较近,未能获得围岩变形影响范围。此外,锚塞体前锚面的位移实测值大于计算值,而后表面相反;前表面围岩变形影响范围的计算值大于实测值。因此,在确定实测值较为真实可靠后,目前的计算模型及本构关系可能还不能完全反映现场岩体的复杂力学特征,该问题还需深入研究。

前、后锚面测点 QMZ 和 HMZ 的荷载-位移曲线实测值与计算值见图 5.19。与锚塞体最近测点 QL1、QR1 的荷载-位移曲线的实测值与计算值见图 5.20。总体上,数值模拟与现场试验得到的荷载-位移规律一致。在加压的初期,各点均呈现线弹性变形。当加载至第 7 级约 7 111 kN 时,变形屈服点明显,变形速率增大。随着荷载增加,变形速率进一步增大。该荷载下,多个表面测点的荷载-位移曲线都出现拐点,表明隧道锚围岩整体变形进入屈服阶段,因此,可称为围岩整体变形屈服特征点。

3. 抗拔机制分析

沿锚塞体中心线作竖向与横向剖面,剖面方向见图 5.21。数值计算中,将试验得到的极限抗拔力均分为 11 级荷载施加于后锚面。极限荷载下,围岩变形区呈圆台状向外扩散(图 5.22)。锚碇周边围岩大部分处于剪切屈服状态,塑性区同样呈圆台状分布。

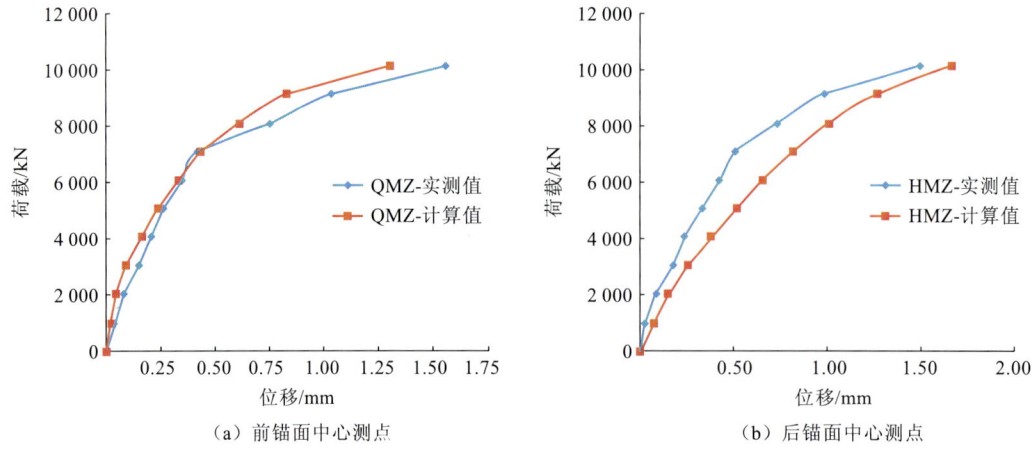

(a) 前锚面中心测点　　　　　　　　(b) 后锚面中心测点

图 5.19　前、后锚面测点的荷载-位移曲线实测值与计算值对比

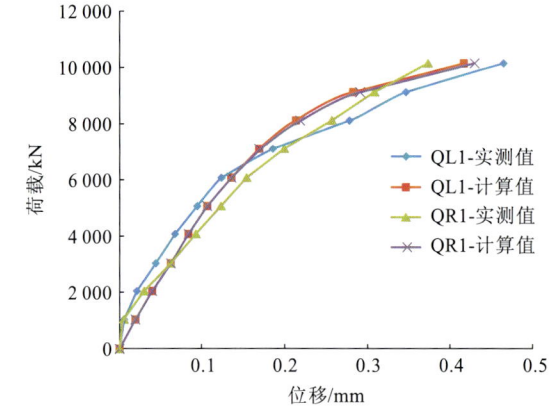

图 5.20　前表面围岩测点的荷载-位移曲线实测值与计算值对比

在圆台状塑性区边缘出现拉剪屈服，而在前表面则出现了部分拉应力屈服区（图 5.23）。由塑性区图可初步判断出破坏面位于圆台状塑性区的边缘。并且，锚碇及部分岩体一起向前变形，使圆台状区域前部围岩被拱出，呈拉破坏，这与现场试验观察到的锚碇前表面上部岩体出现掉块互相印证。

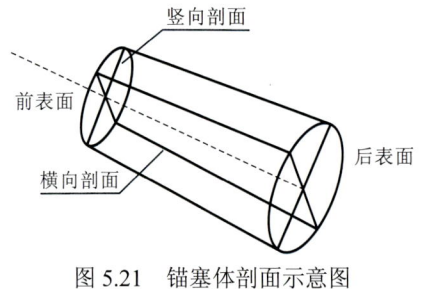

图 5.21　锚塞体剖面示意图

第5章 隧道锚"夹持效应"力学机制和变形破坏机制

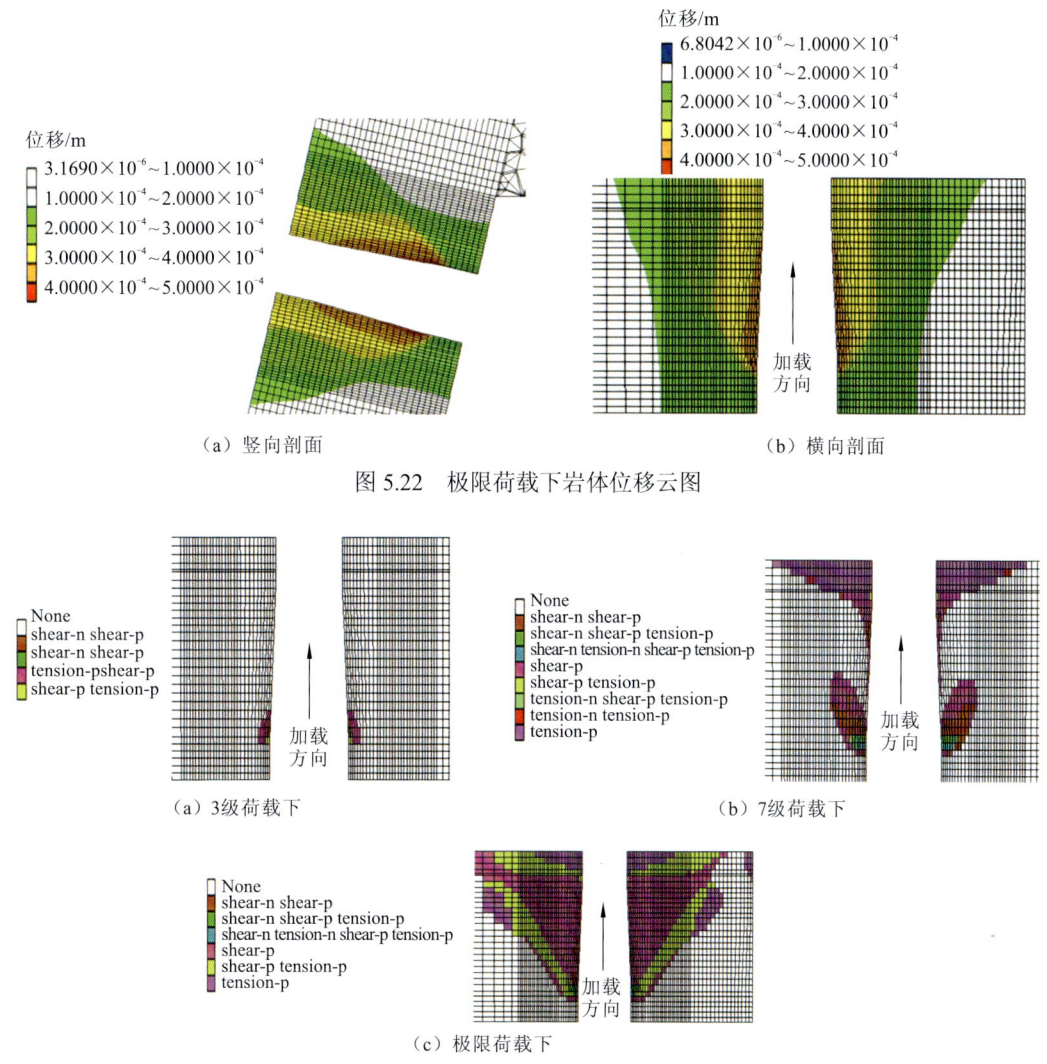

(a) 竖向剖面   (b) 横向剖面

图 5.22 极限荷载下岩体位移云图

(a) 3级荷载下   (b) 7级荷载下

(c) 极限荷载下

图 5.23 不同荷载作用下岩体塑性区分布图（横向剖面）

None 为无；Shear-n/p 为剪切-当前/先前；Tension-n/p 为拉伸-当前/先前

进一步地，采用剪切应变增量（shear strain increment，SSI）可以清晰地反映出圆台状破坏面的发展过程。见图 5.24，加载初期，SSI 较大值主要出现在锚碇后部与围岩接触段。随着荷载的增大，SSI 较大值区域从后部呈圆台状向前部渐进扩展。边坡稳定分析中，常常把剪切塑性应变增量较大值的条带状区域理解为滑动面所在位置。结合围岩变形和塑性区分布特征，可以判断：破坏面从锚碇后部围岩开始发生，呈圆台面状向前部渐进扩展，直至贯通至地表。

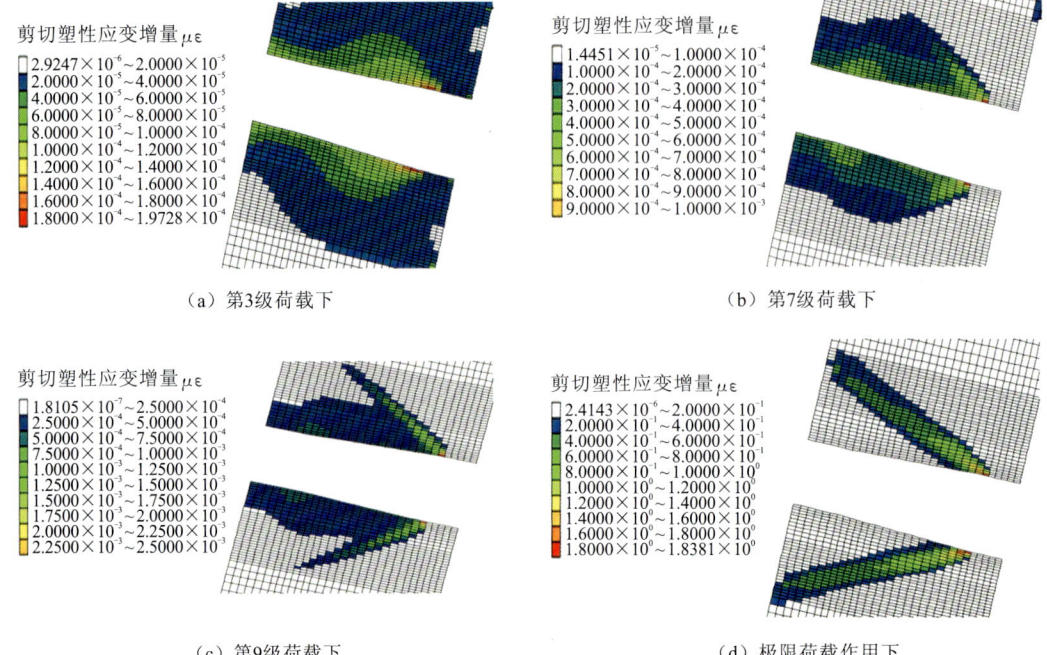

图 5.24 逐渐增大荷载时围岩剪切塑性应变增量云图

4. 应力场演化规律

选取破坏面上的单元,求取单元的剪应力和正应力及其随外加荷载的变化。选取图 5.25 所示的围岩破坏面上的四条母线,母线上各单元的剪应力和正应力分布见图 5.26、图 5.27。

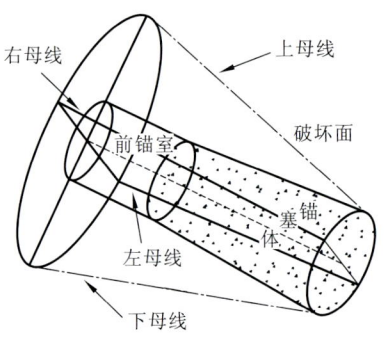

图 5.25 隧道锚围岩破坏面示意图

剪应力分布特征:

(1) 破坏面后部的剪应力大而前部小,分布不均匀。随着外加荷载的增大,破坏面上剪应力不断增大。围岩整体变形屈服(第 7 级荷载约 7 111 kN)之前,后部的剪应力增速更快,造成前、后部剪应力差异更大。因此,随着荷载增大,剪应力不是同等幅度增大的,体现了剪应力分布的复杂变化。

第 5 章 隧道锚"夹持效应"力学机制和变形破坏机制

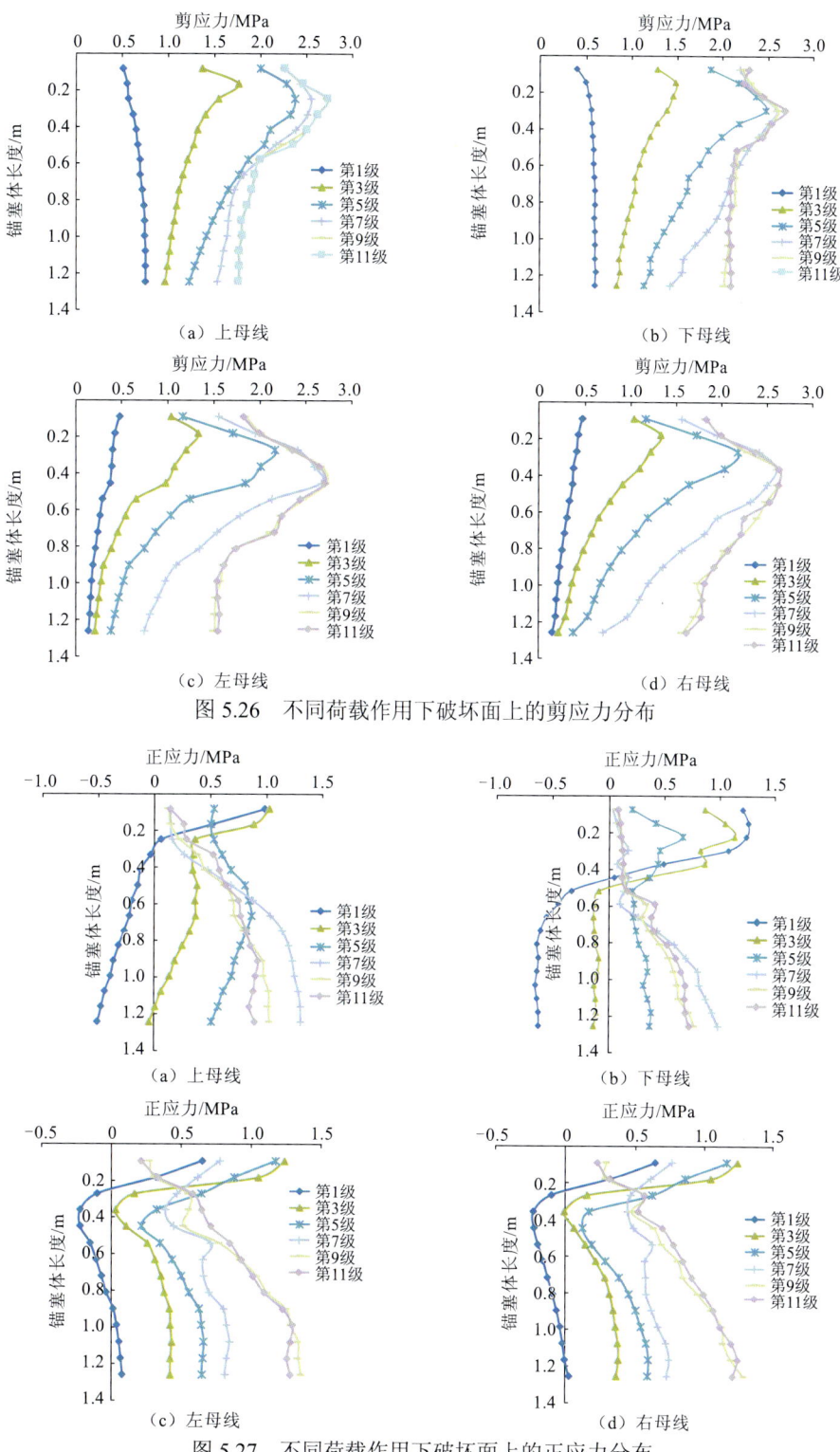

图 5.26 不同荷载作用下破坏面上的剪应力分布

图 5.27 不同荷载作用下破坏面上的正应力分布

(2) 荷载较低时，剪应力最大值位于锚塞体后部围岩，荷载增大后，剪应力最大值位置有所前移。原因在于荷载较低时，附加应力扩散范围小，剪应力最大处位于后部。随着荷载增大，后部首先进入剪切屈服，破坏面首先在后部形成并逐渐向前部发展。破坏面后部岩体屈服后，附加荷载需要向中、前部转移。并且，后端临近支洞边墙初始应力场扰动较大，靠近中、前部岩体的三向应力更均匀，即可以承受更大的剪力，从而造成剪应力最大值位置前移。

(3) 围岩出现屈服（第7级荷载）后，破坏面上的剪应力继续增大，更大范围的岩体进入剪切屈服，最终形成完整的剪切破坏面。

正应力分布特征：

(1) 荷载较低时，破坏面上、下母线附近为压应力，且下母线附近的压应力值大于上母线附近。左、右母线附近的正应力值小，因此，破坏面内的锚塞体及围岩的自重产生的正应力主要作用于下母线附近。随着荷载增大，破坏面上的压应力逐渐转换为拉应力并逐渐增大。

(2) 围岩出现屈服（第7级荷载）后，上、下母线附近的拉应力值有所减小，左、右母线附近的拉应力有所增大，显示此时的应力状态变化复杂。

根据数值模拟结果，破坏面呈现向外扩散的圆台面状，以避开锚塞体附近围岩因附加应力引起的压剪应力区。在很大荷载作用下，围岩发生拉剪破坏，拉剪破坏面从锚碇后端面与围岩接触处开始发生，呈圆台面状向前部渐进扩展，直至围岩破坏。并且，锚碇前部临空面岩体被拱出而表现为拉破坏。

破坏面上的剪应力和正应力分布极不均匀。随着外加荷载的增大，应力分布发生复杂变化。剪应力呈现不均匀增大，正应力由压应力转换为拉应力且不均匀增大。

5.2 现场缩尺模型试验变形破坏模式分析

"夹持效应"是倒楔形体隧道锚承载时所具有的普遍效应，但是5.1节中专项模型试验所揭示的破坏模式，主要是深埋较完整岩体中隧道锚所具有的破坏模式。实际工程中，相当部分隧道锚埋深较浅，或者岩体结构复杂，隧道锚在实际承载后的潜在破坏模式也具有多样性。本节依据前期完成的伍家岗长江大桥、太洪长江大桥、水布垭清江大桥几个典型隧道锚模型试验，说明隧道锚潜在破坏模式的多样性。

5.2.1 伍家岗长江大桥隧道锚模型试验结果

宜昌伍家岗长江大桥江北侧隧道锚位于白垩系砾岩、砂砾岩地层中，局部夹疏松砂岩，总体属较软岩，岩体结构较完整，岩体中没有明显结构面，模型试验位置也没有明显软弱夹层。隧道锚所在位置原有一小山丘，按设计方案，隧道锚建成后上部山体会被削平作为服务区，所以伍家岗隧道锚埋深较浅，为浅埋隧道锚。

模型试验缩尺比例为 1∶10，模型试验剖面尺寸及布置见图 5.28。

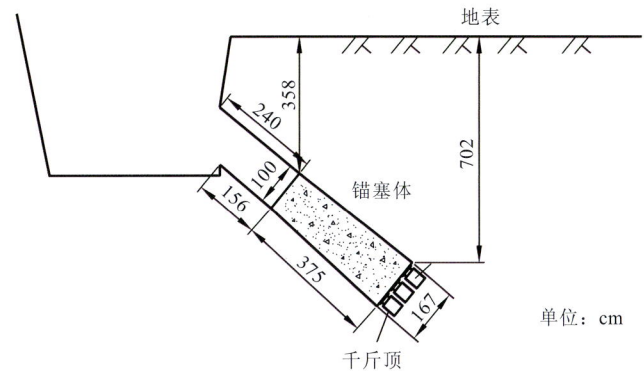

图 5.28 缩尺模型结构布置

在对隧道锚施加 $1P \sim 13P$ 荷载过程中，中隔墩岩体在前锚面和岩体开挖掌子面两个关键点的多点位移计测试结果见图 5.29。在整个加载过程中，中隔墩岩体沿隧道锚轴向变形逐渐增大，并且在 $8P$ 荷载作用下，中隔墩围岩变形量产生明显拐点。

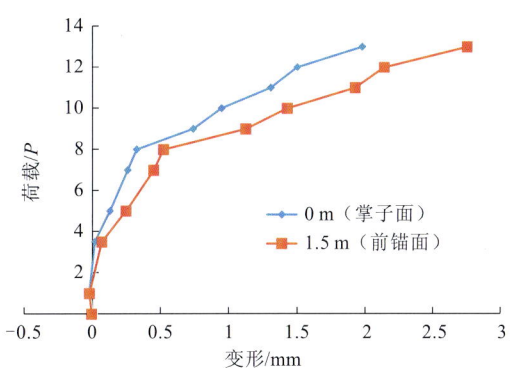

图 5.29 中隔墩多点位移计变形测试结果

在对隧道锚施加 $1P \sim 13P$ 荷载过程中，根据钻孔测斜结果可得隧道锚中隔墩部位岩体的水平变形，见图 5.30。其潜在破坏模式示意图见图 5.31。

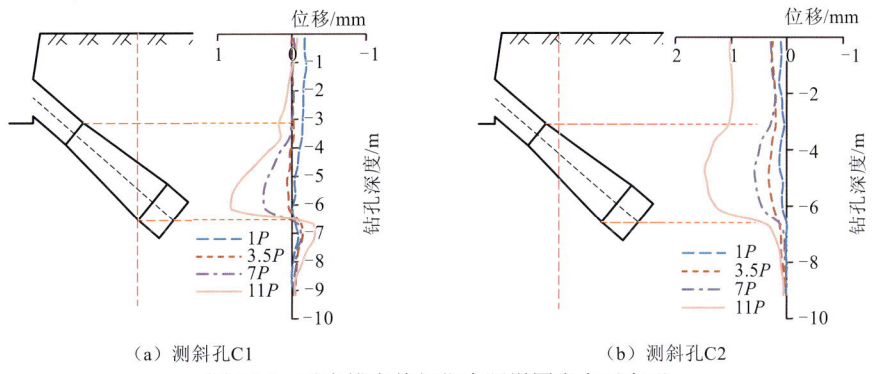

图 5.30 对应锚塞体部位中隔墩围岩水平变形

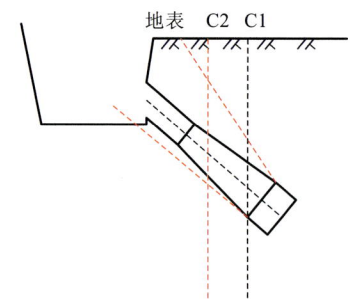

图 5.31 隧道锚潜在破坏模式示意图

模型试验揭示的伍家岗江北侧隧道锚潜在破坏模式为在较大的超载作用下，锚塞体与锚塞体周边岩体被整体"拔出"，由于浅埋特点，锚塞体底部被带出岩体较薄，上部被带出岩体较厚。

图 5.31 所示的破坏模式为浅埋软岩隧道锚中比较常见的破坏模式，重庆几江长江大桥隧道锚缩尺模型试验所显示的破坏模式与此类似。

5.2.2 太洪长江大桥隧道锚模型试验结果

太洪长江大桥南川岸隧道锚所在部位为中侏罗统沙溪庙组（J_2s）泥岩，局部夹砂岩和泥质砂岩，属于软岩，中等风化程度，岩层产状 98°∠17°，岩体层位较厚，层位稳定。隧道锚倾角为 40°，隧道锚的拉力方向与层面之间的夹角较小（图 5.32）；同时，在岩层中存在泥岩软弱夹层，泥岩软弱夹层相比泥岩力学强度更弱，不利于隧道锚的稳定。

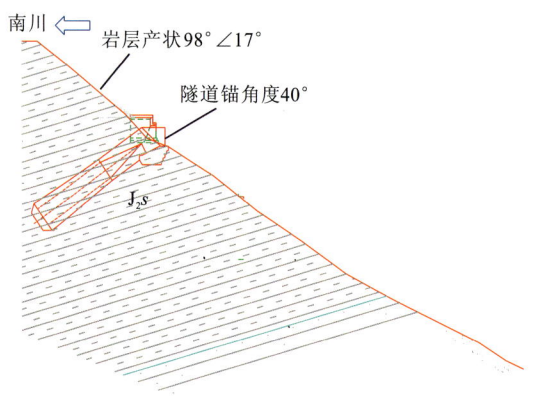

图 5.32 太洪长江大桥南川岸隧道锚角度与岩层产状关系

太洪长江大桥现场也开展了 1∶10 缩尺模型试验。模型试验加载至破坏后，地表出现可见裂隙，破坏裂隙的描述见图 5.33，典型裂隙照片见图 5.34。

模型锚上部地表裂隙出现顺序描述如下：在荷载施加至 $4P$ 时，在铅直方向对应锚塞体中部的地表处出现 a 裂隙，随后出现 b 裂隙，并逐渐向左延伸至左锚面；$5.2P$ 时在左上

第 5 章 隧道锚"夹持效应"力学机制和变形破坏机制

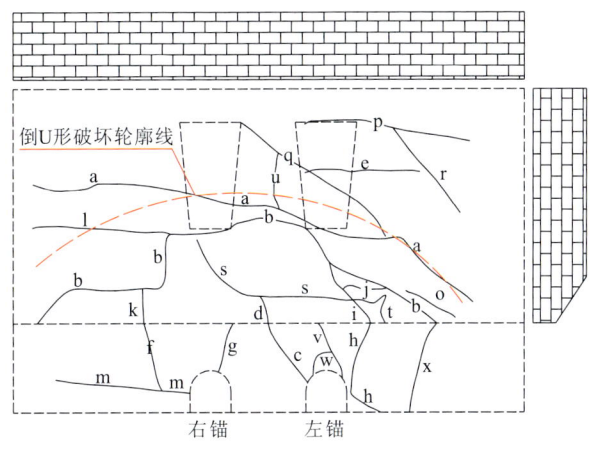

图 5.33 模型锚地表裂隙分布及说明

a～x 为地表裂隙编号

（a）铅直向地表 a 裂隙

（b）铅直向地表 a 裂隙张开

（c）与锚面平行斜面 v 裂隙

（d）左锚前锚室 ad 裂隙

图 5.34 模型锚破坏后典型裂隙照片

部出现裂隙 e；达到 5.4P 时 a、b 裂隙贯通；在 a 裂隙贯通过程中由 a 裂隙向左上部延伸出 u 裂隙和 q 裂隙，并且在裂隙 e 左侧出现 p 裂隙和 r 裂隙；在 b 裂隙贯通过程中，在 5.2P 时由 b 裂隙向右部延伸出 l 裂隙，右下部延伸出 k 裂隙，同时向左下部延伸出 i 裂隙和 j 裂隙，然后由 i 裂隙向左锚左侧延伸出 h 裂隙，荷载达到 5.4P 时出现 o 裂隙和 x 裂隙。

在与锚面平行的斜面上裂隙顺序描述如下：左锚处在 4.5P 时向上部延伸出 c 裂隙，

5.2P 时出现 w 裂隙，5.4P 时由 w 裂隙延伸出 v 裂隙；右锚处在 5.0P 时延伸出裂隙 f、g，5.2P 时出现 m 裂隙，并且与由 f 裂隙向上部延伸的 k 裂隙相连接。在破坏后重复加载试验时，没有增加新的裂缝，但是已有的裂缝宽度增加了很多。

前锚室中裂隙顺序描述如下：荷载达到 5.4P 时，右锚前锚室顶面出现 z 裂隙和 y 裂隙，且 y 裂隙扩展到侧边，在底面出现 aa 裂隙和 ab 裂隙；左锚前锚室侧边与底面交界处出现两条 ac 裂隙和相互垂直的裂隙 af、ag，顶面则出现三条裂隙 ac 和两条裂隙 ad，并相互连接成环状裂隙。

对地表所形成的可见裂隙进行统计分析，可知图 5.33 中 a、b 裂隙为主要的贯穿裂隙，而其他大部分裂隙都由这两条伸展形成，这些裂隙大致呈现倒 U 形，组成了锚碇围岩系统倒 U 形破坏轮廓线，反映出锚塞体受到后锚面的推力作用后，携裹着的围岩向前运动，形成了由后锚室向前方临空面范围逐步扩大的破坏区。

模型试验破坏机理分析如图 5.35 所示，锚塞体在高荷载作用下携带着周围岩体一起向前错动，锚塞体下部的错动面为以后锚面为起点的岩层层面，按 17°倾角向前方错动。钻孔测斜仪在 7.67 m 处发生大错动变形正好验证了该结论。锚塞体上部的错动面以后锚面为起点，延伸至地表上一条显著地表裂缝（裂缝 a）。该裂缝的走向大致与锚塞体拉力方向垂直，缝隙最大宽度达到 3 cm，延伸 13.5 m 长，根据该裂缝出现的位置和方位，可以推测该结论。

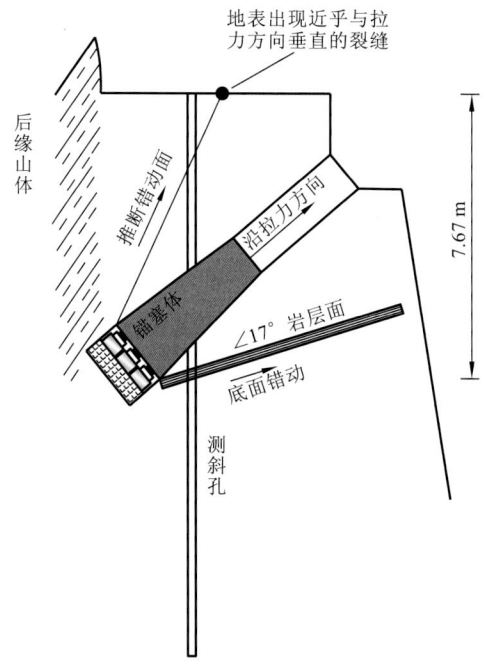

图 5.35　隧道锚错动破坏机理

太洪长江大桥隧道锚模型试验破坏形态从一定程度上揭示了有控制性结构面隧道锚的潜在失稳模式。

5.2.3 水布垭清江大桥隧道锚模型试验结果

水布垭清江大桥长岭侧隧道锚埋深也不大，所在部位岩性为茅口组（P_1m）灰岩，岩石坚硬，卸荷溶蚀现象明显。模型试验缩尺比例为 1∶8，布置在岸坡上与实体锚地形、岩性相似的部位。原型锚与模型锚的相对位置关系见图 5.36。模型锚尺寸见图 5.37。在模型锚底部存在缓倾坡外软弱夹层。

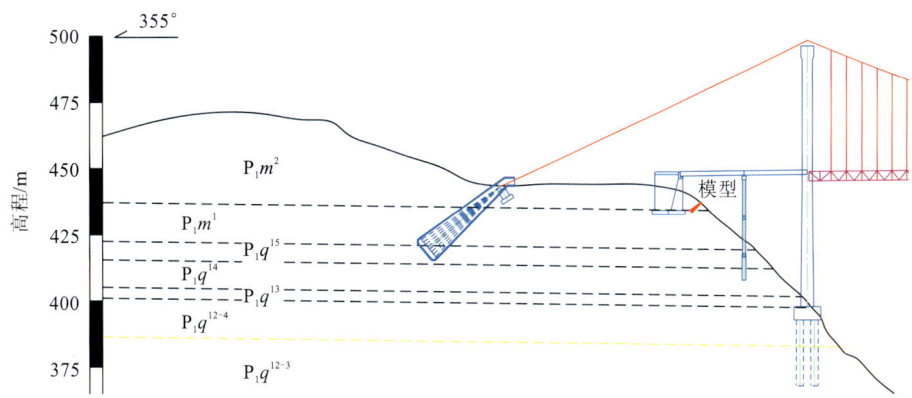

P_1m^2	厚-巨厚层微-隐晶灰岩，底部为一层厚1m左右泥质白云岩、薄层状泥灰岩
P_1m^1	中-厚层微隐晶或致密灰岩，底部含碳、泥质较多为团块状或瘤状灰岩
P_1q^{15}	上：灰黑色泥质生物碎屑灰岩 下：灰黑色含碳、泥质生物碎屑灰岩
P_1q^{14}	上：厚层微晶灰岩，生物碎屑灰岩 下：中-厚层微细晶灰岩夹少量薄层泥灰岩，泥质灰岩
P_1q^{13}	极薄层-薄层含碳、泥质生物碎屑灰岩
P_1q^{12-4}	厚层-中厚层微晶灰岩，顶部含碳泥质渐多
P_1q^{12-3}	中-厚层团块状微晶灰岩与含碳泥质生物碎屑灰岩互层

图 5.36 模型试验洞的剖面位置

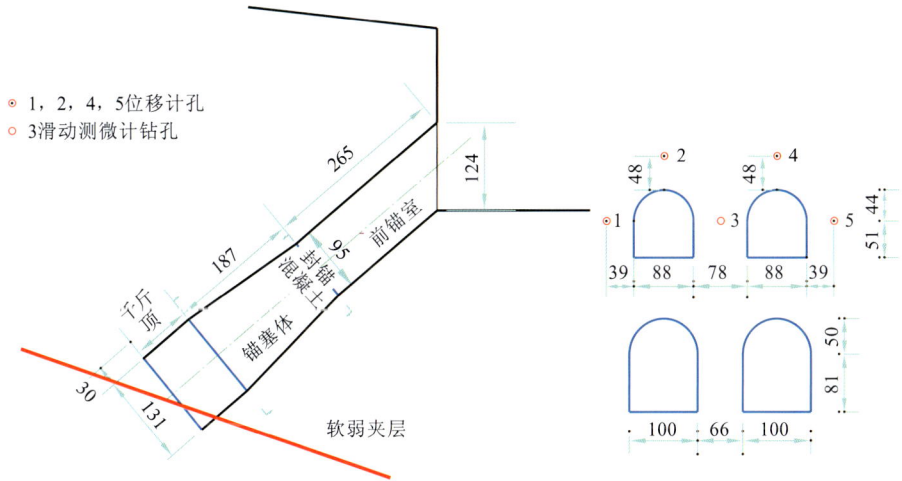

图 5.37 成型之后的缩尺模型试验洞尺寸（单位：cm）

模型试验加载至破坏时，在地表见两条主要裂缝，一条位于中隔墙上部的岩体内（裂缝1），一条位于试验洞前端的地面上（裂缝2）（图5.38）。

图5.38　地表裂缝出露位置

位于中隔墙上部的裂缝1张开明显，延伸长度大。在模型试验顶部的坡面上延伸超过5 m，裂缝张开度约为1 cm，见图5.39（a）。裂缝向下延伸至右洞的洞顶，在右洞洞顶的张开度约为0.3 cm，见图5.39（b）。裂缝一直向洞内延伸至锚塞体部位。与裂缝相接部位锚塞体完整，锚塞体上未见开裂。

（a）在试验洞顶部的延伸形态　　　　（b）在右洞洞顶的延伸形态

图5.39　裂缝1细部形态

位于试验洞前端地面上的裂缝 2 从左洞左侧开始，一直延伸至右洞右侧，裂缝与试验洞底板的平均间距约为 50 cm，在洞室正前方间距略大，在中隔墙位置间距小。裂缝 2 总体呈两个弧形，如图 5.40 所示。裂缝 2 张开度较小，约为 1 mm，但是连续性较好。破坏前后裂缝位置岩体形态见图 5.41。

图 5.40 裂缝 2 在地面的延伸形态

（a）破坏前　　　　　　　　　　　　（b）破坏后

图 5.41 破坏前后裂缝 1 位置岩体形态对比

由裂缝形态推测试验模型的破坏模式见图 5.42 和图 5.43。在锚塞体后部千斤顶的推力作用下，锚塞体和锚塞体上部岩体首先与后部岩体分离，当荷载足够大时，发生沿锚塞体底部岩体的剪切滑移，滑移方向与锚塞体轴向近一致。下部锚塞体和岩体的向上拱起，导致上部岩体拉裂，在地表出现延伸长度较大的拉裂缝。如果在锚塞体周边存在走向与锚塞体轴向近一致的陡倾角裂隙，陡倾角裂隙将会加剧锚塞体的破坏，使锚塞体和上部岩体整体剪出。模型试验底部的软弱夹层由于没有剪出口，没有成为主控破裂面。

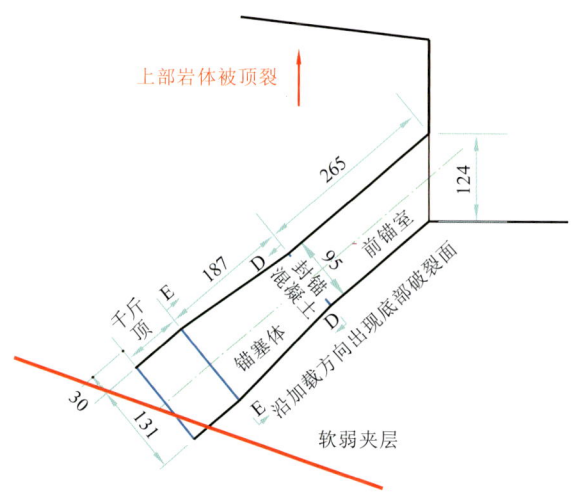

图 5.42 试验模型剖面破坏特征（单位：cm）

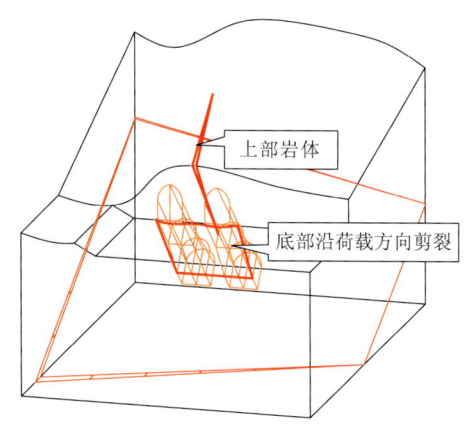

图 5.43 试验模型破裂面三维形态

5.3 基于连续介质数值方法的隧道锚超载破坏分析

基于伍家岗长江大桥、太洪长江大桥、水布垭清江大桥隧道锚岩体试验反演的围岩力学参数，利用连续介质数值分析方法，模拟岩体与锚碇之间的相互作用，分析锚碇结构和岩体变形机制及可能的破坏模式，确定锚碇极限承载能力和最大变位。

5.3.1 伍家岗长江大桥隧道锚承载特性数值模拟

1. 隧道锚数值分析模型

隧道锚 FLAC 3D 分析模型和锚塞体纵剖面见图 5.44、图 5.45。网格剖分规模约为

164 526 个四面体单元，节点总数为 29 204，细化模型区域网格尺寸为 1～4 m。

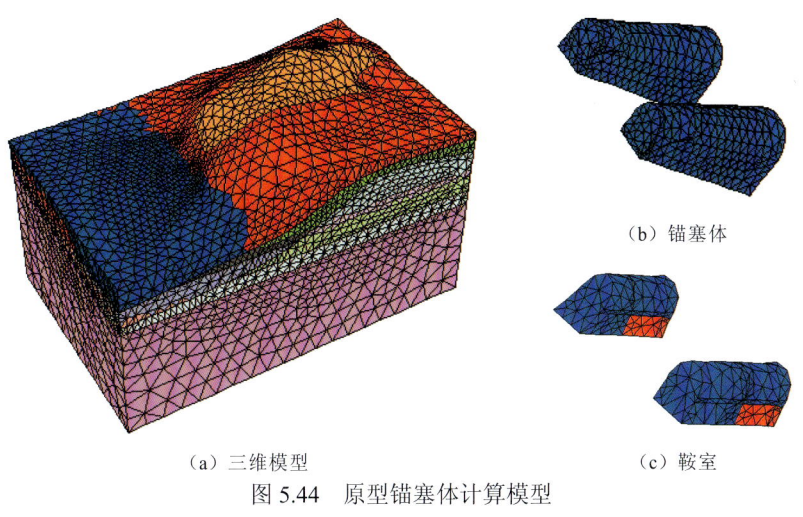

(a) 三维模型　　　　　　　　　　　　(c) 鞍室

(b) 锚塞体

图 5.44　原型锚塞体计算模型

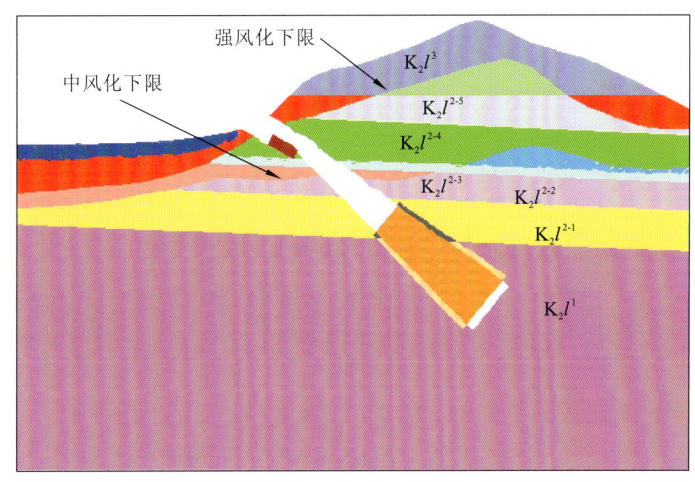

图 5.45　锚塞体中心线铅直剖面图

各符号见表 5.2

2. 计算步骤及力学参数

数值模拟步骤包括：自重下应力场平衡，锚碇隧道的施工开挖与建造，主缆设计荷载加载，超载模拟。锚塞体位于山体地表浅层，构造应力场的影响不明显，因此计算分析时仅考虑自重应力场的作用。两根主缆设计荷载为 4.4×10^5 kN，通过面力施加在混凝土锚碇前端面。超载模拟时，每级递增 1～2 倍主缆设计荷载。

岩体采用基于莫尔-库仑强度准则的弹塑性本构模型，锚塞体混凝土材料采用线弹性模型。计算采用的岩体力学参数见表 5.2。

表 5.2 隧道锚岩体力学参数

工程岩组地层代号	岩性组合	风化状态	重度/(kN/m³)	饱和单轴抗压强度/MPa	抗拉强度/MPa	变形模量/GPa	泊松比	岩体抗剪断强度		岩体/混凝土接触面抗剪断强度		混凝土抗拔摩阻力/MPa
								f'	c'/MPa	f'	c'/MPa	
K_2l^3	砂砾岩夹薄层疏松砂岩	强风化	21	1～2	0.03	0.2	0.36	0.34	0.1	—	—	—
		中等风化	22	5	0.08	1	0.33	0.49	0.24	—	—	—
K_2l^{2-5}	砂砾岩夹砂岩、泥质粉砂岩	中等风化	22	4.8	0.08	1.2	0.33	0.48	0.25	—	—	—
K_2l^{2-4}	砾岩、砂砾岩夹砂岩、泥质粉砂岩	中等风化	22.5	6.5	0.11	1.4	0.31	0.55	0.3	—	—	—
K_2l^{2-3}	泥质粉砂岩	中等风化	21	2～3	0.04	0.3	0.35	0.4	0.1	—	—	—
K_2l^{2-2}	砾岩夹砂砾岩、砂岩、泥质粉砂岩	中等风化	22.5	7.0	0.12	1.45	0.30	0.57	0.32	—	—	—
		微新	23	10.5	0.14	1.7	0.29	0.63	0.42	—	—	—
K_2l^{2-1}	砾岩、砂砾岩、砂岩互层	微新	23	8.5	0.11	1.45	0.30	0.56	0.36	—	—	—
K_2l^1	砾岩夹砂岩	微新	24.5	15～17	0.2	6.0	0.28	0.8	0.7	0.75	0.65	0.3

3. 设计荷载模拟结果

隧道锚开挖回填和大桥路堑边坡开挖模拟完成后，将位移清零，再施加缆索拉拔荷载，得到如图 5.46 所示位移等色区图。锚塞体后端变形约为 0.8 mm，前端位移为 0.5 mm；散索鞍地基压缩变形达到 3 mm。

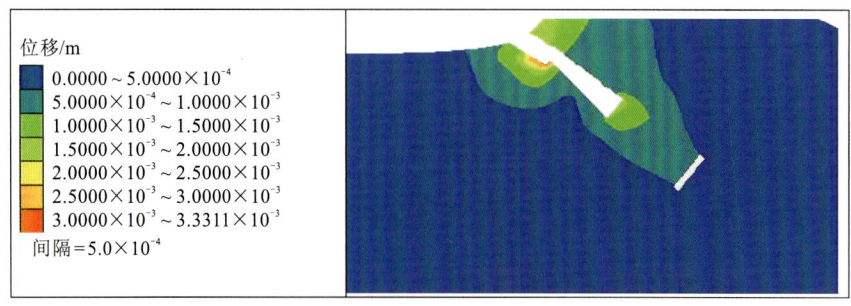

图 5.46 $1P_s$ 加载后锚塞体中心线铅直截面位移等色区和矢量图

塑性区图 5.47 和图 5.48 显示，在设计主缆荷载作用下，锚塞体前端砂砾岩段顶拱出现塑性区，锚塞体砾岩段周边围岩基本处于弹性工作状态，表明锚塞体总体受力状态良好；散索鞍基础底部出现零星塑性破坏单元，但深度不大。

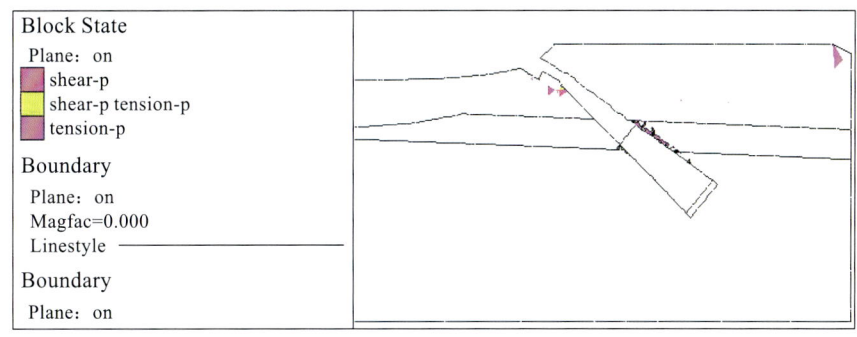

图 5.47　$1P_s$ 加载后锚塞体中心线铅直截面塑性区图

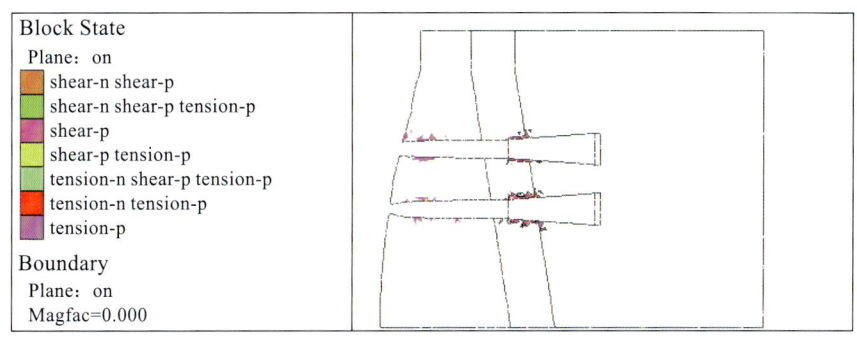

图 5.48　$1P_s$ 加载后锚塞体中心线斜截面塑性区图

4. 超载模拟结果

主缆设计荷载 $1P_s$ 加载结束后开始，逐级加载至破坏。计算得到锚塞体关键点荷载-位移曲线（图 5.49）。由图可看出，$12P_s$ 是位移荷载曲线的临界点，在荷载<$12P_s$ 时，锚塞体最大合位移随荷载呈线性增加趋势，超过 $12P_s$ 后，锚碇最大合位移开始呈非线性增加趋势；锚塞体前锚面上方围岩位移随荷载增加呈线性增大趋势。

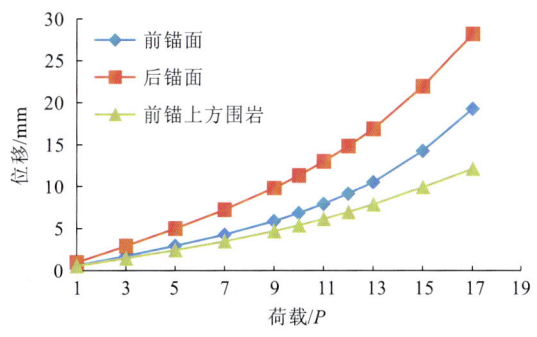

图 5.49　锚塞体和围岩荷载-位移曲线

图 5.50 为锚塞体超载 $17P_s$ 时位移等色区图。图 5.51 为加载过程中围岩塑性区分布变化图。由图 5.51 知,初始超载至 $3P_s$ 时,锚塞体砂砾岩段开挖松弛区率先破坏,随荷载增加至 $7P_s$,锚塞体后端开挖松弛区逐渐拉剪屈服,当荷载达到 $12P_s$ 时,锚塞体前后端剪切屈服区贯通,$17P_s$ 时隧道锚超载破坏塑性区由松弛区向四周延伸长度达到 15 m。但由于塑性区边界仍为倒楔形,并未贯通至地表,说明隧道锚尚未达到极限状态。

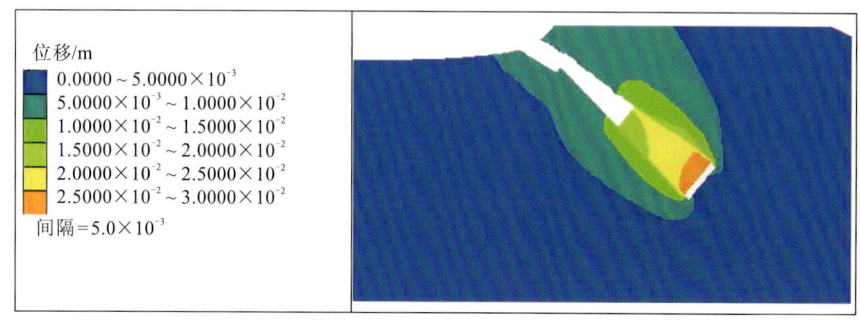

图 5.50　$17P_s$ 时锚塞体超载过程中位移等色区图

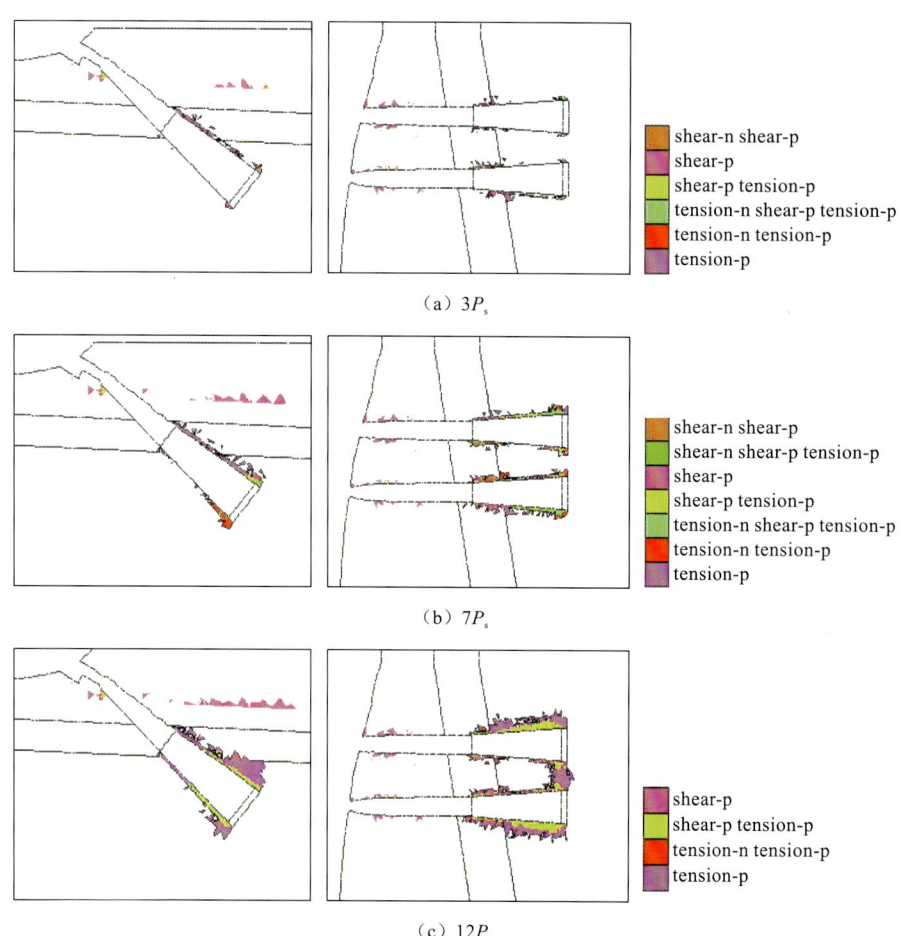

（a）$3P_s$

（b）$7P_s$

（c）$12P_s$

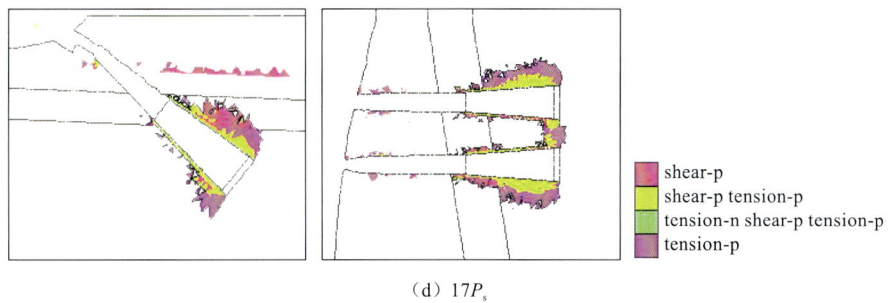

(d) $17P_s$

图 5.51 超载过程中围岩塑性区分布图

5.3.2 太洪长江大桥隧道锚承载特性数值模拟

1. 隧道锚设计参数和数值模型

针对太洪长江大桥南川岸隧道锚建立 FLAC 3D 分析模型见图 5.52，剖面见图 5.53。模型包含砂质泥岩地层、前锚室、锚塞体、后锚室、宽 2 m 开挖损伤区及三组层面，层面采用 1.5 m 宽度实体单元模拟。网格剖分规模约为 122 087 个四面体单元，节点总数为 21 731，模型区域网格尺寸为 2～3 m。

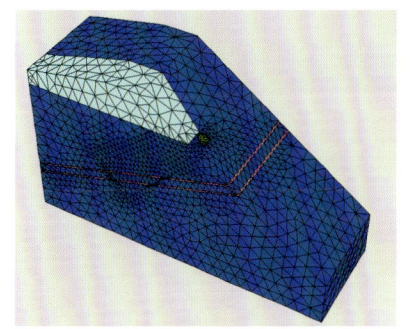

图 5.52 原型锚碇计算模型

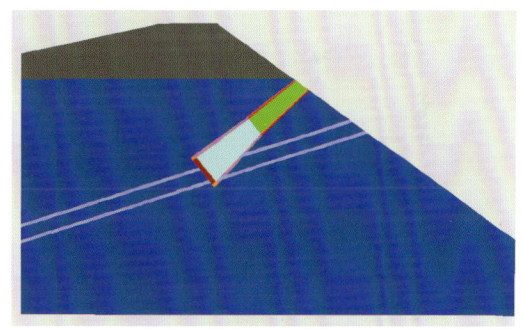

图 5.53 锚碇中心线铅直剖面图

2. 计算步骤及力学参数

在数值分析模型中，首先模拟了锚碇上部山体开挖、锚碇的施工开挖与建造，然后模拟设计主缆荷载加载，最后进行超载模拟。主缆荷载通过面力施加在混凝土锚碇后端面。由于隧道锚位于山体地表浅层，构造应力场的影响不明显，计算分析时仅考虑自重应力场的作用。

岩体采用基于莫尔-库仑强度准则的弹塑性本构模型，锚塞体混凝土材料采用线弹性模型。综合考虑岩石力学试验研究成果与模型锚岩体参数反演结果，计算参数取值见表 5.3。锚洞拱顶和边墙 2 m 范围考虑为开挖损伤区，参照砂质泥岩折减 30%。

表 5.3　岩体与混凝土力学参数

岩石名称	重度/(kN/m³)	变形模量/GPa	泊松比	摩擦系数(f)	黏聚力(c)/MPa	抗拉强度/MPa
砂质泥岩	2450	1.2	0.36	0.70	0.25	0.08
软弱夹层	2300	0.2	0.4	0.44	0.07	0.0
混凝土	2500	20	0.25	—	—	—

3. 设计荷载模拟结果

隧道锚开挖回填模拟完成后，将位移清零，$1P_s$（主缆设计荷载）通过面力施加在混凝土锚碇后端面，面力大小为 0.675 MPa。变形图见图 5.54，塑性区图见图 5.55。由图 5.54 知，施加主缆设计荷载后，位移等值线近似以锚碇为中心呈椭圆形（或鹅蛋形）分布，最大合位移为 3.6 mm。锚碇顶板和侧壁应力松弛区出现塑性区，底板围岩基本处于弹性工作状态（图 5.55）。

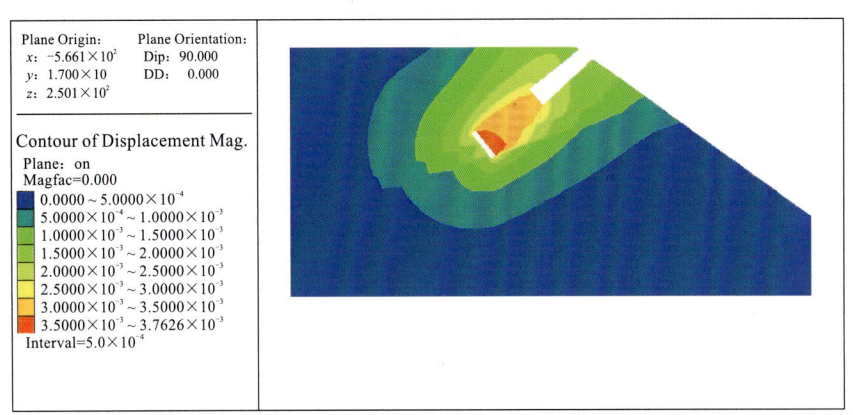

图 5.54　$1P_s$ 加载后锚碇中心线铅直截面位移等色区图

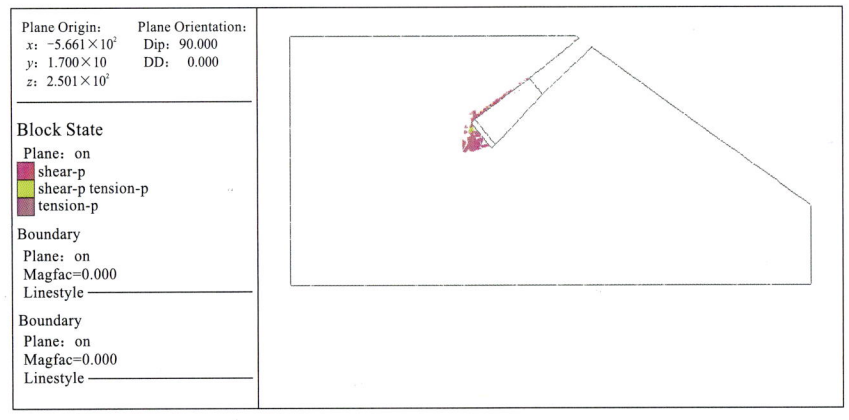

图 5.55　$1P_s$ 加载后锚碇中心线铅直截面塑性区图

4. 超载模拟结果

主缆设计荷载 $1P_s$ 加载结束后开始,逐级加载至 $13P_s$,每级荷载 $1\sim 2P_s$。锚碇荷载-位移曲线见图 5.56。由图 5.56 可见,主缆荷载 $5P_s$ 是最大位移与荷载关系曲线的分界点,在荷载 $<5P_s$ 时锚碇位移基本呈线性增大趋势,之后最大合位移增长明显加快。

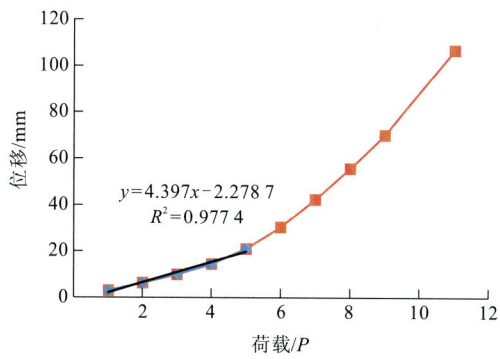

图 5.56 锚碇荷载-位移曲线

图 5.57 和图 5.58 分别为 $5P_s$、$13P_s$ 超载时的位移分布图。图 5.59 和图 5.60 为 $5P_s$、$13P_s$ 超载时的锚碇围塑性区分布图。由图 5.57~图 5.58 可见,$3P_s$ 时,云图等值线形态与 $1P_s$ 时相似,说明仍处于锚碇及围岩变形处于线性叠加阶段;超载 $13P_s$ 后,等值线形态变化显著。多条等值线集中在锚-岩界面上,表明锚-岩之间有相互错动变形。锚碇上下部两条等值线以后锚面顶拱和底板为起点,近似直线型延伸至地表,与锚岩界面一起构成潜在滑动面。由图 5.59~图 5.60 可知,$5P_s$ 时锚碇四周开挖松弛区塑性区贯通,锚碇位移开始非线性增加,到 $13P_s$ 时,锚碇上部出现大范围延伸至地表的塑性区,锚碇底板塑性区已贯通,底板下部的层面塑性区逐渐贯通。由于锚碇下部存在底板和层面两个潜在滑动面,隧道锚及围岩被切割成两个滑动块体。一是锚碇及上部岩体沿锚底滑动,

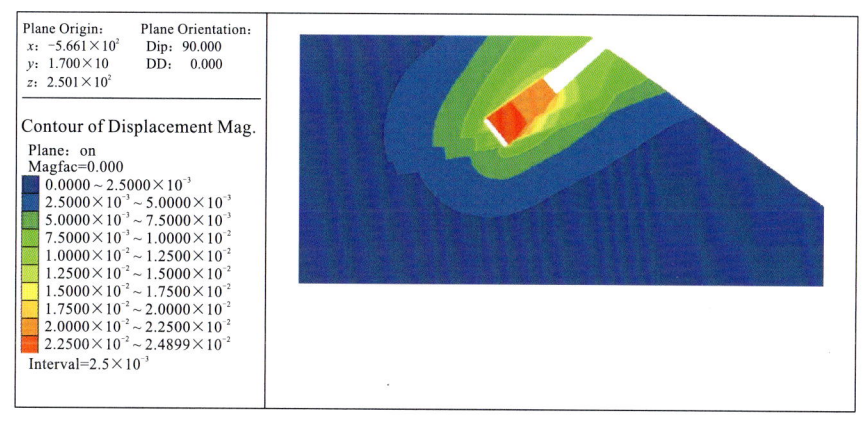

图 5.57 $5P_s$ 加载后锚碇中心线铅直截面位移等色区图

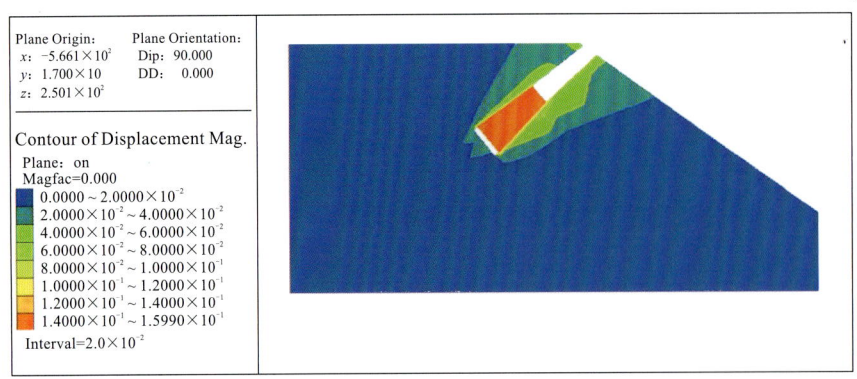

图 5.58 $13P_s$ 加载后锚碇中心线铅直截面位移等色区图

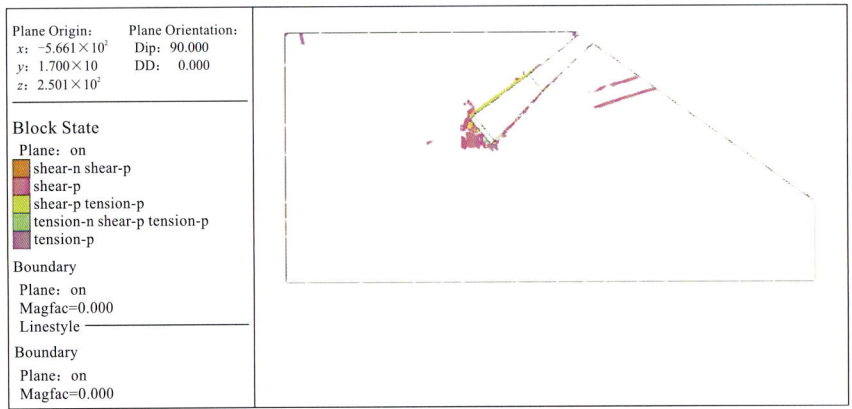

图 5.59 $5P_s$ 加载后锚碇中心线铅直截面塑性区图

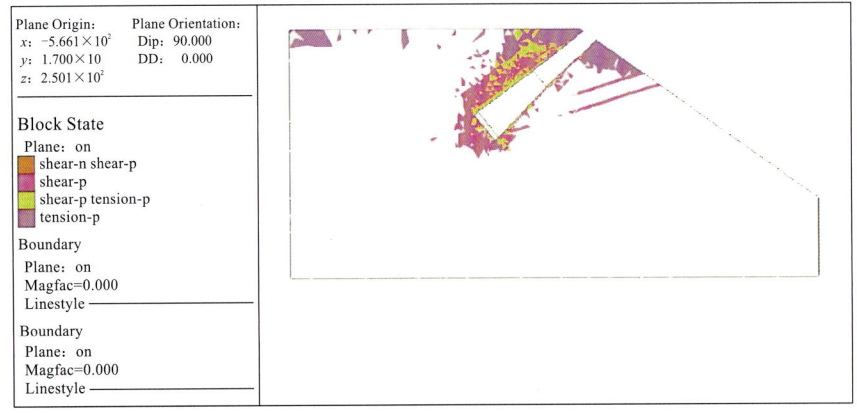

图 5.60 $13P_s$ 加载后锚碇中心线铅直截面塑性区图

二是层面与锚碇之间岩体沿层面滑动。因此在有控制性结构面切割条件下，就可能形成多块体滑动现象，而且各自极限状态可能不同步。

5.3.3 水布垭清江大桥隧道锚承载特性数值模拟

1. 隧道锚设计参数和数值模型

长岭侧隧道锚分锚塞体、散索鞍支墩及基础、前锚室、后锚室、明洞五部分。将左锚、右锚地质剖面自中隔墩中心线横桥向拉伸60 m，裂隙自中心线延伸30 m，填充溶洞自中心线沿横桥向延伸20 m，空腔自右锚中线-3.6 m处沿横桥向延伸17 m，建立隧道锚FLAC 3D分析模型，见图5.61，剖面见图5.62。其中，溶洞、裂隙、错动带均为实体单元。网格剖分规模约为166 034，节点总数为28 737。隧道锚受力影响区域网格尺寸为1.5 m。

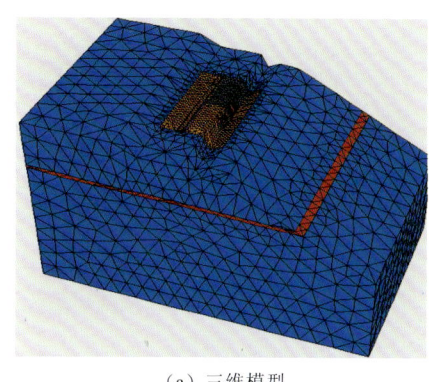

(a) 三维模型　　　　　　(b) 锚塞体

图 5.61　原型锚碇计算模型

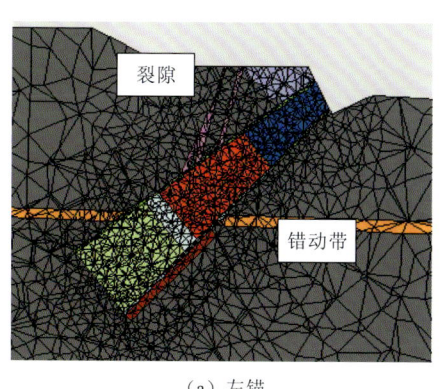 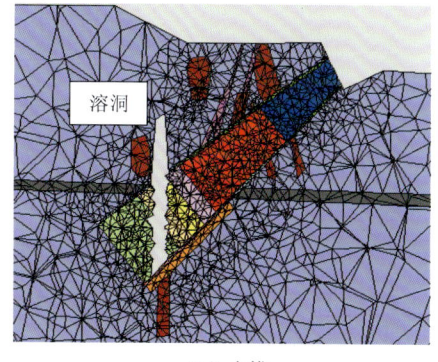

(a) 左锚　　　　　　　　(b) 右锚

图 5.62　左右锚碇中心线铅直剖面图

2. 计算步骤及力学参数

在数值分析模型中，首先模拟了锚碇上部山体开挖、锚碇隧道的施工开挖与建造，然后模拟设计主缆荷载加载，最后进行超载模拟。主缆荷载通过面力施加在混凝土锚碇后端面。岩体采用基于莫尔-库仑强度准则弹塑性本构模型，锚碇混凝土材料采用线弹性模型，计算参数见表5.4。由于隧道锚位于山体地表浅层，构造应力场的影响不明显，计算分析时仅考虑自重应力场的作用。

表 5.4 岩体与混凝土基本力学参数

位置	围岩级别	重度 /(kN/m³)	变形模量 /GPa	泊松比 (μ)	抗剪强度 c/MPa	抗剪强度 φ/°	抗拉强度 /MPa
左锚中部前端岩体	IV	23	5.0	0.30	0.35	26.5	0.03
左锚中部后端岩体	III/IV	25	8.0	0.27	0.50	35.0	0.05
右锚前锚面前端岩体	IV	22	4.0	0.32	0.30	30.0	0.03
右锚前锚面~中部岩体	V	18	1.2	0.40	0.10	25.0	0.01
右锚中部~后锚面岩体	IV	20	3.5	0.35	0.30	30.0	0.03
右锚后锚面~后端 10 m 且在错动带上	V	20	1.2	0.40	0.10	25.0	0.01
右锚后锚面~后端 10 m 且在错动带之下	IV	22	3.5	0.32	0.30	30.0	0.03
右锚面后锚面后端 10 m 外	IV	23	6.0	0.30	0.60	40.0	0.06
层间错动带		18	0.1	0.40	0.02	14.0	0
溶洞		18	0.2	0.40	0.10	23.0	0
裂隙		18	0.1	0.40	0.06	19.0	0
抗滑键		27	30.0	0.25	1.60	45.0	1.6

3. 设计荷载模拟结果

隧道锚开挖回填模拟完成后，将位移清零，$1P_s$（主缆设计荷载）通过面力施加在混凝土锚碇后端面。变形图见图 5.63、图 5.64，塑性区图见图 5.65、图 5.66。

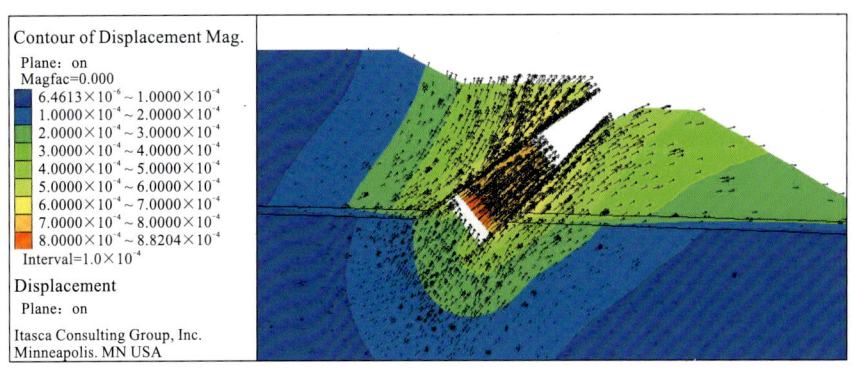

图 5.63　$1P_s$ 加载后左锚碇中心线铅直截面位移等色区图

第 5 章 隧道锚"夹持效应"力学机制和变形破坏机制

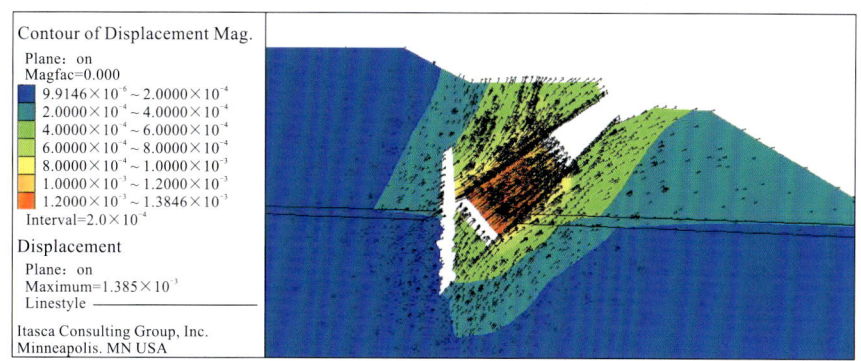

图 5.64 $1P_s$ 加载后右锚碇中心线铅直截面位移等色区图

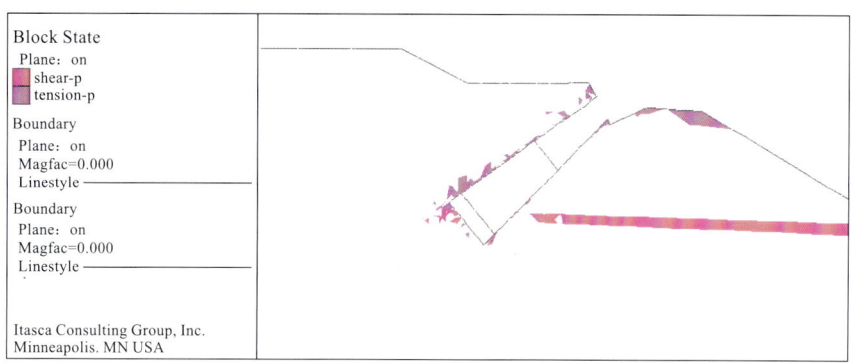

图 5.65 $1P_s$ 加载后左锚碇中心线铅直截面塑性区图

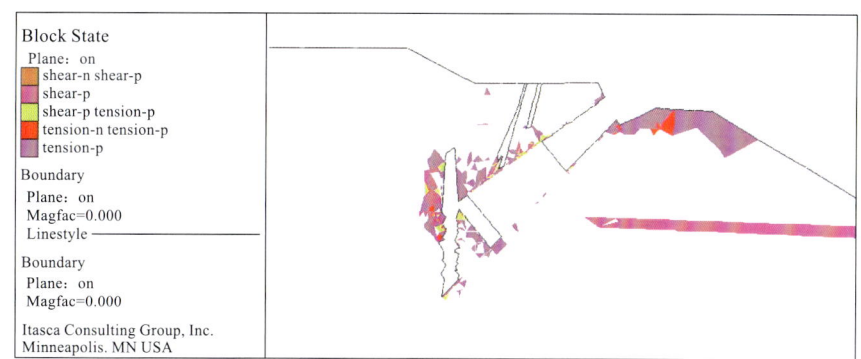

图 5.66 $1P_s$ 加载后右锚碇中心线铅直截面塑性区图

由图 5.63、图 5.64 知，施加主缆设计荷载后，隧道锚及围岩变位主要沿锚碇拉力方向，最大合位移为 1.34 mm；由图 5.65、图 5.66 知锚塞体顶拱存在拉伸屈服区，底板围岩基本处于弹性工作状态。

· 137 ·

4. 超载模拟结果

主缆设计荷载 $1P_s$ 加载结束后开始,逐级加载至 $13P_s$,每级荷载 $0.5\sim1P_s$。锚碇荷载-位移曲线见图 5.67、图 5.68。由图 5.67、图 5.68 可见,锚碇位移经历近似线性增长、非线性过渡、加速增大三个阶段。

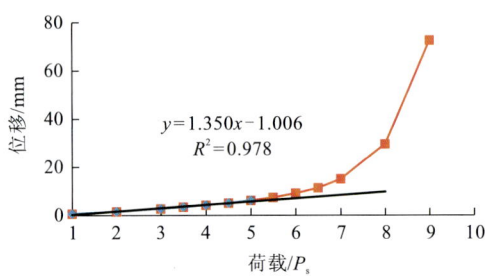

图 5.67 左锚碇荷载-位移曲线

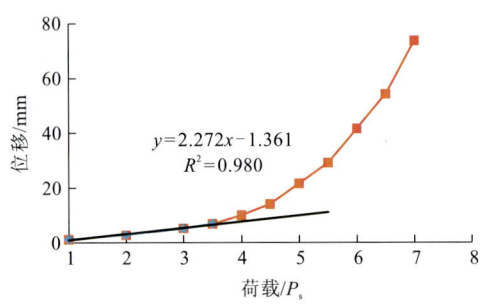

图 5.68 右锚碇荷载-位移曲线

图 5.69～图 5.71 为 $9P_s$ 超载时锚碇系统斜平面和铅直切面位移、剪应变、塑性区分布。

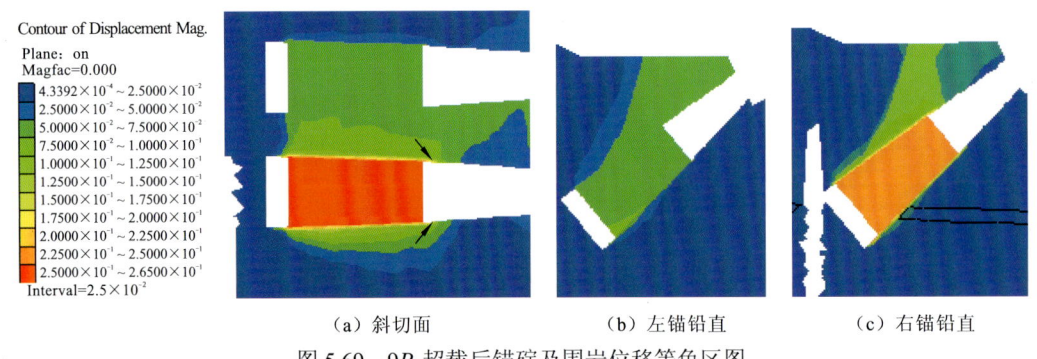

（a）斜切面　　　　（b）左锚铅直　　　　（c）右锚铅直

图 5.69 $9P_s$ 超载后锚碇及围岩位移等色区图

由图 5.69（$9P_s$ 超载作用下锚碇及围岩）位移等色区图可见：

（1）因埋深较浅,地表裂隙影响显著。从铅直剖面可看出,顶拱上方裂隙下盘一侧岩体受锚碇挤压剪切作用发生显著位移,左锚上方围岩位移达 50 mm,右锚上方围岩位移达 90 mm。

（2）右锚围岩差，其"夹持效应"相比左锚围岩下降显著。左锚位移达到 76 mm，右锚位移达到 260 mm，是前者数倍。

（3）锚碇与围岩刚度的差异使锚岩界面上存在错动变形。锚碇底板、前锚面两边墙边界附近，围岩位移在界面法向上急剧变化，表明存在剪切应变。

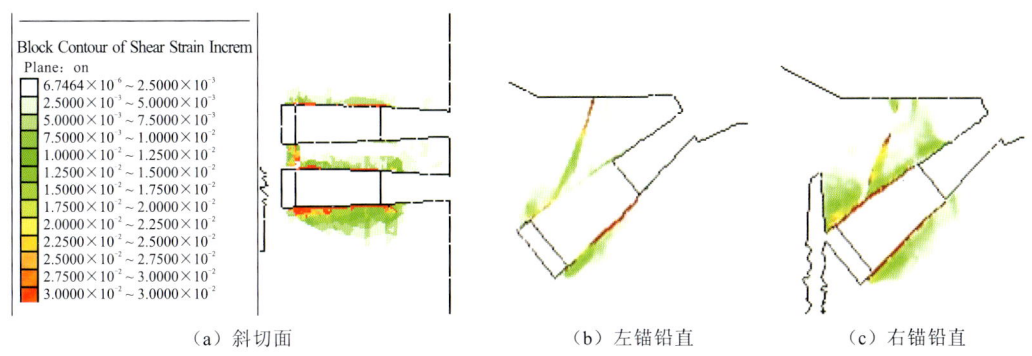

（a）斜切面　　　　　　（b）左锚铅直　　　　　　（c）右锚铅直

图 5.70　$9P_s$ 超载后锚碇围岩剪应变等色区图

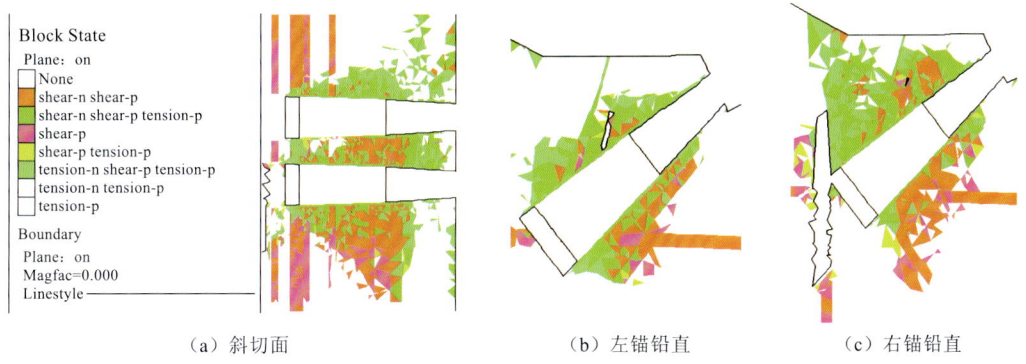

（a）斜切面　　　　　　（b）左锚铅直　　　　　　（c）右锚铅直

图 5.71　$9P_s$ 超载后锚碇围岩塑性区图

（4）前锚室边墙临空面发生鼓胀变形。在平行轴线斜切面上可看出，前锚面右锚两边墙围岩受挤压剪切后，将对前锚边墙围岩产生水平向推力作用，导致前锚室临空边墙发生指向洞内变形。

由图 5.70、图 5.71 展示的剪应变、塑性区可见，锚碇四周相当一部分围岩发生拉剪破坏，并出现各带状剪应变集中区，表明隧道锚失稳模式为锚碇围岩整体拉剪破坏。

5.4　基于非连续介质分析方法的隧道锚超载破坏分析

为客观反映介质破坏过程，采用非连续变形分析（discontinuous deformation analysis，DDA）方法模拟了隧道锚的力学行为。

5.4.1 非连续变形分析数值模型

对重庆几江长江大桥隧道锚现场开展的 1∶10 缩尺模型试验的单锚进行 DDA 数值模拟。几江长江大桥 1∶10 现场缩尺模型试验结构尺寸如图 3.8 和图 3.9 所示,两侧锚塞体(西锚、东锚)的长度均为 6 m,前锚室长度为 1.8 m,后锚室长度为 1 m,两锚塞体中心距离为 2.75 m。锚塞体的前锚面尺寸为 1 m×1 m(宽×高),顶部为圆弧形,圆弧半径为 0.5 m;后锚面尺寸为 1.4 m×1.4 m(宽×高),顶部为圆弧形,圆弧半径为 0.7 m。

将缩尺模型锚(单锚)简化为二维问题开展数值模拟。数值模型中,荷载施加采用与现场缩尺模型试验相同的后推法,按应力等效原则施加于锚塞体的后锚面,即数值计算中 $1P=864$ kN。锚塞体作为一个纯弹性的块体,锚碇围岩主要以 0.25 m×0.25 m 的正方形块体组合模拟,锚塞块体及围岩块体均视为线弹性,块体之间接触面符合莫尔-库仑强度准则。坐标系 x 轴与锚碇轴线垂直,向右为正,y 轴与锚碇轴线重合,向上为正。计算范围及模型尺寸见图 5.72。混凝土与岩体力学参数取值见表 5.5。

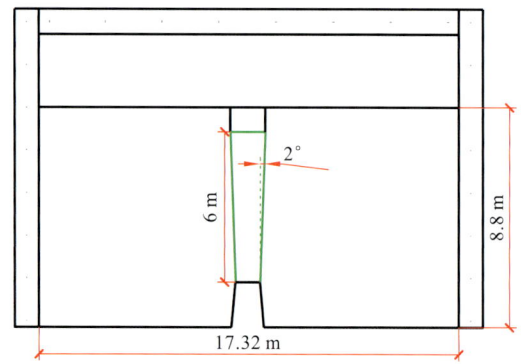

图 5.72 计算模型尺寸

表 5.5 混凝土与岩体力学参数

材料	密度 /(g/cm³)	变形模量 (E)/GPa	泊松比 (μ)	抗剪强度		抗拉强度 R_t/MPa
				摩擦角/(°)	黏聚力(c)/MPa	
锚塞混凝土	2.40	32.50	0.28	—	—	—
泥岩岩体	2.30	0.80	0.33	33.00	0.30	0.20
混凝土与岩体接触面	—	—	—	50.20	0.58	0.20

5.4.2 模拟结果

模拟荷载从 $1P$ 开始,逐级增加,最高加载至 $17P$。但扩散角为 0°时,加载至 $9P$ 时,锚塞体破坏,不能再继续承载;扩散角为 2°时,加载至 $13P$ 时,锚塞体破坏,不能再继续承载。荷载-位移关系曲线见图 5.73。

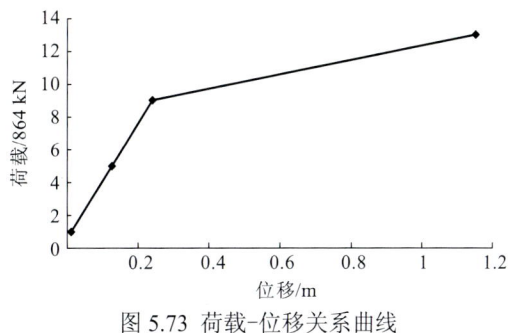

图 5.73 荷载-位移关系曲线

由图 5.74 可见,超载 13P 时,斜向裂纹发展贯通,同时产生横向裂纹,岩体被分割成块体,完整性遭到破坏,位移不收敛,岩体失稳破坏,主破裂面轮廓在平面上呈近似喇叭形。极限破坏前锚塞体与岩体错动较小,锚塞体位移主要由岩体变形引起,锚碇破坏主要产生于围岩体。

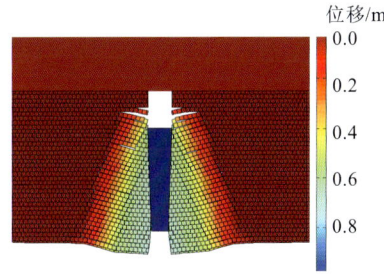

图 5.74 13P 极限荷载下变形破坏与 y 方向位移模拟结果

模型在各级荷载下最小主应力场、最大主应力场模拟结果分别见图 5.75、图 5.76。

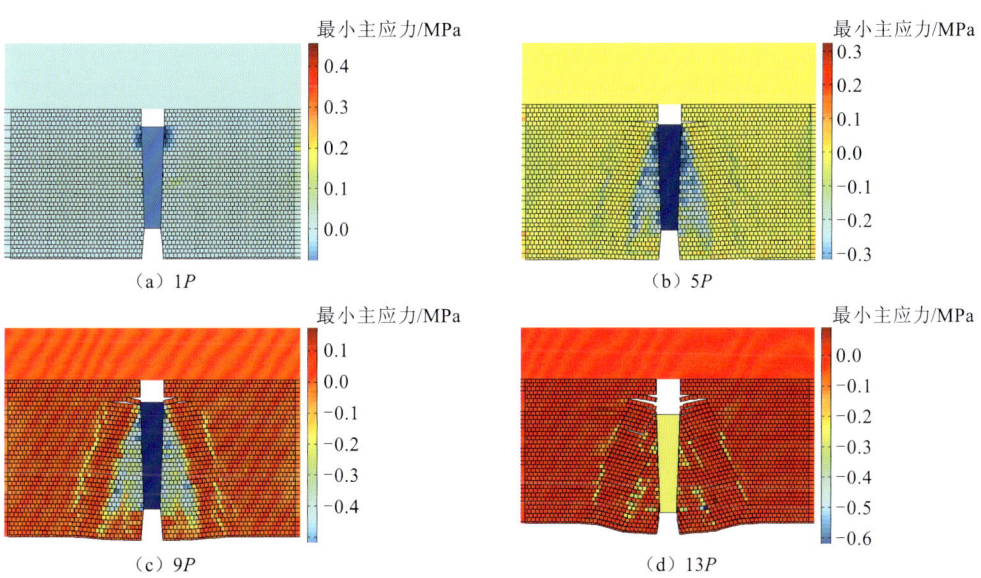

图 5.75 各级荷载下变形破坏与最小主应力模拟结果

荷载为 1P 时，围岩主要受压，后锚面附近的岩体压应力集中，最大为 1 MPa。荷载为 5P 时，紧邻后锚面岩体被拉裂，与锚塞体接触的两侧岩体受压应力，呈燕尾状对称分布，压应力由后向前递减，最大为 2 MPa。荷载为 9P 时，两侧岩体局部开裂，随着荷载的增加，破裂逐渐贯通。荷载为 13P 时，岩体破坏，应力得到释放而迅速降低。

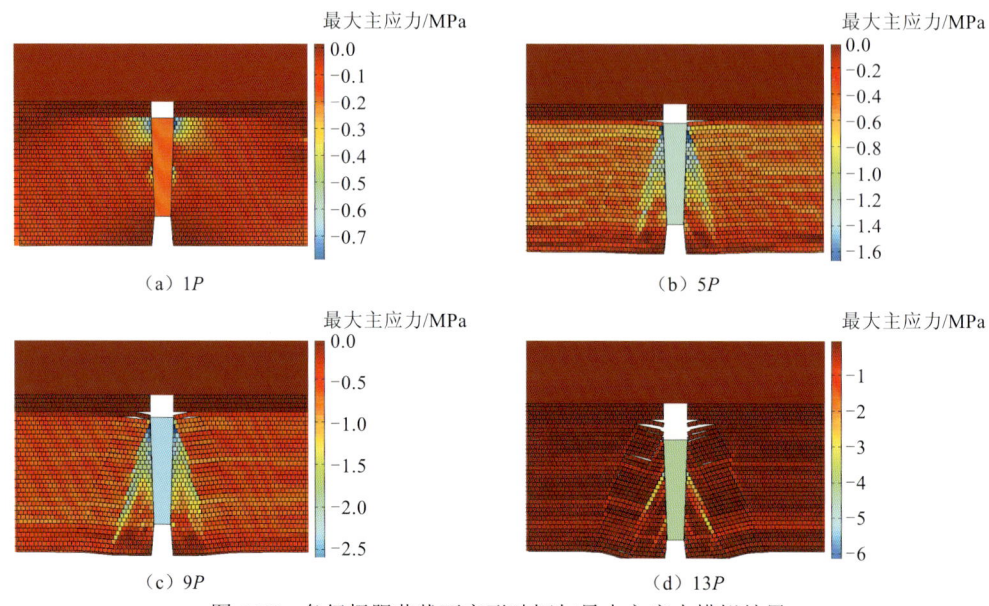

图 5.76　各级极限荷载下变形破坏与最大主应力模拟结果

第6章
隧道锚承载能力综合研究方法

由于围岩在荷载作用下的受力情况及变形机理十分复杂，影响隧道锚稳定的因素很多，采用单一分析方法难以获得符合隧道锚承载特性实际的结论。为此提出了集大比尺现场缩尺模型试验、多尺度数值模拟、极限平衡分析、工程类比于一体的隧道锚承载力综合研究方法。相对于传统的重力锚计算假定及简单锚杆模型而言，它更能反映变截面扩散角引起的隧道锚围岩"夹持效应"，基于该研究方法，获得的典型隧道锚工程岩体承载特性研究结果，得出了依托工程的隧道锚在数万吨级设计荷载下的变形仅为毫米级，流变效应不明显的重要结论。

6.1 模型试验方法

模型试验优势在于可充分反映锚碇原岩工作性状。虽然模型试验和原型并非完全满足应力相似，按照缩尺模型试验理论依据和隧道锚工作原理，原型隧道锚的变形、流变、超载安全系数三类指标仍然可以通过模型试验成果进行评价：

（1）隧道锚在设计荷载作用下的变形仍处于线弹性阶段，可以依据模型试验在设计荷载下的变形乘以原型与模型之间的几何放大倍数得到。

（2）隧道锚在设计荷载作用下的流变或长期变形特征以线弹性变形为主也可以依据模型试验在设计荷载下的流变或长期变形量再乘以原型与模型之间的几何放大倍数得到。

（3）考虑到锚塞体重力在隧道锚承载力占比不高，隧道锚的超载安全系数，作为一个无量纲，可以依据不计体力相似关系的模型试验的超载系数近似确定，且结果偏于安全。

以几江长江大桥北岸隧道锚为例，说明依据模型试验的隧道锚承载能力评价方法的实施效果。

1. 模型试验监测点布置

模型试验过程中，采用光栅式位移传感器、振弦式位移传感器、多点位移计、位错计和应变计对模型锚进行了立体监测。结合本章后续分析工作的需求，重点说明表面变形监测和深部变形监测测点的布置。

1）表面变形监测点

如图 6.1 所示，分别在前锚面、前端岩体及地表上布置了 16 只光栅式位移传感器，其中沿拉力方向布置 6 只，沿铅直方向布置 8 只，沿地表水平方向布置 2 只。

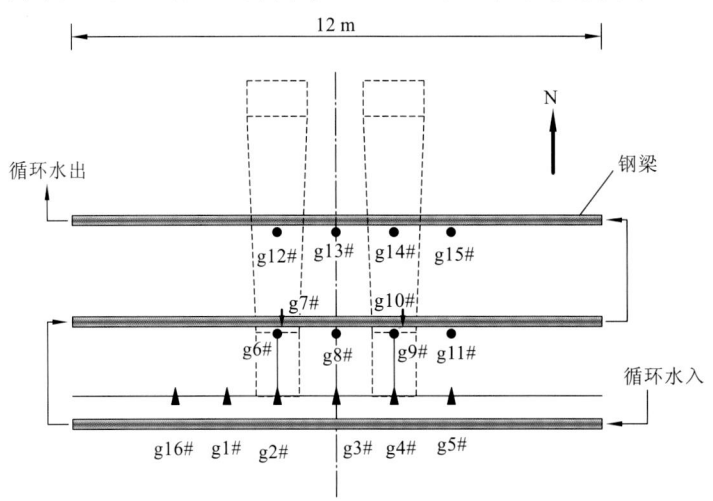

图 6.1 M1#光栅式位移传感器测点平面布置示意图

g1#～g16#为位移测点

2）多点位移计深部变形测点

采用多点位移计监测模型锚在拉拔过程中的变形。沿拉力方向布置 6 个钻孔，在模型锚碇对应地表上布置 12 个钻孔，钻孔直径为 76 mm，钻孔布置见图 6.2，钻孔深度见图 6.3。其中的 ZK1～ZK12 为多点位移计钻孔，每个钻孔中埋设 4 支多点位移计。其他钻孔是为了获取岩心做室内试验而布置的。

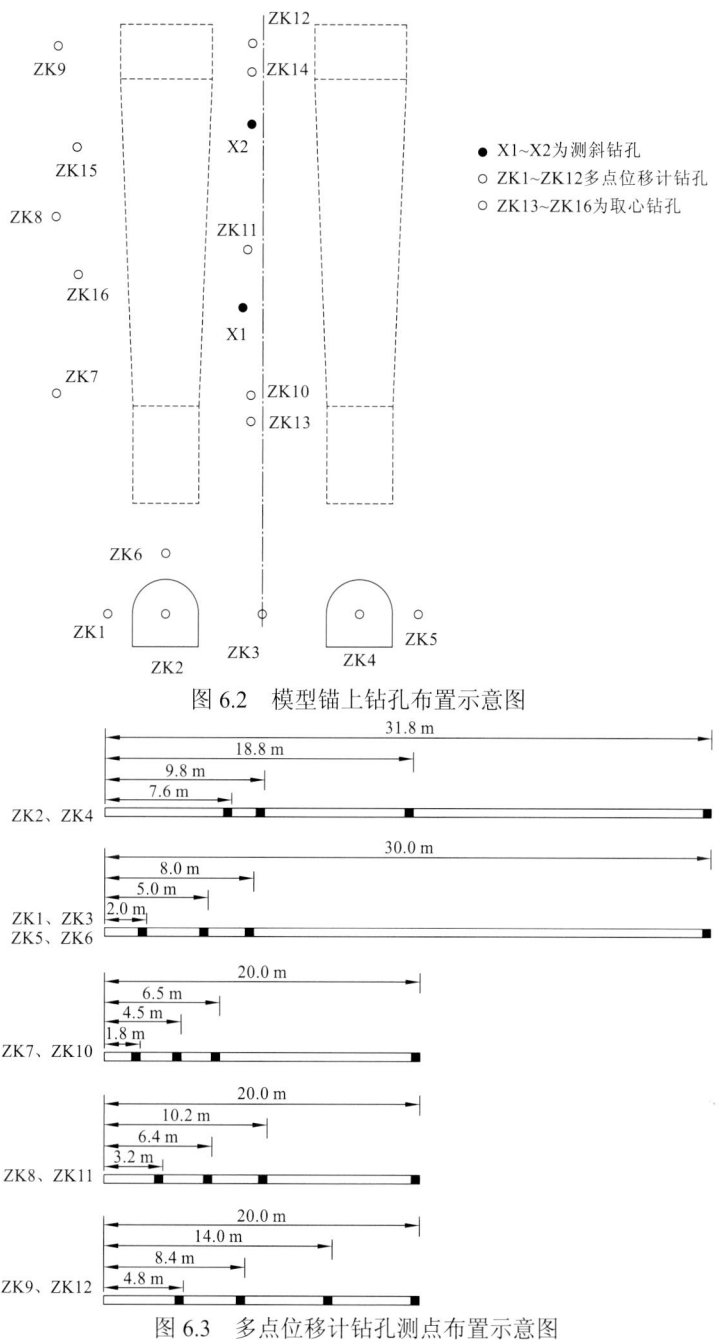

图 6.2 模型锚上钻孔布置示意图

图 6.3 多点位移计钻孔测点布置示意图

2.1 P 设计荷载下的变形特征

1）表面变形特征

表面变形包括地表铅直方向、地表水平方向和前锚面拉力方向。

$1P$ 荷载下,锚塞体沿拉力方向变形很小,在 0.02 mm 内,锚塞体上部前端变形也在 0.02 mm 内,而锚塞体上部、中后部对应地表上的变形比前端大三倍,在 0.06 mm 内。荷载与变形关系综合曲线见图 6.4。

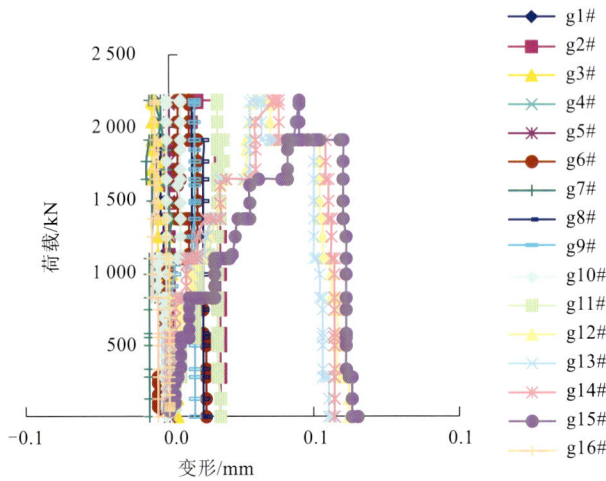

图 6.4　$1P$ 荷载下表面变形-荷载曲线

2）深部变形测试成果

12 个多点位移计孔口的绝对变形与荷载关系曲线见图 6.5。

$1P$ 荷载下,无论是铅直方向还是拉力方向,其变形都滞后于荷载,即卸载期间变形反而在增大。另外,振弦式位移传感器的分辨率为 0.01 mm,所测得的最大变形为 0.015 mm,表明在 $1P$ 荷载下几乎未产生变形。

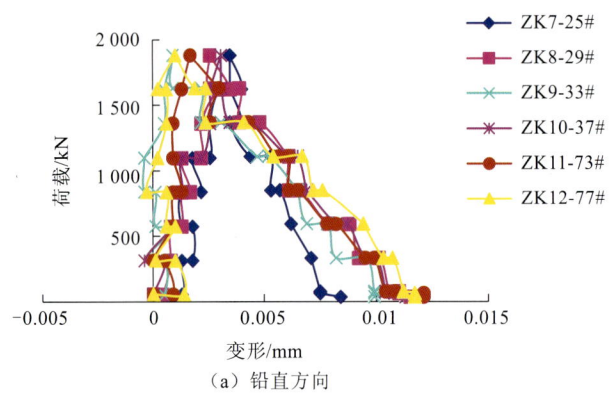

（a）铅直方向

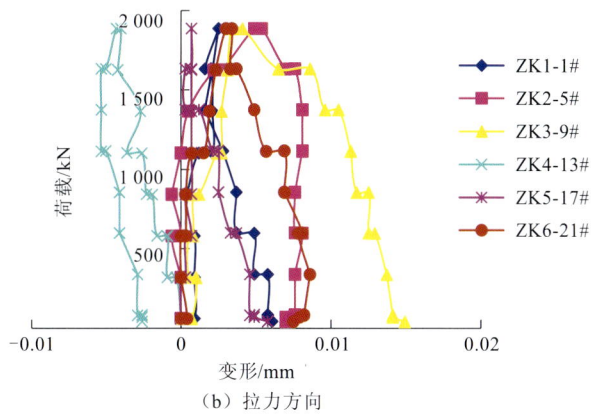

图 6.5　1P 荷载作用下的深部变形特征

3. 流变特征

1）表面测点流变特征

在东西锚前锚面中心光栅传感器测得，变形与时间关系见图 6.6，东西锚间岩体测点变形与时间关系曲线见图 6.7。

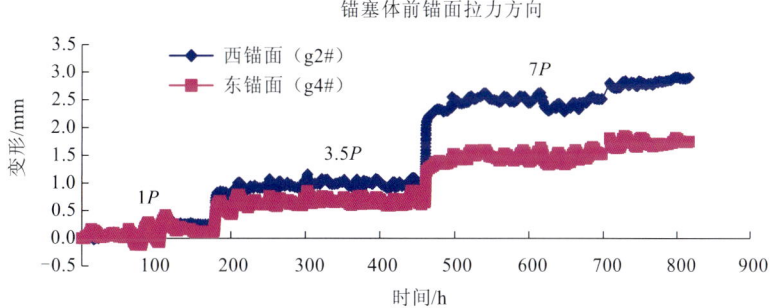

图 6.6　东西锚前锚面测点流变变形-时间全过程关系曲线

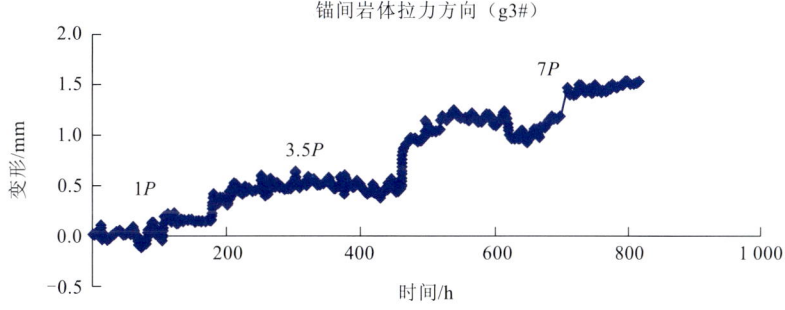

图 6.7　锚间岩体测点流变变形-时间曲线

1P 流变持续了 177.4 h，3.5P 流变持续了 283.5 h，7P 流变持续了 355.6 h。

1P 荷载下锚塞体前锚面有流变现象，西锚（g2#）流变终止变形为 0.250 mm，东锚（g4#）流变终止变形为 0.115 mm，两者相差一倍；锚间岩体沿拉力方向（g3#）流变终止变形为 0.266 mm，大于东西锚锚塞体变形。

2）深部测点流变特征

钻孔多点位移计变形历时典型曲线见图 6.8、图 6.9。1P 荷载下所有测点流变不明显或很小；3.5P 荷载时，各测点呈现出稳定流变状态；7P 荷载时，东锚及顶部岩体变形随时间有持续增长的趋势，试验终止时西锚和东锚流变变形分别为 1.424 mm 和 0.480 mm，除了 ZK3 和 ZK6 外，其余钻孔都有明显的流变变形。

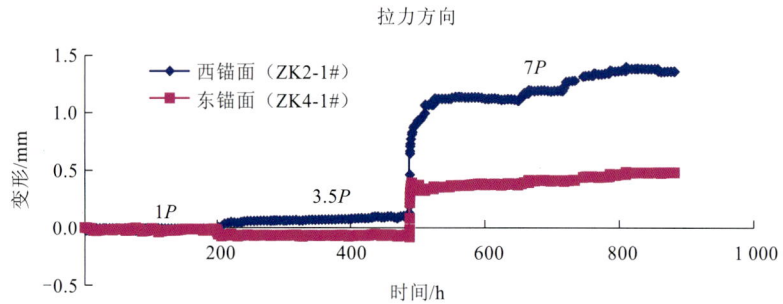

图 6.8 多点位移计测点变形-时间曲线（东西锚前锚面）

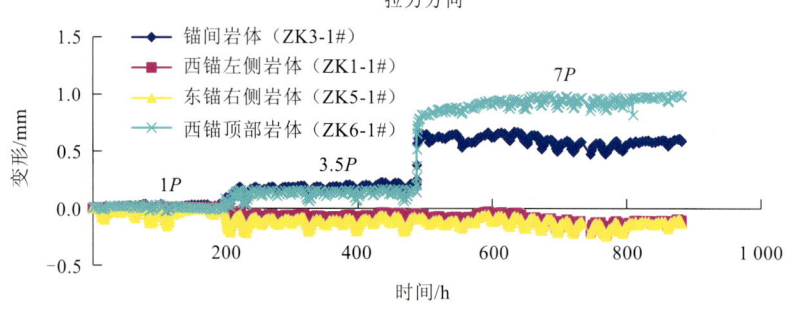

图 6.9 多点位移计测点变形-时间曲线（岩体）

4. 超载能力分析

1）模型锚碇

以光栅式传感器测得荷载试验的全过程曲线为例，研究沿拉力方向的强度特性。荷载与变形关系见图 6.10。由图 6.10 可见东西锚塞体沿拉力方向经历了比例阶段、屈服阶段和破坏阶段。

第6章 隧道锚承载能力综合研究方法

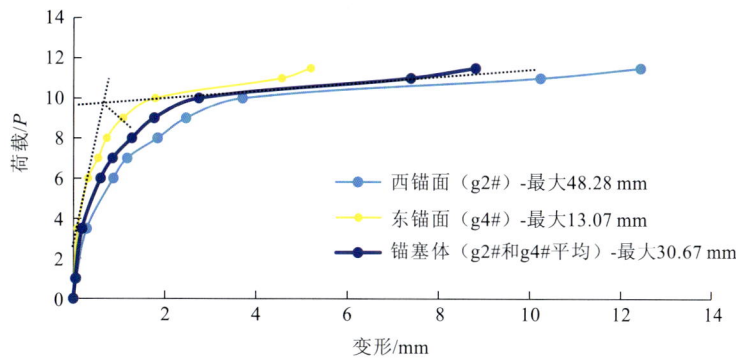

图6.10 锚塞体拉力方向荷载与变形关系曲线

在 3.5P 荷载前，锚塞体前端变形基本上为线性阶段。在 10P 荷载下，锚碇前端平均变形达到 2.751 mm，中隔墩对应地表上出现裂隙，10P 荷载后变形显著增大，至 11P 时，变形是 10P 荷载时的三倍左右，达到 7.393 mm，至 11.5P 时变形为 30.67 mm，且裂隙扩展十多条，最大张开达 5 mm 以上，表明 10P～11.5P 时锚碇系统处于急剧破坏阶段。沿线性阶段和破坏阶段的延伸线交点作一角平分线，角平分线与试验曲线交点对应的荷载定义为锚碇系统的屈服荷载。由此可得锚塞体荷载-变形曲线上比例荷载特征点为 3.5P，屈服荷载特征点为 8P，破坏特征点为 10P。

2) 锚碇围岩

在前锚室锚两侧外露地表上沿拉力方向分别布置 g1#、g3#和 g5#传感器，荷载与变形关系曲线见图6.11。

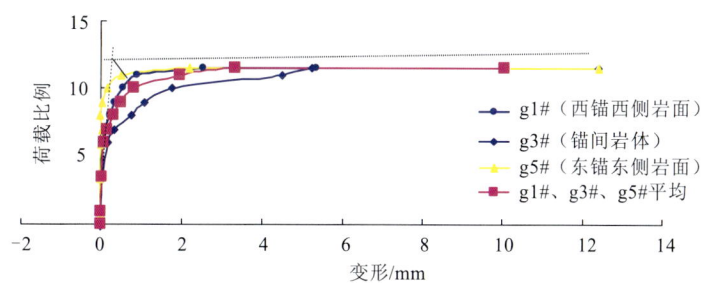

图6.11 拉力方向锚塞体围岩荷载与变形关系曲线

在相同荷载下，锚间岩体（g3#）变形最大，其次为西锚西侧岩面的 g1#测点，再次为东锚东侧岩面的 g5#测点。在 7P 荷载前，变形随着荷载的增大基本上线性增大，7～10P 时变形非线性增大，10P 以后变形显著增大，11.5P 时达到极限破坏。选取变形相对较大的 g3#测点进行荷载特征点分析，可看出该测点荷载-变形曲线上，比例荷载特征点为 7P，屈服荷载特征点为 9P，破坏变形特征点为 10P。

5. 原型隧道锚承载能力

依据模型试验结果,参照相似比例关系,可以获得原型隧道锚承载能力的以下认识:

(1) $1P$ 设计荷载作用下,锚碇和围岩的变形不明显,围岩变形按比例关系计算在 1 mm 以内。

(2) $3.5P$ 设计荷载作用下,锚碇和围岩将具有一定的流变性,但呈稳定流变特征,流变变形量也为毫米级,按比例关系计算在 3 mm 以内。

(3) 原型隧道锚的极限超载能力可以达到 $8P$ 以上。

6.2 多尺度非线性数值分析方法

从四渡河大桥隧道锚专题研究开始,逐步形成了研究隧道锚承载能力的多尺度非线性数值分析方法:通过综合勘测方法建立原型隧道锚部位地质概化模型,依据勘测试验和模型试验数值模拟反演分析综合获取隧道锚部位岩体物理力学特性指标,在此基础上针对原型隧道锚建立数值分析模型,对锚洞开挖、隧道锚加载、隧道锚超载、隧道锚承载流变等特征开展非线性数值模拟,依据模拟结果评价原型隧道锚承载能力。

本节仍以四渡河大桥为例,说明多尺度非线性数值分析方法在隧道锚承载能力研究方面的应用情况。

6.2.1 模型尺度

为确定合理的原型隧道锚围岩力学参数,在室内外岩石力学试验成果基础上,利用隧道锚现场缩尺模型试验中围岩变形观测结果进行围岩力学参数反演分析。根据实际地形与隧道模型建造开挖揭示地质资料,建立现场缩尺模型试验反演分析数值计算模型。计算区域共划分单元 122 655 个、节点 2 4407 个。对于比较关心的隧道锚及其附近岩体,采用较密的单元。模型其余部分采用合理的网格划分技术进行过渡。计算网格见图 6.12,隧道锚模型、多点位移计测孔和反力梁的相互关系图见图 6.13。

表 6.1 为基于隧道锚超张拉和极限超张拉试验结果反演获得的岩体弹塑性参数。弹塑性反演中,岩体采用基于莫尔-库仑强度准则的弹塑性本构模型,混凝土锚碇采用线弹性模型。根据室内流变试验及现场模型锚张拉资料分析,在给定的工程荷载水平条件下,材料流变模型用广义开尔文模型描述较合适。表 6.2 为基于模型锚碇张拉流变试验结果进行非线性反演获得的广义开尔文模型岩体流变参数。

图 6.14 为在反演流变参数及 $1.2P$ 荷载条件下,模型围岩典型测点(前锚室进口上方一倍洞径处岩体)计算值与实测变形值比较图。图 6.15 为锚碇围岩位移等值线图。

第 6 章　隧道锚承载能力综合研究方法

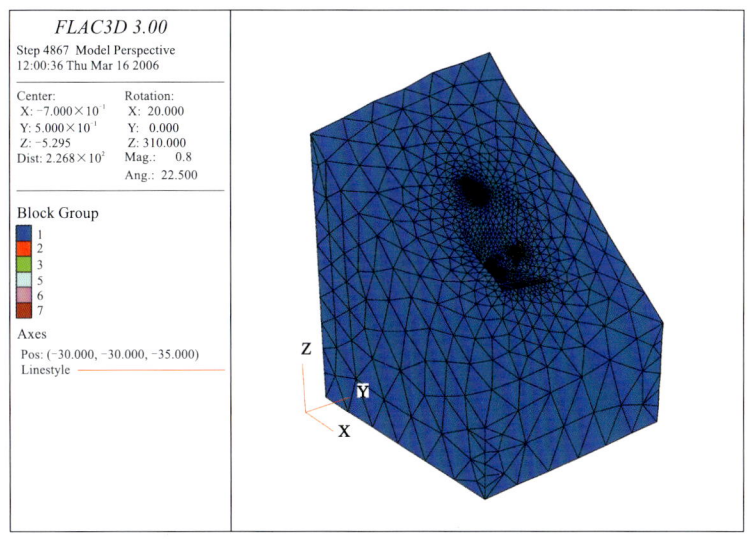

图 6.12　隧道锚现场缩尺模型试验数值计算模型

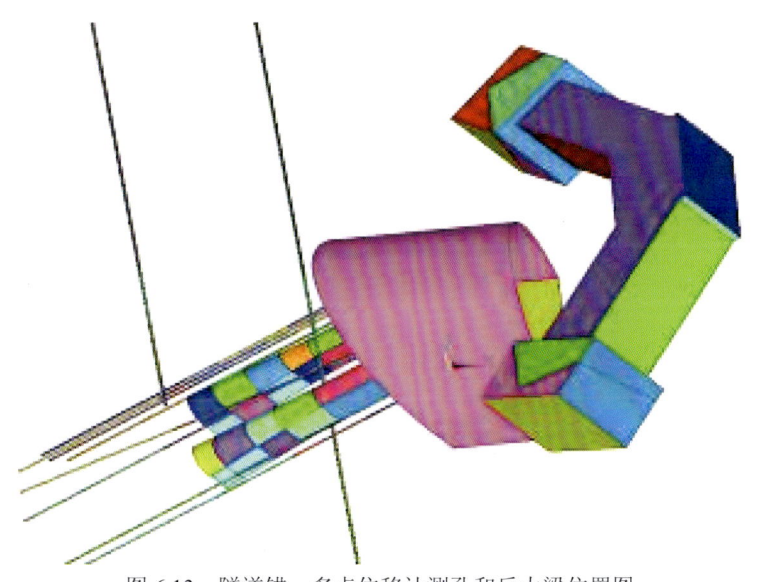

图 6.13　隧道锚、多点位移计测孔和反力梁位置图

表 6.1　模型锚碇围岩弹塑性参数反演结果

锚碇围岩参数			张拉力水平
变形模量 E/GPa	黏聚力 c/MPa	内摩擦角 φ/(°)	
5.1	1.21	41.7	拉拔力 < 1.2P
9.1	1.37	49.6	拉拔力 > 1.2P

表 6.2 锚碇围岩体的流变参数反演结果

1.2P 拉拔力水平下			5.2P 拉拔力水平下		
E_1/GPa	E_2/GPa	η/(GPa·h)	E_1/(GPa)	E_2/(GPa)	η/(GPa·h)
5.1	76.2	1 714	9.1	98.9	1 627

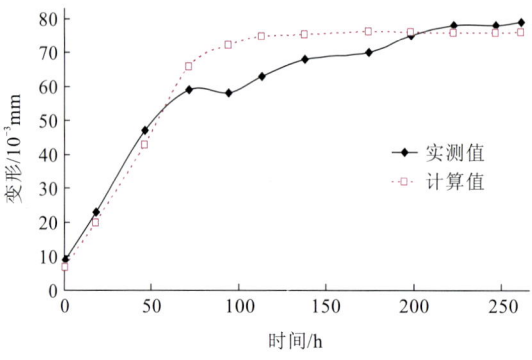

图 6.14 围岩变形-时间过程曲线计算与实测比较

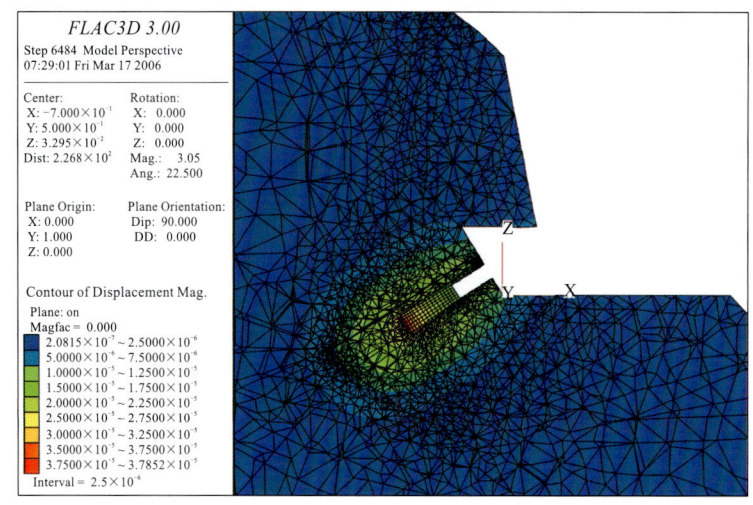

图 6.15 锚碇轴切面上的位移等值线

6.2.2 原型尺度

基于隧道锚岩体试验及围岩反演力学参数,利用三维弹塑性数值方法对原型锚碇在设计荷载及超载条件下的承载特性进行了数值模拟分析。使用软件为 FLAC 3D 有限差分程序。

第6章 隧道锚承载能力综合研究方法

1. 隧道锚数值分析模型

隧道锚系在岩体边坡中开挖和浇筑形成，隧道锚围岩应考虑边坡岩体卸荷风化特征。经地质勘探，概化获得锚碇中心线地质剖面图见图 6.16。在地层概化基础上，建立三维数值分析模型，见图 6.17。图中还显示了两个隧道锚与下穿公路隧道空间位置关系。

2. 参数取值

弱风化和微新岩体力学参数采用拉拔试验弹塑性反演得出的力学参数，其他参数采用基于力学试验建议参数，见表6.3。

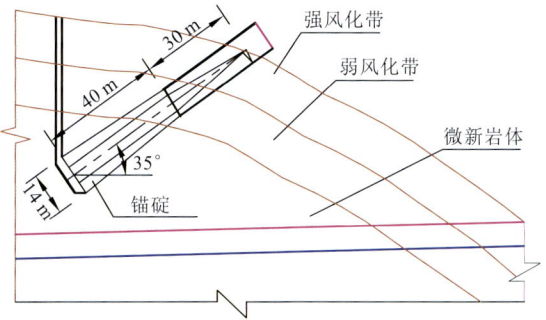

图 6.16 锚碇中心线地质剖面图

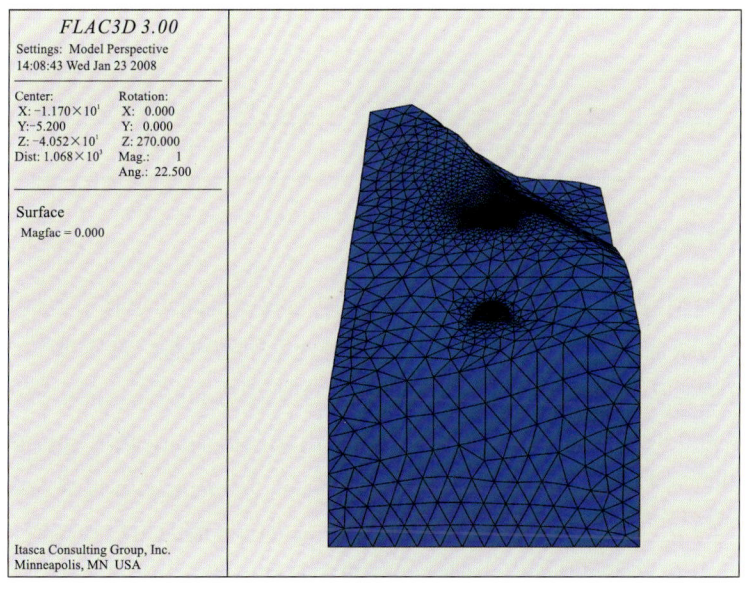

（a）整体模型及网格

(b）隧道锚与公路隧道

图 6.17　原型隧道锚三维数值分析模型

表 6.3　隧道锚岩体与混凝土基本力学参数

材料	重度 / (kN/m³)	变形模量 E/GPa	泊松比 μ	抗剪强度		抗拉强度
				c /MPa	f	R_t / MPa
强风化带	22	3	0.26	0.5	0.7	0.05
弱风化带	24	5.1	0.24	1.21	0.9	0.3
微新岩体	26	9.1	0.22	1.37	1.17	0.8
锚碇	24.5	30	0.167			
胶结面	26	10	0.22	1.2	1.0	0.6

3. 弹塑性数值计算结果

图 6.18 为原型隧道锚在主缆荷载作用下沿中心线铅直面上位移等色区图。由于预应力和主缆荷载的联合作用，锚塞体洞周附近围岩处于压密过程。在锚塞体中心线铅直截面内，位移等值线从锚塞体后端面向临坡面侧呈喇叭型分布特征。图中锚塞体周围附近岩体位移范围为 0.8～1.93 mm。锚塞体最大位移出现在前端面，最大合位移为 2.03 mm。

对主缆荷载进行超载数值模拟表明，主缆荷载 5P 是最大合位移与荷载关系曲线（图 6.19）的分界点，在低张拉力（<5P）下最大合位移增加相对较缓慢，而在高张拉力（>5P）最大合位移明显加快。由塑性区分布图可知（图 6.20、图 6.21），随荷载增大，隧道锚围岩塑性区从锚塞体前后端面逐步向中前部发展；当主缆荷载增加至 7P～9P 时，沿锚塞体轴线平行的方向围岩塑性区贯通。

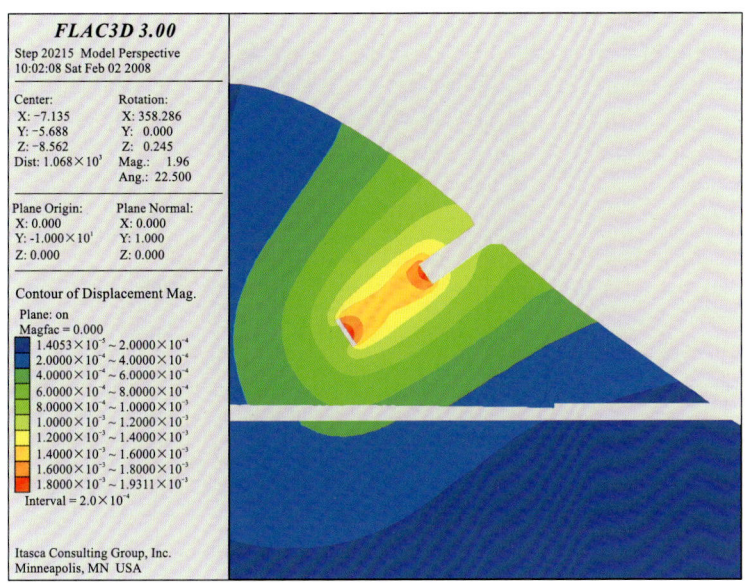

图 6.18 隧道锚中心铅直截面位移等色区图

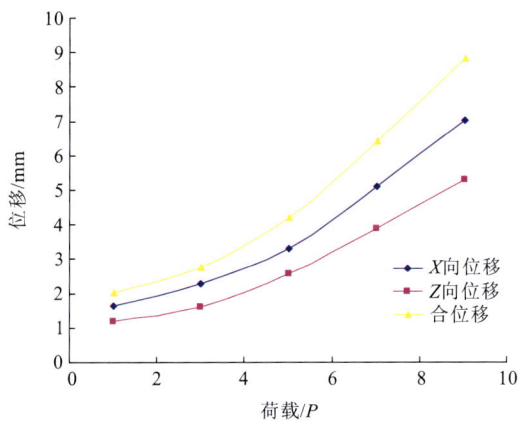

图 6.19 锚塞体最大 X 向位移、Z 向位移和合位移与荷载关系曲线

对隧道锚进行流变分析主要是研究隧道锚围岩在主缆荷载作用下可能产生的的流变量值、稳定时间及流变变形对围岩应力和塑性区的影响。

围岩流变数值分析模型选用广义开尔文模型,其流变参数取反演参数,其他参数及网格模型与弹塑性数值模拟相同。图 6.22 为右锚碇前端面中心点水平位移时间曲线。结果表明,施加主缆荷载后,围岩首先产生瞬时弹性变形,并随时间推移,发生流变变形。流变变形在施加荷载初期增在较快,随后变形增长逐渐缓慢。一定时间以后,围岩变形区域形成一个稳定值。在主缆荷载施加完毕后,因流变影响,围岩位移增加幅度一般为 4.6%~13.3%,4~7 个月后,流变变形基本稳定。

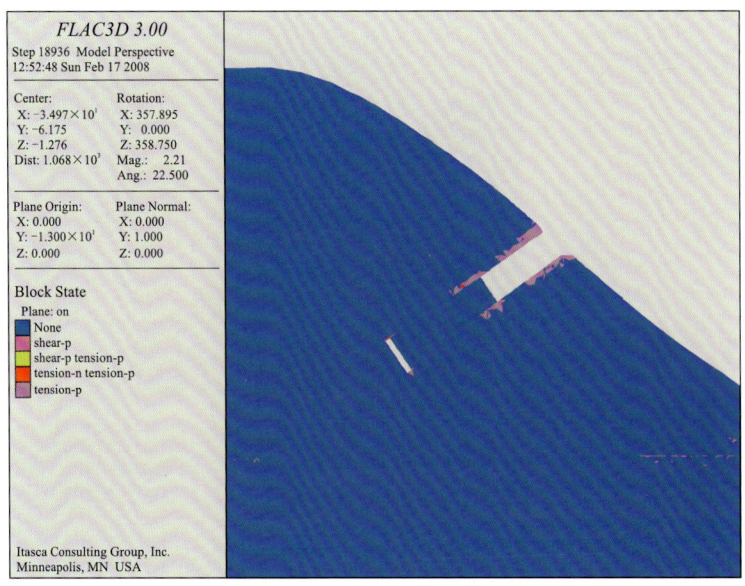

图 6.20 超载 3P 时沿主缆拉力方向铅直截面塑性区图

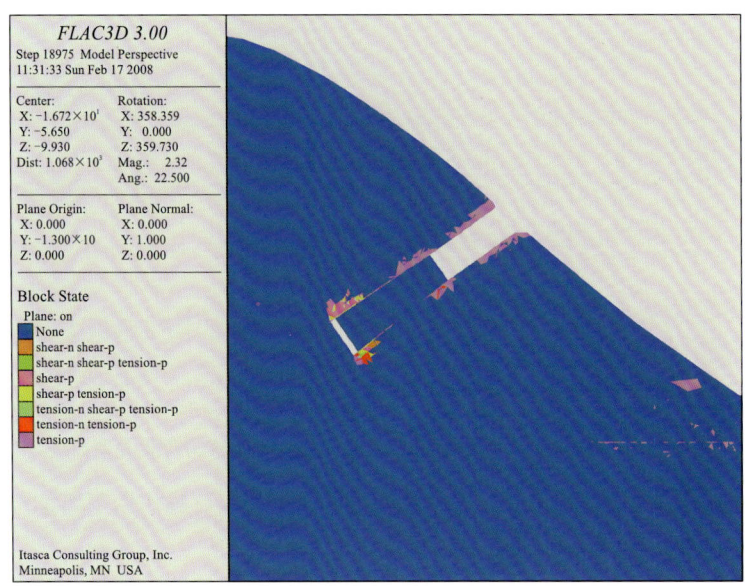

图 6.21 超载 9P 时沿主缆拉力方向铅直截面塑性区图

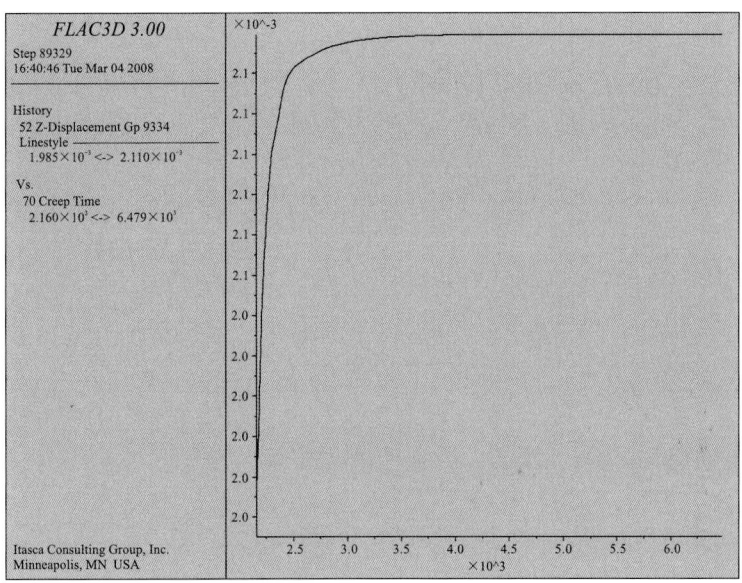

图 6.22　右锚碇前端面中心点水平位移时间曲线

6.3　极限平衡分析方法

隧道锚承载机制研究表明，隧道锚受力破坏过程为渐进破坏过程，隧道锚的变形破坏特征具有多样性，潜在破坏面形态复杂，破坏面上的应力状态也具有复杂特征。但是为了设计方便，经适当合理简化后，也可以对隧道锚的受力状态及破坏形式进行概化，在此基础上采用极限平衡分析方法对隧道锚承载能力进行计算和评价。

从模型概化方式上，可以将隧道锚承载能力计算模型概化为二维极限平衡分析模型和三维极限平衡分析模型。

图 6.23 为在水布垭清江大桥隧道锚专题研究中，结合主控结构面分布分别建立的二维和三维极限平衡分析模型。二维极限平衡分析模型将隧道锚承载简化为平面应变问题，

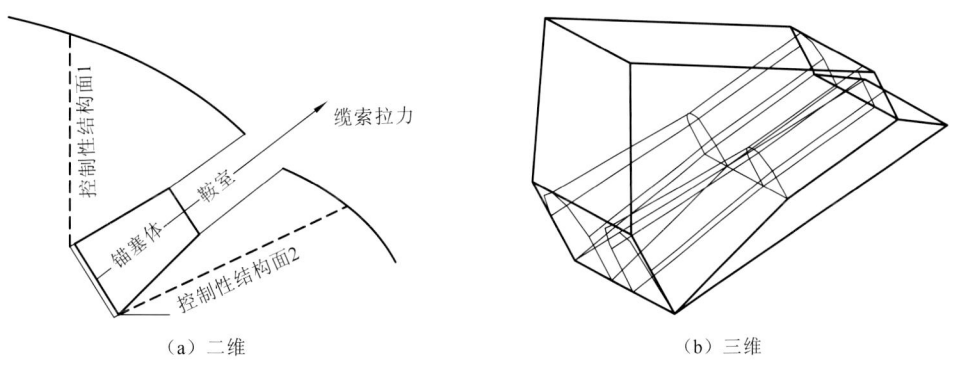

（a）二维　　　　　　　　　　　　　　　（b）三维

图 6.23　水布垭清江大桥隧道锚二维和三维极限平衡分析模型

不考虑两侧约束力。三维极限平衡分析模型包含了两个锚塞体和锚塞体周边岩体,依据主控结构面的切割关系取三维块体进行极限平衡分析。二维极限平衡分析因为忽略了两侧的侧向约束力,计算结果一般低于三维极限平衡分析结果,为一种非常保守的隧道锚承载能力计算方法。

从受力机制上,目前总结的极限平衡分析方法可划分为单块体极限平衡分析方法和多块体极限平衡分析方法。图 6.23 和目前《公路悬索桥设计规范》(JTG/T D65-05—2015)中建议的隧道锚承载能力极限平衡计算方法都为单块体极限平衡分析方法。

本节重点介绍作者团队提出的多块体极限平衡分析方法和基于"夹持效应"的三维极限平衡分析方法。

6.3.1 隧道锚多块体极限平衡分析方法

在开展四渡河大桥隧道锚专题研究时,针对隧道锚特有的受力及破坏模式,提出了计算隧道锚承载能力的多块体极限平衡分析方法,该方法在后来的多个隧道锚专题研究中也得到了进一步应用。

1. 方法原理

虽然隧道锚的破坏机理复杂,但总体上是沿主缆拉拔力方向的倒锥台形体破坏,为了突出研究重点,抓住隧道锚围岩失稳破坏的本质,采用二维刚体极限平衡分析方法研究二维隧道锚破坏失稳问题。将上下破坏面由曲线(曲面)简化为直线(平面),并交于锚塞体后端面边界,概化后的隧道锚破坏模式见图 6.24,图中符号说明如下:多边形 $ABFG$ 为锚塞体,AD 和 GH 分别是下、上破裂面或滑面,β 为锚塞体扩散角,α_1 为锚塞体底板与下滑面 AD 的夹角,α_2 为锚塞体顶面与上滑面 GH 的夹角,α 为锚塞体主轴倾角,α_0 为边坡坡角,L_1 为前锚室长度。由于隧道锚的破坏主要是沿主缆拉力方向的滑移

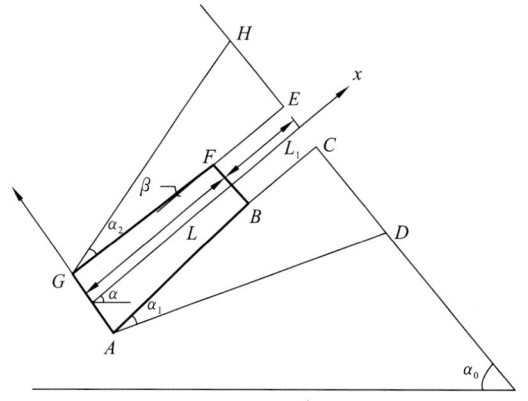

图 6.24 隧道锚破坏模式示意图

破坏，因此，隧道锚稳定问题也就是锚塞体围岩的抗滑稳定问题，以下分析中，滑动面等同于抗滑面。

图 6.24 中的破坏区域，在主缆拉拔力的作用下，存在四个可能的滑动面：①锚塞体 ABFG 可能沿滑面 AB、GF 滑动；②上滑块沿上滑面 GH 滑动；③下滑块沿下滑面 AD 滑动。沿可能滑动面将围岩破坏区域划分成三块，即锚塞体滑块 ABFG、上滑块 GFEH 和下滑块 ADCB。由于在空间三维中，锚室横向未完全贯通，即上下块体通过中隔墙和锚塞体外侧岩体相连，因此，在滑块受力分析时，为了真实反映滑块实际受力，在上下滑块之间增加一个铅直方向的相互作用力（用 N_5 表示）。在主缆拉力作用下（如主缆拉力作用在锚塞体后端面），锚塞体滑块沿锚塞体与混凝土胶结面失稳或滑动，即沿 AB 和 GF 滑动，上滑块沿滑面 GH 破坏或滑动，下滑块沿滑面 AD 破坏或滑动。假设在极限状态下，所有块体滑裂面同时达到极限状态，即抗滑力 T_i 满足莫尔-库仑定律，建立单个块体的静力平衡方程，再联立多块体平衡方程求解锚碇-围岩抗滑稳定安全系数。

对锚塞体 ABFG 滑块受力分析，见图 6.25，滑块受重力 W_1、主缆设计荷载在单位宽度上的换算值 $\overline{P}$、滑面 AB 法向力 N_1 和抗滑力 T_1、滑面 GF 法向力 N_2 和抗滑力 T_2 共同作用，极限平衡状态下静力平衡方程为

$$\overline{P} - (N_1 + N_2)\sin\beta - (T_1 + T_2)\cos\beta - W_1\sin\alpha = 0 \quad (6.1)$$

$$(N_1 - N_2)\cos\beta - (T_1 - T_2)\sin\beta - W_1\cos\alpha = 0 \quad (6.2)$$

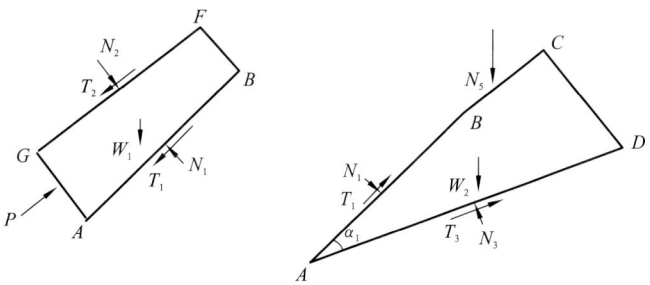

图 6.25 隧道锚滑块受力示意图

同理，对上滑块，列出极限平衡状态下的静力平衡方程：

$$N_4\sin(\alpha_2 - \beta) - T_4\cos(\alpha_2 - \beta) + N_5\sin\alpha + T_2\cos\beta + N_2\sin\beta - W_3\sin\alpha = 0 \quad (6.3)$$

$$-N_4\cos(\alpha_2 - \beta) - T_4\sin(\alpha_2 - \beta) + N_5\cos\alpha - T_2\sin\beta + N_2\cos\beta - W_3\cos\alpha = 0 \quad (6.4)$$

对下滑块，极限平衡状态下静力平衡方程为

$$N_3\sin(\alpha_1 - \beta) - T_3\cos(\alpha_1 - \beta) + T_1\cos\beta + N_1\sin\beta - (W_2 + N_5)\sin\alpha = 0 \quad (6.5)$$

$$N_3\cos(\alpha_1 - \beta) + T_3\sin(\alpha_1 - \beta) + T_1\sin\beta - N_1\cos\beta - (W_2 + N_5)\cos\alpha = 0 \quad (6.6)$$

上述式（6.1）~式（6.6）中 N_i 代表滑面 i 的法向力（$i=1$，2，3，4），N_5 代表上下滑块体之间的作用力，$T_i=(N_if_i+c_iA_i)/K'$ 代表结构面 i 的抗滑力，K' 为滑块的安全系数，f_i、c_i 和 A_i 是滑动面 i 的抗剪强度参数和面积，$\overline{P}$ 为主缆设计荷载在单位宽度上的换算值，W_i 为滑块重力。

上述多块体系统静力平衡条件有六个非线性方程，六个未知变量，即 N_i（$i=1$，2，3，4，5）和安全系数 K'，可以通过迭代方法求解安全系数。

上述隧道锚围岩极限平衡分析是在已知滑面（即已知图 6.24 中的滑面夹角 α_1 和 α_2）情况下的计算分析过程。由几何条件和锚碇失稳模式确定了滑面夹角的变化范围：$\alpha_0<\alpha_i<\beta+\alpha_0$（$i=1$，2），其中 β 为锚塞体扩散角，α_0 为边坡坡角。对滑面夹角范围内所有值计算锚碇抗滑稳定安全系数，其中安全系数最小值即为隧道锚围岩抗滑稳定安全系数。

2. 方法应用

按地质资料，四渡河大桥东岸锚址区岩质边坡坡角近似为 40°，锚碇几何参数（包括锚室深度）、主缆荷载与锚碇倾角按设计取值。岩体与锚碇混凝土底板胶结面抗剪强度参数按表 6.4 取值，但拱顶处存在拉应力，顶拱胶结面强度将有所减小；上下滑裂面穿越微新、弱风化带和强风化带岩体，考虑岩体中裂隙对参数的影响，下滑面抗剪强度参数取强风化带参数的约 90%，上滑面抗剪强度参数取下滑面参数的 50%。

表6.4 滑面抗剪强度参数表

抗剪强度参数	胶结面 AB	胶结面 GF	滑裂面 AD	滑裂面 GH
f	1.0	0.9	0.6	0.3
c/MPa	1.2	1.1	0.4	0.2

按上述隧道锚多块体极限平衡分析方法，在设计主缆荷载作用下，隧道锚围岩抗滑稳定安全系数为 6.4，与数值分析超载系数相近，如果将大坝抗滑稳定标准（$K>3$）作为隧道锚抗滑稳定判断标准，则隧道锚围岩满足稳定要求。

6.3.2 基于"夹持效应"的极限平衡分析方法

1. 理论公式的提出

隧道锚围岩破坏面为向外扩散的圆台面，这是倒楔形锚塞体在外加荷载下向围岩挤压，围岩"夹持效应"带动更大范围围岩参与抗拔作用的结果，围岩抗拔能力因此而大幅度提高。根据以上分析结果，抗拔力计算时要抓住两个基本特征：破坏面渐进发展、破坏面上的剪应力和正应力分布变化复杂。

如同抗拔桩（锚）的做法，采用力系平衡原理，通过解析法进行隧道锚围岩抗拔力计算。以锚塞体及圆台状破坏面以内围岩和锚塞体为分析对象，其受力见图 6.26。

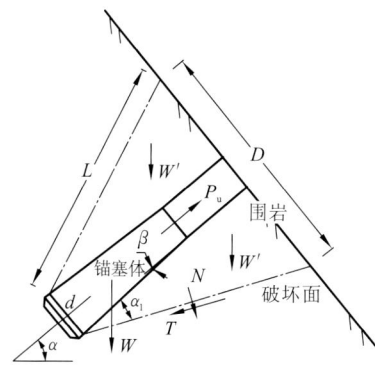 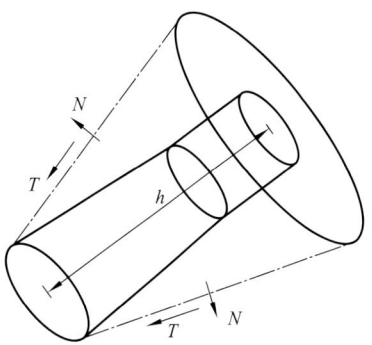

（a）二维剖面上的力分布　　　（b）破坏面上的正应力和剪应力方向

图 6.26　抗拔力计算模型

h 为锚塞体和前锚室总长度

分析对象受到的力有：隧道锚极限拉拔力 P_u，为集中力，方向确定；分析对象的重力 $W+W'$，方向铅直向下；支持力 N，为破坏面上的各点法向应力的合力，方向垂直圆台状破坏面且指向圆台体外部；抗剪力 T，为破坏面上各点剪切应力的合力，方向沿着破坏面指向主缆拉力的反方向，即锚塞体的底部。N、T 的计算式为

$$N = \int \sigma_n \cdot dA, \quad T = \int \tau \cdot dA \tag{6.7}$$

式中：σ_n 为破坏面上法向应力；τ 为破坏面上剪应力；A 为圆台形破坏面的面积，$A = 0.5\pi \cdot L(D+d)$，L、D、d 分别为圆台形破坏面的母线长度、上圆面直径、下圆面直径。

在主缆方向上有

$$P_u = (W+W')\sin\alpha + T\cos(\alpha_1 - \beta) + N\sin(\alpha_1 - \beta) \tag{6.8}$$

式中：W 为锚塞体重量；W' 为破坏面以内围岩重量；α 为锚塞体主轴倾角；α_1 为破坏面扩散角；β 为锚塞体扩散角。有关符号的意义见图 6.26。

破坏面或锚塞体与围岩接触面上的剪应力和正应力计算是问题的核心。随着荷载的增大，剪应力和正应力逐渐增大，分布特征复杂，无法直接根据力系平衡得到。

破坏面形态和扩散角的确定，有赖于试验和数值模拟结果。不同岩性和岩体结构特征下的破坏面形态、破坏面上的应力分布特征等，在目前的试验认识和研究水平上，还无法得到规律性的认识，尚不能建议取值范围。

采用式（6.7）计算 T、N 时，可根据数值计算结果，获得破坏面上的剪应力均值 $\bar{\tau}$ 和正应力均值 $\bar{\sigma}_n$。这样，T、N 的计算简化为

$$T = \bar{\tau} \cdot A, \quad N = \bar{\sigma}_n \cdot A \tag{6.9}$$

该计算方法视隧道锚的破坏面为倒楔形的塞状体，通过数值软件求得破坏面上的法向应力和剪切应力，这在一定程度上考虑了围岩的"夹持效应"，计算结果较符合"锚塞体+围岩"复合承载体系的实际抗拔力，一般适用于结构特征不明显的硬岩，但在中、

软岩当中，由于破坏面的扩散角为非定值，破坏面可能呈现类似抛物线的形态，此时该计算方法不再适用。

2. 理论公式的应用

结合第 5.1 节专项模型试验结果说明理论公式的应用情况。

根据数值计算结果，$\bar{\sigma}_n$ 的取值根据破坏面上所取的四条母线上的剪应力和正应力变化曲线得到。将其进行数学平均后得到 $\bar{\tau}=2.1$ MPa，$\bar{\sigma}_n=0.8$ MPa。

模型锚塞体和前锚室总长度 $h=1.2$ m，后锚尺寸 $d=0.42$ m，扩散角 $\beta=2.6°$，锚塞体主轴倾角 $\alpha=40°$。根据数值计算模型和分析结果得到，式（6.7）中 $D=1.66$ m，$L=1.35$ m，破坏面扩散角 $\alpha_1=30°$。将以上参数代入式（6.8）得 $P_u=9\,887$ kN，与试验得到的最大荷载 11 175 kN 比较，误差约为 12%。因此，本书建议的隧道锚抗拔力计算模式是合理的。

并且，由式（6.8）可知，极限抗拔力由三部分组成，分别由重力、剪应力和正应力提供。该例算得这三部分形成的抗拔力分别为 18.4 kN，8 242.4 kN 和 1 626.6 kN，分别占 0.2%、83.4% 和 16.4%。因此，重力部分对极限抗拔力的贡献非常小，正应力部分也较小，抗拔力主要来自剪应力的作用。

6.3.3 极限平衡分析方法小结

极限平衡分析结果是否合理主要取决于模型概化是否合理。对隧道锚部位岩体结构、岩体性状进行详细勘测，结合模型试验、数值模拟等手段研究和揭示隧道锚的潜在破坏模式，在此基础上再对潜在失稳破坏模式进行总结和简化，是建立合理的极限平衡分析模型的前提。所以，从现阶段的认识而言，极限平衡分析结果只能作为对模型试验结果、数值分析结果的补充，还难以直接作为隧道锚方案论证和结构设计的唯一性依据。

6.4 经验类比法

6.4.1 方法原理及应用条件

目前可以查阅到的国外隧道锚相关资料较少，但是国内目前已建和在建的隧道锚约 30 座，大部分隧道锚项目实施前都进行了较详细的论证和专题研究，已经积累了较丰富的资料。利用现有资料开展工程类比，为后续隧道锚论证及设计提供依据，已经成为后续隧道锚承载能力研究的一个手段。

在采用经验类比法开展后续隧道锚承载能力研究时，需要重点考虑以下几项指标：

①悬索桥跨度及主缆荷载吨位；②隧道锚几何形态尺寸；③隧道锚埋深；④岩性；⑤岩体结构及不良地质现象。

第①项是工程类比的关键指标，但隧道锚的承载能力与第①项无关。

6.4.2 应用实例

在进行宜昌伍家岗长江大桥江北侧隧道锚可行性论证时，与当时已经建成的重庆几江长江大桥隧道锚专题研究成果进行类比，为宜昌伍家岗长江大桥江北侧隧道锚方案提供了依据。

宜昌伍家岗长江大桥江北隧道锚设计入锚角度为−40°，前锚室段长 45.0 m，锚塞体段长 45.0 m；锚塞体开挖洞室呈城门洞形，其中前锚室段宽 9.0～9.6 m，高 10.5～12.0 m，锚塞体段宽 12.0～16.0 m，高 12.0～20.0 m，单锚荷载为 2.2×10^5 kN。

通过现场缩尺模型试验和数值模拟分析等手段综合分析了隧道锚的承载能力与潜在失稳破坏模式，结果表明宜昌伍家岗长江大桥江北隧道锚超载稳定性系数为 8，隧道锚超载情况下的潜在破坏模式为锚塞体带动上、下部岩体喇叭口剪出，其中上部剪出岩体厚度大于下部剪出岩体厚度。相关结果见图 5.29、图 5.31、图 5.49、图 5.51。

重庆几江长江大桥主跨 600 m，为双索面悬索桥。标准组合下单根主缆拉力为 1.08×10^5 kN。北岸隧道锚前锚室长 18 m，锚塞体长 60 m，前锚面尺寸为 10 m×10 m，后锚面尺寸为 14 m×14 m，最大埋深约 68 m。两座大桥相关指标对比如表 6.5 所示。

表 6.5 几江长江大桥与伍家岗长江大桥指标对比

工程名称	岩性	岩体指标	锚塞体长	单锚荷载/10^5 kN	超载系
重庆几江长江大桥	泥岩夹砂岩	$R_c=6$ MPa，$E=1$ GPa，$f=0.6$，$c=0.2$ MPa	60	1.08	7.0
宜昌伍家岗长江大桥	砾岩、砂砾岩、砂岩	$R_c=17$ MPa，$E=6$ GPa，$f=0.8$，$c=0.6$ MPa	45	2.2t	8.0

几江长江大桥前期也开展了模型试验和数值模拟分析，结果表明几江长江大桥隧道锚超载稳定性系数为 7，破坏模式与伍家岗长江大桥隧道锚模型试验揭示的破坏模式相近（图 6.27）。

两座大桥岩性同为软岩-较软岩，伍家岗长江大桥岩体质量优于几江长江大桥。隧道锚规模相近，模型试验结果和数值分析结果表明伍家岗长江大桥隧道锚承载能力与几江长江大桥接近，伍家岗长江大桥略高。鉴于几江长江大桥已建成通车，隧道锚工作性能良好，据此可认为伍家岗长江大桥采用隧道锚方案也是可行的，工程类比能够为伍家岗长江大桥隧道锚方案论证提供支持。

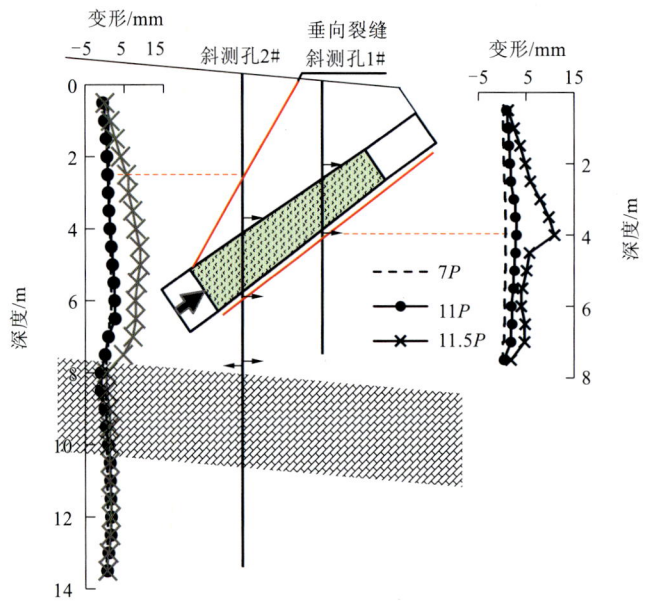

图 6.27 几江长江大桥隧道锚潜在破坏模式模型试验结果

6.5 综合方法应用成果

基于鹅公岩大桥、四渡河大桥等十余个隧道锚工程缩尺模型试验等的综合研究,整理部分已建和在建隧道锚承载能力情况,见表 6.6。

依据表 6.6 中信息,对现阶段隧道锚承载能力可形成以下整体认识:

(1)隧道锚适应能力很强,不仅在硬岩、深埋条件下适用,在软岩、浅埋条件下也有成功使用的案例。

(2)目前已建和在建隧道锚在设计荷载下的变形都很小,普遍为毫米级,总体在 5 mm 以下,远小于《公路悬索桥设计规范》(JTG/T D65-05—2015)中"运营阶段锚碇允许水平变位不宜大于 0.0001 倍的主跨跨径,竖向变位不宜大于 0.0002 倍的主跨跨径"的变形控制标准。

(3)目前已建和在建隧道锚的超载能力普遍超过《公路悬索桥设计规范》(JTG/T D65-05—2015)中"锚塞体抗拔安全系数不应小于 2.0,围岩稳定安全系数不应小于 4.0"的要求,绝大部分隧道锚超载系数都在 7 以上。

第6章 隧道锚承载能力综合研究方法

表6.6 部分已建和在建隧道锚承载能力汇总表

编号	项目名称	主跨/m	单锚荷载/10^5 kN	岩性	岩体指标	锚塞体尺寸	最大埋深/m	1P变形/mm	超载能力	状态
1	重庆鹅公岩大桥	600	1.3	粉质砂岩和砂质泥岩	R_c=9 MPa, E=4 GPa, f=0.53, c=0.45 MPa	下倾26°, 平均断面 10 m×10 m, 前锚室 50 m, 锚塞体 40 m	70	不明显	6P	通车
2	矮寨大桥	1176	2.8	灰岩、白云岩	R_c=90 MPa, E=20 GPa, f=1, c=1.2 MPa	下倾45°, 前锚室 25 m, 锚塞体 35 m	40	0.6	>5P	通车
3	四渡河大桥	900	2.1	灰岩、白云质灰岩	R_c=84 MPa, E=9 GPa, f=1, c=1.3 MPa	下倾35°, 前锚面 9.8 m×10.9 m, 锚塞面 14 m×14 m	>100	2	7.6P	通车
4	普立大桥	628	1.01	灰岩、白云岩	E=15 GPa, f=1.1, c=1.1 MPa	下倾42°, 前锚塞体 30 m, 锚塞体 30 m, 前端面 9.5 m×9.5 m, 后端面 13 m×13 m	60	不明显	8P	通车
5	浙江官山大桥	550	0.83	流纹斑岩	E=10 GPa, f=1, c=1 MPa	下倾40°, 前锚塞体 35 m, 锚塞体 27 m, 前端面 9.8 m×9.8 m, 后端面 16 m×16 m	50	不明显	8.6P	通车
6	水布垭清江大桥（长岭侧）	420	0.6	灰岩	E=3.5 GPa, f=0.5, c=0.3 MPa	下倾40°, 前锚塞体 18 m, 锚塞体 18 m, 前端面 9 m×7 m, 后端面 12 m×8 m	30	1.5	4P	通车
7	几江长江大桥	600	1.08	泥岩夹砂岩	R_c=6 MPa, E=1 GPa, f=0.6, c=0.2 MPa	下倾35°, 前锚塞体 18 m, 锚塞体长 60 m, 前锚面 10 m×10 m, 后锚面 14 m×14 m	68	2.5	7P	通车

续表

编号	项目名称	主跨/m	单锚荷载/10^5 kN	岩性	岩体指标	锚塞体尺寸	最大埋深/m	1P变形/mm	超载能力	状态
8	金沙江金东大桥	730	1.2	碳质千枚岩、夹变质砂岩	$E=3$ GPa, $f=0.5$, $c=0.23$ MPa	下倾35°, 前锚室50 m, 锚塞体40 m, 前端面8 m×10 m, 后端面14 m×14 m	150	<1	8P	通车
9	宜昌伍家岗长江大桥	1160	2.2	砾岩、砂砾岩、砂岩	$R_c=17$ MPa, $E=6$ GPa, $f=0.8$, $c=0.6$ MPa	下倾40°, 前锚室45 m, 锚塞体45 m, 前端面12 m×9.6 m, 后端面20 m×16 m	60	<1	8P	在建
10	雅康高速泸定大渡河大桥	1100	2.67	二长花岗岩	$E=2$ GPa, $f=0.75$, $c=0.4$ MPa	下倾36°, 前锚室63 m, 锚塞体39.2 m, 前端面14.8 m×15.7 m, 后端面17.7 m×19.07 m	180	2.5	7.8P	在建
11	太洪长江大桥	808	2.07	泥岩夹砂岩	$R_c=9$ MPa, $E=1$ GPa, $f=0.5$, $c=0.1$ MPa	下倾40°, 前锚室35 m, 锚塞体58 m, 前端面12 m×12 m, 后端面18 m×19 m	69	3.6	7P	在建
12	虎跳峡金沙江大桥	766	1.87	玄武岩	$R_c=117$ MPa, $E=3$ GPa, $f=1.15$, $c=0.4$ MPa	下倾20.2°, 前锚室30 m, 锚塞体30 m, 前端面9 m×11.2 m, 后端面15.2 m×18 m	110	3.0	7P	在建
13	合川渠江景观大桥	400	0.89	砂质泥岩、局部夹砂岩	$R_c=4.54$ MPa, $E=1$ GPa, $f=0.7$, $c=0.35$ MPa	下倾41°, 前锚室25 m, 锚塞体40 m, 前端面10 m×10 m, 后端面18 m×18 m	75	1.46	8P	在建
14	奉节县宝塔坪大桥	800	2.0	中厚-薄层灰岩、泥灰岩	$R_c=15$ MPa, $E=1.5$ GPa, $f=0.7$, $c=0.5$ MPa	下倾39°, 前锚室22 m, 锚塞体40 m, 前端面8 m×10 m, 后端面15 m×16 m	145	4	8P	在建

第7章
实桥隧道锚承载能力监控验证

目前隧道锚在国内外大跨度悬索桥工程得到广泛应用。已投入使用的隧道锚工程均运行良好。部分隧道锚工程在锚塞体和围岩内布置了大量的监控设施，为隧道锚的正常运行提供了保障，也为隧道锚承载能力的评价提供了验证依据。本章讨论隧道锚安全监控原则及方法，并结合四渡河大桥、矮寨大桥等工程实例说明隧道锚监控的实施过程和效果。实际监测结果表明目前隧道锚在数万吨级设计荷载下变形为毫米级，显示稳定流变特征，与现场缩尺模型试验及数值分析结果是相符的。

7.1　隧道锚综合监控技术

虽然目前大跨度悬索桥隧道锚方案论证及设计阶段都开展了细致研究，但是由于地质条件及工程使用条件的复杂性，再加上现有认识的局限性，在隧道锚建设与运行期间，仍然有必要布设综合监控手段，对隧道锚的实际工作性状进行验证和评价，以保障工程安全。

从四渡河大桥开始，作者团队针对隧道锚施工及运营期监控也开展了持续研究，形成了如下认识：

（1）监测的核心在于了解工程问题，了解地质、设计、计算、测试等各方面的技术，在此基础上开展监测方案设计和实施监控工作。

（2）根据桥址区地质条件和工程布置特点，结合数值分析结果，推荐采用技术成熟、性能可靠且便于运行期实现数据自动采集的变形、应力监测设备，对各建筑物、围岩及边坡山体的变形、应力传递等进行监测。

（3）两岸自然和人工边坡安全监测、隧道锚及围岩的应力变形监测、隧道锚和其他结构物相互影响监测、施工爆破振动对岩体及建筑物的影响监测等为需要重点监控的内容。

（4）根据施工开挖揭露的地质情况对数值模型进行修正，使其更接近实际岩体；基于监测资料进行变形稳定的反演分析，并进行正分析跟踪预测。在此基础上，检验设计施工方案的合理性，并在必要时对方案进行改进，达到动态设计及信息化施工的目的。

7.2　隧道锚承载能力验证

以四渡河大桥和矮寨大桥为例，说明监测项目实施成果及其对隧道锚承载能力的验证情况。

7.2.1　四渡河大桥隧道锚变形监测成果及分析

针对四渡河大桥施工及后期运行，进行了完整的锚碇健康监测系统设计与实施。对隧道锚的监测内容包括索股锚固预应力监测、隧道锚基底应力监测、鞍基底沉降变形监测、锚碇周边岩体变形监测及锚碇所在山体稳定性监测等。采用光纤光栅测力环监测锚塞体钢绞线在主缆荷载作用下的预应力变化，以反映主缆索股的内力变化。左右锚塞体各选取 10 个孔钢绞线测试单元进行测试。采用多点位移计对锚塞体的变形进行监测，共布置监测孔 12 个，其中锚塞体混凝土内 2 个，周边岩体 10 个，见图 7.1。

第 7 章　实桥隧道锚承载能力监控验证

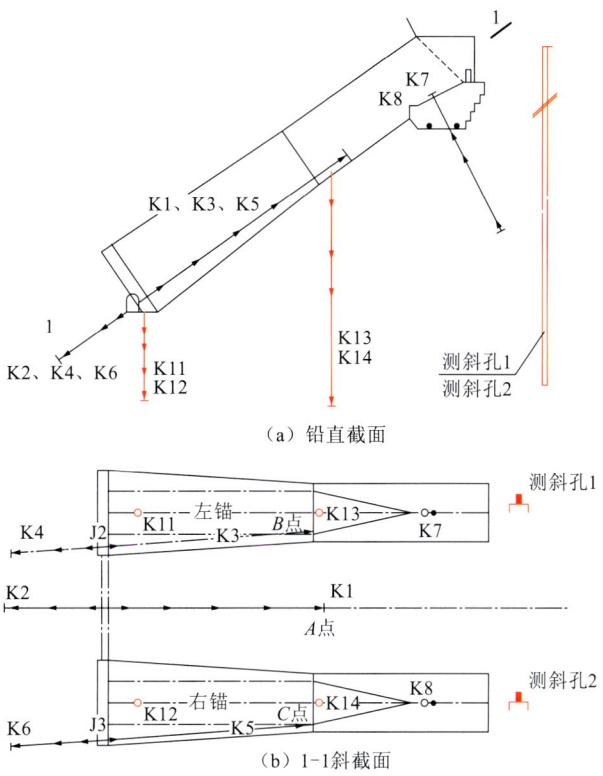

图 7.1　四渡河大桥隧道锚安全监控方案布置

监测结果表明,随着主缆拉力的逐步施加,整个锚塞体及山体向山外逐步变形,变形量为毫米级。相对而言,沿锚碇轴线方向变形更为显著,并以左、右锚前端面及中隔岩体的变形为控制变形,其中左锚的前锚面绝对变形为 0.57 mm,右锚的前锚面绝对变形为 0.79 mm,中隔岩墙的绝对变形为 0.47 mm。图 7.2~图 7.4 为测孔变形叠加处理后,隧道锚变形过程曲线。隧道锚张拉过程中实际监测结果与实体锚塞体模型试验及数值分析结果是相符的。

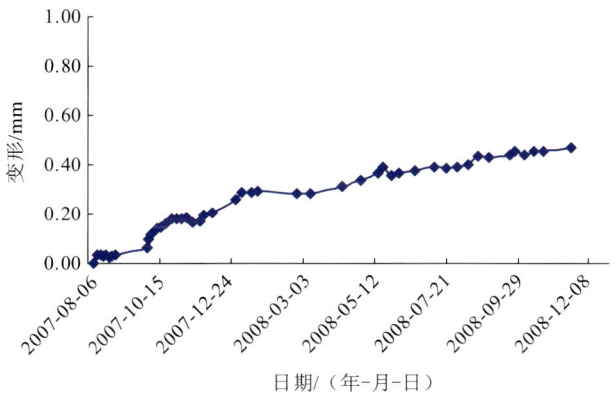

图 7.2　锚碇中隔墙岩体绝对变形趋势曲线

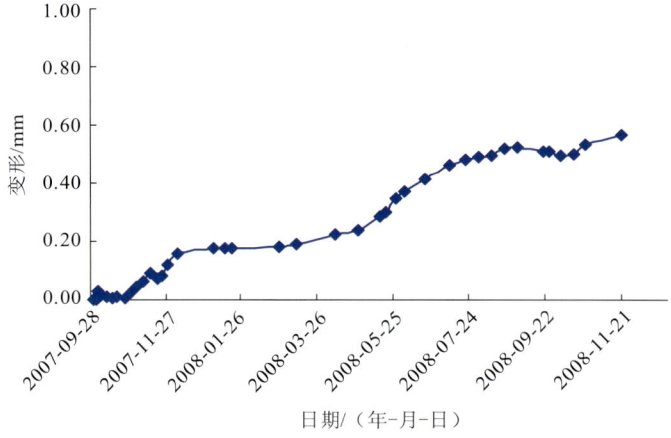

图 7.3 左锚碇前锚面绝对变形趋势曲线

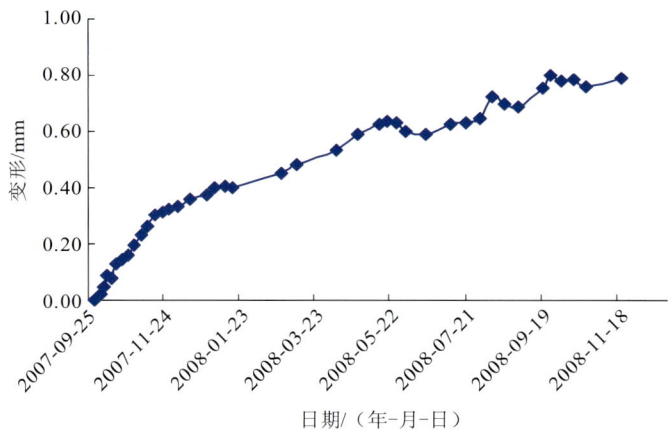

图 7.4 右锚碇前锚面绝对变形趋势曲线

7.2.2 矮寨大桥茶洞岸隧道锚监测成果及分析

图 7.5 为矮寨大桥隧道锚监测方案布置。

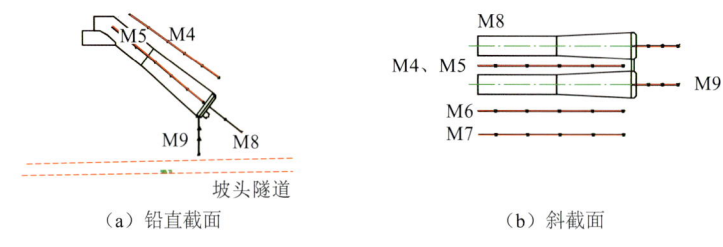

(a) 铅直截面　　　　　　　　(b) 斜截面

图 7.5 矮寨大桥茶洞岸安全监控剖面布置图

矮寨大桥茶洞岸隧道锚周围共安装了6孔多点位移计,编号分别为M4~M9。其中,M6多点位移计在施工过程中损坏,其余多点位移计孔监测成果见图7.6~图7.10,正值表示监测岩体受压变形。

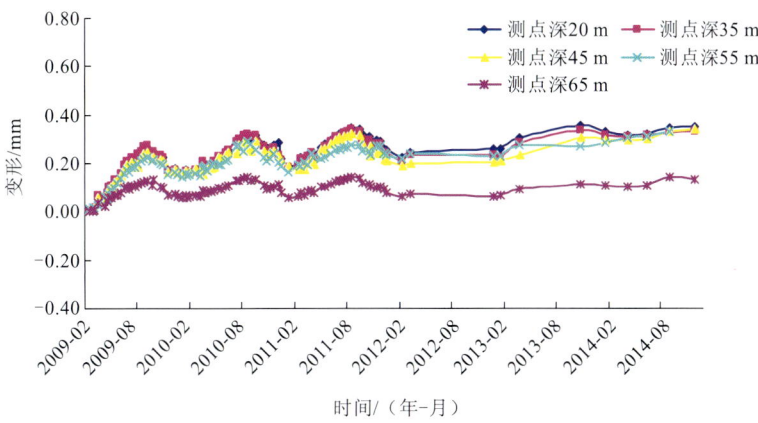

图7.6　隧道锚围岩多点位移计M4监测曲线

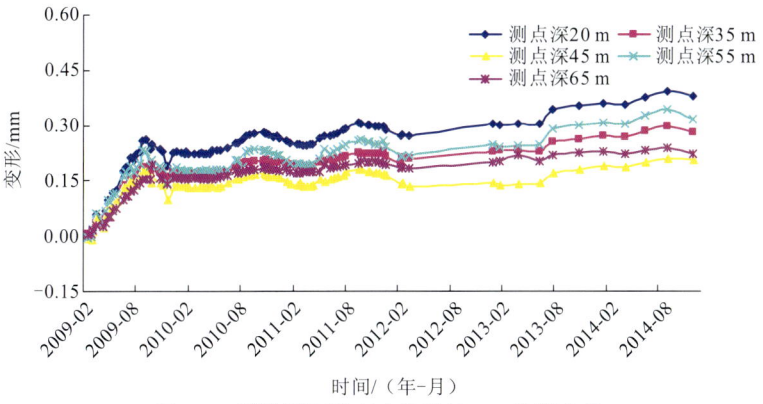

图7.7　隧道锚围岩多点位移计M5监测曲线

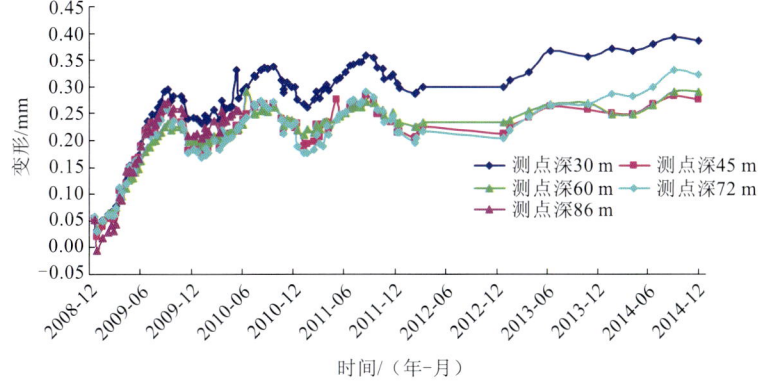

图7.8　隧道锚围岩多点位移计M7监测曲线

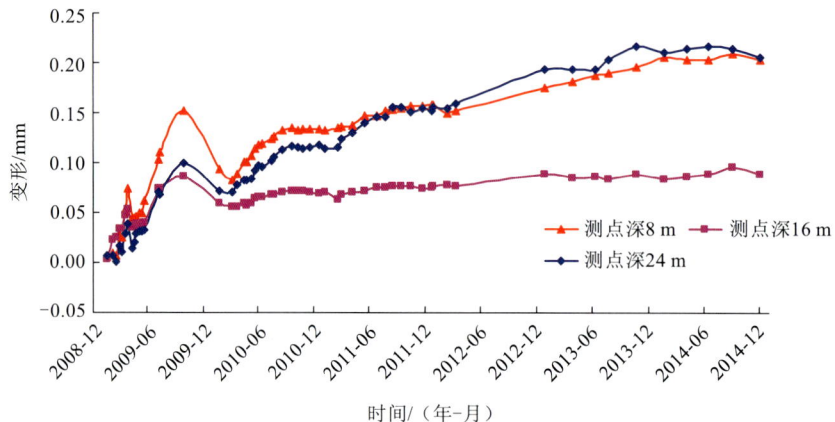

图 7.9　隧道锚围岩多点位移计 M8 监测曲线

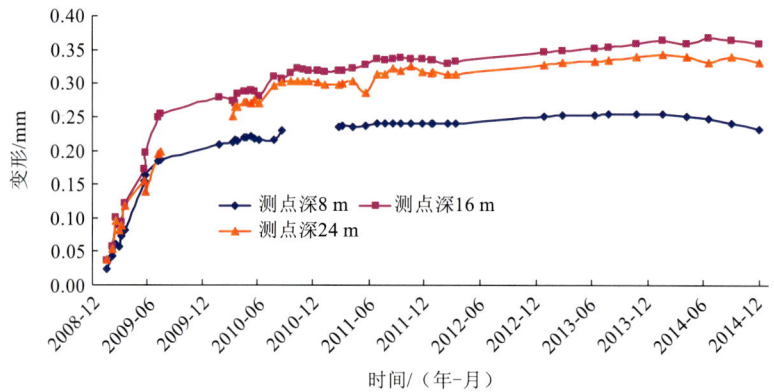

图 7.10　隧道锚围岩多点位移计 M9 监测曲线

运行期监测结果表明,自大桥投入运行以来,各测点位移变化不大,大部分在 0.2 mm 左右,最大值不超过 0.4 mm,监测位移值总体上随年气温变化呈周期性变动。夏季温度高使测杆有所伸长而造成测值减小,气温降低后测值增大。

隧道锚锚室下部安装了两个多点位移计,其中 M8 用于监测锚碇后部岩体在主缆作用下的变形量及变形范围,M9 用于监测隧道锚受力后对下部公路隧道的影响,大桥运行期 M8、M9 变形不明显,说明隧道锚后锚室围岩稳定。

参 考 文 献

[1] 陈有亮. 虎门大桥东锚碇重力锚及基岩的稳定性[J]. 工程力学，1996（2）：142-148.

[2] 程鸿鑫，夏才初，李荣强. 广东虎门大桥东锚碇岩体稳定性分析[J]. 同济大学学报（自然科学版），1995（3）：338-342.

[3] 肖本职，吴相超，彭朝全. 重庆鹅公岩大桥隧道锚碇围岩稳定性[J]. 岩石力学与工程学报，2005，24（1）：5591-5597.

[4] 吴相超，肖本职，明可前. 重庆长江鹅公岩大桥东隧道锚模型试验研究[C]//重庆岩石力学与工程学会测试与分析专业委员会2000年学术交流会论文集. 北京：中国岩石力学与工程学会，2000.

[5] 邬爱清，彭元诚，黄正加，等. 超大跨度悬索桥隧道锚承载特性的岩石力学综合研究[J]. 岩石力学与工程学报，2010，29（3）：433-441.

[6] 李苍松，王石春. 坝陵河大桥西锚洞岩溶围岩分级[J]. 岩石力学与工程学报，2009（6）：1208-1212.

[7] 周程，景锋，边智华，等. 薄层状灰岩区大型隧道锚碇承载力特性的岩石力学综合研究[J]. 中外公路，2011（6）：41-45.

[8] 张奇华，胡建华，陈国平，等. 矮寨大桥基础岩体稳定问题研究[J]. 岩石力学与工程学报，2012，31（12）：2420-2430.

[9] 喻正富，夏国邦，王世谷，等. 普立特大桥隧道锚碇区岩体工程地质特性研究[J]. 长江科学院院报，2015（8）：72-77.

[10] 李维树，王帅，郭喜峰，等. 几江长江大桥北岸隧道锚碇专项岩土试验研究总报告[R]. 武汉：长江水利委员会长江科学院，2015.

[11] 夏才初，程鸿鑫，李荣强. 广东虎门大桥东锚碇现场结构模型试验研究[J]. 岩石力学与工程学报，1997（6）：571-576.

[12] 朱杰兵，邬爱清，黄正加，等. 四渡河特大悬索桥隧道锚模型拉拔试验研究[J]. 长江科学院院报，2006（4）：51-55.

[13] 胡波，曾钱帮，饶旦，等. 锚碇-围岩系统在拉剪复合应力条件下的变形规律及破坏机制研究：以坝陵河特大岩锚悬索桥为例[J]. 岩石力学与工程学报，2007，26（4）：712-719.

[14] 胡波，赵海滨，王思敬，等. 隧道锚围岩拉拔模型试验研究及数值模拟[J]. 岩土力学，2009（6）：1575-1582.

[15] 张奇华，余美万，喻正富，等. 普立特大桥隧道锚现场模型试验研究：抗拔能力试验[J]. 岩石力学与工程学报，2015（1）：93-103.

[16] 余美万，张奇华，喻正富，等. 基于夹持效应的普立特大桥隧道锚现场模型试验研究[J]. 岩石力学与工程学报，2015（2）：261-270.

[17] 周火明，李维树，王帅，等. 软岩隧道锚变形破坏机理缩尺模型试验研究[J]. 长江科学院院报，2016，33（10）：67-71.

[18] 汪海滨. 悬索桥隧道式复合锚碇系统作用机理研究[D]. 成都：西南交通大学，2005.

[19] 张利洁,唐辉明,茅兆祥,等.重庆长江特大悬索桥隧道锚碇区岩体稳定分析[J].人民长江,2010,41(17):19-21.

[20] 张利洁,黄正加,丁秀丽.四渡河特大桥隧道锚碇三维弹塑性数值分析[J].岩石力学与工程学报,2004(S2):4971-4974.

[21] 罗莉娅,卫军.岩体蠕变对悬索桥隧道锚围岩稳定性的影响分析[J].中南公路工程,2007,32(3):133-136.

[22] 茅兆祥,王成树,张奇华.某特大悬索桥隧道锚碇区岩体稳定性分析[J].公路,2011(8):5-8.

[23] 彭建国,张奇华,胡惠华,等.矮寨悬索桥茶洞岸构筑物围岩及山体稳定性研究[J].重庆交通大学学报(自然科学版),2011(6):1298-1302.

[24] 江南,冯君.悬索桥隧道式锚碇横断面形状对其承载性能影响(英文)[J].重庆交通大学学报(自然科学版),2012(4):755-759.

[25] 曾钱帮,王思敬,彭运动,等.坝陵河悬索桥西岸隧道式锚碇锚塞体长度方案比选的数值模拟研究[J].水文地质工程地质,2005,32(6):66-70.

[26] 汪海滨,高波,朱栓来,等.四渡河特大桥隧道式锚碇数值模拟[J].中国公路学报,2006,19(6):73-78.

[27] 张奇华,李玉婕,余美万,等.隧道锚围岩抗拔机制及抗拔力计算模式初步研究[J].岩土力学,2017:1-12.

[28] 焦长洲,高波.隧道式锚碇与上覆隧道相互作用的力学性能研究[J].中国铁道科学,2008,29(5):65-71.

[29] 朱玉,卫军,李昊,等.悬索桥隧道锚与下方公路隧道相互作用分析[J].铁道科学与工程学报,2005,2(1):57-61.

[30] 于春.坝陵河大桥隧道锚碇围岩稳定性及与上方公路隧道相互影响分析[J].四川建筑,2008,28(1):106-108,110.

[31] 黎高辉,吴从师,邓泷波,等.悬索桥隧道式锚碇和下穿公路隧道相互作用机制研究[J].岩土力学,2010(S1):363-369.

[32] 中华人民共和国交通运输部.公路悬索桥设计规范:JTG/T D 65-05—2015[S].北京:人民交通出版社,2015.

[33] AASHO(American Association of State Highway and Transportation Officials). Standard Specificaitons for Highway Bridges[S]. Washington D.C.: The American Association of State Highway and Transportation Officials Inc., 1996.

[34] British Standards Institute.Steel, concrete and composite bridges:Part 3:Code of practice for design of steel bridges:BS 5400-3:1982[S]. London: British Standards Institute, 2000.

[35] 朱玉,廖朝华,彭元诚.悬索桥隧道锚设计[J].公路,2007(11):21-27.

[36] 邬爱清,黄正加,朱杰兵.四渡河深切峡谷悬索桥关键技术研究专题一:隧道锚试验及数值分析研究总报告[R].武汉:长江水利委员会长江科学院,2008.

[37] 汪海滨,高波.悬索桥隧道式复合锚碇承载力计算方法[J].东南大学学报(自然科学版),2005,35(A01):89-94.

[38] 江南. 铁路悬索桥隧道式锚碇承载机理及计算方法研究[D]. 成都：西南交通大学，2014.

[39] 廖明进，王全才，袁从华，等. 基于楔形效应的隧道锚抗拔承载能力研究[J]. 岩土力学，2016，37（1）：185-192，202.

[40] 董志宏，张奇华，丁秀丽，等. 矮寨悬索桥隧道锚碇稳定性数值分析[J]. 长江科学院院报，2005，22（6）：54-58.

[41] 李维树. 长沙至重庆国道主干线矮寨悬索桥初设阶段隧道锚碇及塔基岩体工程力学性质试验研究阶段成果报告[R]. 武汉:长江水利委员会长江科学院，2005.

[42] 张奇华. 长沙至重庆公路通道矮寨悬索桥施工期两岸锚碇主塔系统及山体稳定性研究[R]. 武汉：长江水利委员会长江科学院，2008.

[43] 袁东. 矮寨悬索桥山体及锚碇系统运行期（2013—2014）安全监控报告[R]. 武汉：长江水利委员会长江科学院，2014.

[44] LI Y，LUO R，ZHANG Q，et al. Model test and numerical simulation on the bearing mechanism of tunnel-type anchorage[J]. Geomechanics and Engineering，2017，12（1）：139-160.

[45] 庞正江，范雷. 岱山县高亭牛轭至官山公路工程官山大桥隧道锚1∶10缩尺模型试验研究报告[R]. 武汉：长江水利委员会长江科学院，2012.

[46] 庞正江，孙豪杰，赖其波，等.1∶10隧道锚缩尺模型的变形及应力特性[J]. 岩石力学与工程学报，2015(S2):3972-3978.

[47] 王中豪. 库水位抬升对软岩隧道锚长期稳定性影响研究[D]. 武汉：长江水利委员会长江科学院，2015.

[48] 王帅，李维树，王中豪，等. 几江长江大桥北岸隧道锚模型试验反演分析[R]. 武汉：长江水利委员会长江科学院, 2015.

[49] 谭新. 基于缩尺尺度条件下的隧道锚变形破坏机制研究[D]. 武汉：长江水利委员会长江科学院，2015.

[50] 卢阳，郭喜峰，谭新，等. 几江长江大桥隧道锚碇围岩力学特性试验研究[J]. 地下空间与工程学报, 2015(S2):537-544.

[51] 吴相超. 软岩隧道式锚碇原位缩尺模型试验及稳定性研究[D]. 重庆：重庆大学，2016.

[52] 李维树，王帅，吴相超，等. 隧道锚原位缩尺模型试验的施力方式研究[J]. 地下空间与工程学报，2017（2）：453-458.

[53] 李维树，王中豪，李栋，等. 隧道锚现场缩尺模型试验中的伺服控制与采集系统[J].地下空间与工程学报，2018，14（S1）：98-102.

[54] 张宜虎. 水布垭隧道锚可行性研究成果报告[R]. 武汉：长江水利委员会长江科学院，2014.

[55] 王帅，张宜虎，范雷. 巴鹤公路长岭至泗淌段改建工程水布垭清江特大桥隧道锚承载力分析及加固措施研究[R]. 武汉：长江水利委员会长江科学院，2016.

[56] 王中豪，郭喜峰，王帅. 太洪长江大桥南川岸隧道锚碇岩土专项试验研究总报告[R]. 武汉：长江水利委员会长江科学院，2016.

[57] 范雷，张宜虎，王帅，等. 宜昌市伍家岗长江大桥江北侧隧道锚专题论证和研究成果报告[R]. 武汉：长江水利委员会长江科学院，2016.

[58] 蒋昱州,王瑞红,朱杰兵,等.伍家岗大桥隧道锚三维地质力学模型试验研究[J].岩石力学与工程学报,2016(S2):4103-4113.

[59] 郭喜峰,周火明,程强,等.特大悬索桥隧道锚岩石力学综合研究[J].中国科学:技术科学,2018,48(7):799-809.

[60] 王中豪,马健,武文祥,等.虎跳峡金沙江大桥隧道锚现场模型试验研究[J].地下空间与工程学报,2018,14(5):1179-1184,1212.

[61] 张宜虎,邬爱清,周火明,等.悬索桥隧道锚承载能力和变形特征研究综述[J].岩土力学,2019(9):1-10.

[62] 中华人民共和国建设部.工程岩体分级标准:GB/T 50218—2014[S].北京:中国计划出版社,2014.

[63] BIENIAWSKI Z T. The rock mass rating (RMR) system (geomechanics classification) in engineering practice [M]// KIRKALDIE L. Rock classification systems for engineering purposes. Conshohocken: ASTM International, 1988.

[64] HOEK E, BROWN E. Empirical strength criterion for rock masses [J]. Journal of the Geotechnical Engineering Division, ASCE, 1980, 106 (9): 1013-1035.

[65] 中华人民共和国水利部.水利水电工程岩石试验规程:SL264—2001[S].北京:中国水利水电出版社,2001.